大正天皇実録

補訂版

第二

翻刻凡例

一、「大正天皇実録」は宮内省図書寮により編修された史書で、大正天皇の明治一二年御降誕から大正一五年崩御までを叙述している。このほか、年表・索引・資料稿本が編修されている。

一、宮内公文書館が「大正天皇実録」として公開しているのは最終稿本で、これを印刷用原稿として完成本がタイプ印刷により完成され天皇に捧呈された。完成本は、平成二八年一二月現在、宮内公文書館には所蔵されていない。

一、本書は、宮内公文書館が所蔵する「大正天皇実録」の本文全八五冊（識別番号60001~60085）を原則忠実に翻刻し、これを補訂したものである。補訂を加えた場合は註で調整内容を記した。刊本は全体を六冊にまとめ、索引一冊を作成し、別冊とする。

一、同実録は、「公文書等の管理に関する法律」（いわゆる公文書管理法）に従い特定歴史公文書として公開されていることから、不開示部分にはマスキングが施されている。翻刻に当たっては、すべてのマスキング部分はマスキングの状態を註にて行数及び文字数等を具体的に示すと共に、本文は文章上で矛盾ないように調整して、その調整の理由を註で記した。また、あわせて可能な範囲でマスキング部分に関する他資料等の情報を加えた。

一、今回翻刻した「大正天皇実録」は、編修上の最終稿本という性格から大量の校閲者意見が附箋に記され糊付けされている。しかし、その多くは本文に反映されておらず、採用された場合のみ最終稿本原稿に手書きで書き込まれている。採用部分は、当然今回の翻刻に反映させたが、その他多くの附箋は、あくまでも校閲者意見であり、必要に応じて註で触れたほかは翻刻対象としてはいない。

一、翻刻に際して、今までに刊行されてきた宮内省・宮内庁編修の天皇紀・実録に倣い、漢字片仮名交じりの原本本文を漢字仮名交じり文に改めた。但し、直接史料を引用した部分、会話の直接引用部分については、原本の表記に従った。

一、翻刻に際して補訂者が付した註は「〈　〉」で括り記した。

一、原本引用部分には平出・闕字が用いられているが、従前の刊行例に倣い本書でも用いなかった。

一、漢字は旧字を用いず、原則現在使用されている字体を用いた。ただし天皇・皇后・皇族名については、宮内省・宮内庁の刊行物及び『華族家系大成』（霞会館華族資料調査委員会編纂、二〇〇八年刊）等に基づいた。

一、外国人名のうち漢字圏以外の人名は、原本表記名を片仮名で記し、引用文献中はその表記に従った。また、可能な限りアルファベット表記を当該人物名初出の後に「〈　〉」内に記した。

一、各記事の末尾に示されている割書の典拠名には、前例に倣い、割書の始に「○」を付した。

一、表及び鹵簿図等については、全体像の理解が容易なように文字の大きさ等を改めた。

一、頭注は、原則該当記事の上に置いたが、次頁にわたる場合は分かりやすく位置を調整した。

一、実録本文中には現在不適切とされる文言があっても、史書の観点からそのままとした。

大正天皇実録　補訂版　第二

目　次

目次

大正天皇実録　第二

大正天皇実録　巻二十三

明治三十四年　宝算二十三歳

一月

沼津に於て御越年

一日、沼津御用邸に於て御越年により諸儀を略し給ふこと前年の如し。○両長日記・侍従日記・行啓録・庶務課日記・高辻修長日記

元始祭により御遥拝並びに御代拝

三日、元始祭により御遥拝あり、賢所・皇霊殿・神殿に御代拝として東宮侍従長子爵高辻修長を遣さる。是の歳、宮中三殿に於ける各御祭典の中、秋季皇霊祭並びに神殿祭にのみ御拝あり、他は何れも御代拝なり。表示すれば左の如し。○両長日記・侍従日記・庶務課日記・典式録・高辻修長日記・官報

月日	御祭典	御代拝
一月　十一日	英照皇太后御例祭	東宮侍従長　子爵　高辻修長
同　三十日	孝明天皇御例祭	東宮侍従　有馬純文
二月　十一日	紀元節御祭典	東宮侍従長　子爵　高辻修長
同　二十一日	仁孝天皇御例祭	同　同
三月　二十一日	春季皇霊祭並神殿祭	同　同
四月　三日	神武天皇御例祭	同　同
十月　十七日	神嘗祭	同　同
十一月　三日	天長節御祭典	東宮侍従　鍋島精次郎
十二月　六日	後桃園天皇御例祭	東宮侍従長　子爵　高辻修長
同　十二日	光格天皇御例祭	同　同
同　十六日	賢所御神楽	同　同

是の日、午後一時三十分より御散歩の途次、侯爵大山巌別邸に御立寄あり、三時三十分還啓あらせらる。夜に入りて西幸吉を召し、薩摩琵琶二曲を弾ぜしむ。猶ほ幸吉を召すこと度あり。○侍従日

記・行啓録

四日、午後六時侯爵大山巖に晩餐の陪食を賜ふ。爾後、侯爵西郷従道・伯爵川村純義等にも亦同様のこと屢〻あり。○侍従日記・行啓録

新年宴会

五日、午前十一時威仁親王に御対顔、新年宴会により午餐に祝膳を供進せしめ、親王と御会食あり、供奉高等官に酒饌を賜ふ。○両長日記・侍従日記・行啓録・高辻修長日記

七日、天皇・皇后より新年につき軍刀壱振・回転書棚壱基其の他を拝領あらせらる。○庶務課日記・贈賜録

御風気

是の日、御風気の為め午後三時より御仮床に就かせられ御加養あり。尋いで十九日頃より室内運動を御開始あり、漸時にして平癒あらせらる。○両長日記・侍従日記・行啓録・拝診録・高辻修長日記

歌御会始に御詠進

十八日、歌御会始の御儀を行はせらるるにより、嘉例に倣ひて、詠進あらせらる。猶ほ妃も亦始めて詠進あらせられたり。御歌左の如し。○東宮記・官報

雪中竹

皇太子御歌

ふりつもるまかきの竹のしら雪に
世のさむけさをおもひこそやれ(1)

皇太子妃御歌

かきりなき君かちとせもこもるらむ
竹のはやまにふれるはつ雪

大不列顛国皇帝崩御により弔電を発せらる

二十三日、大不列顛国皇帝ヴィクトリヤ、昨二十二日午後六時四十五分崩御に因り弔電を発し、本日より二十一日間宮中喪を服せらる。○庶務課日記・行啓録・外事録

二十六日、彰仁親王と晩餐を御会食あらせらる。○両長日記・侍従日記・行啓録

御講書始の儀

二十七日、午前十時御講書始の儀を行ひ、東宮侍講三島毅・同三田守真をして進講せしむ。○両長日記・侍従日記・行啓録

葉山御用邸に御二泊

三十日、午前九時五十分沼津御用邸御出門、威仁親王を随へ東宮大夫侯爵中山孝麿以下を供奉せしめ汽車に御搭乗、葉山に行啓の途、鎌倉停車場にて御妹允子内親王に御対顔あり、逗子停車場にて御下車、午後二時五十五分葉山御用邸に安著あらせらる。翌三十一日有栖川宮別邸を訪はせ給ひ、

葉山より還啓

二月一日午後四時葉山御用邸より親王以下を随へ仮東宮御所に還啓あらせらる。○両長日記・侍従日記・庶務課日記・行啓録・皇后宮職日記・御直宮御養育掛日記・高辻修長日記・官報

二月

二日、午前十時御出門参内、天皇・皇后に謁し、三種交魚壱折を進献、午後零時四十五分還啓あらせらる。○両長日記・侍従職日録・侍従日記・庶務課日記・行啓録・官報

朝融王誕生

是の日、邦彦王妃俔子分娩第一男子誕生ありしが、八日朝融と命名あり。仍りて御祝の為め両日共三種交魚壱折を進ぜらる。○贈賜録・庶務課日記

有栖川宮邸に行啓

三日、午後一時二十分御出門、有栖川宮邸に行啓、威仁親王並びに妃慰子に御対顔、御歓談の後、三時四十分還啓あらせらる。爾後、屢〻同宮邸に行啓のことあり。○両長日記・侍従日記・行啓録

沼津御用邸に御淹留

四日、午前九時四十分御出門、威仁親王を随へ東宮大夫侯爵中山孝麿等を供奉せしめ沼津に行啓、午後三時四十分沼津御用邸に安著あらせらる。是より御淹留三月六日に及ぶ。○両長日記・侍従日記・庶務課日記・高辻修長日記・行啓録・侍従職日録・皇后宮職日記・官報

御遊猟

五日、午後一時沼津御用邸御出門、香貫山附近に於て遊猟を試み給ひ、二時四十分還啓あらせらる。爾後、屢〻愛鷹山御遊猟場・徳倉に於て御遊猟のことあり。○侍従日記・行啓録

六日、威仁親王と午餐御会食、午後二時三十分より御散歩あり、侯爵西郷従道別邸を過り、四時

四十五分還啓あらせらる。〇両長日記・侍従日記・行啓録

東宮武官長の補任

九日、陸軍少将従五位勲五等功四級村木雅美を東宮武官と為し、東宮武官長に補す。(2)〇官報

東宮武官差遣

是の日、東宮武官川畑平吉を参謀本部参謀演習旅行実視として演習地に差遣の命あり。猶ほ此の後、東宮武官差遣のこと左表の如し。〇重要雑録・総務課進退録・官報・典式録

月日	差遣先	差遣武官
三月二十三日	近衛師団幹部演習	東宮武官 田内三吉
四月十六日	軍艦初瀬	同 武富邦鼎
同 十七日	要塞砲兵射撃学校修業式	同 伯爵 清水谷実英
同 二十六日	海軍機関学校卒業式	同 武富邦鼎
五月八日	陸軍戸山学校修業式	同 田内三吉
同 九日	陸軍経理学校卒業式	同 武富邦鼎
同 十五日	海軍懸賞射撃	同 同
同 二十二日	軍艦磐手	同 田内三吉
同 二十四日	海軍大学校卒業式	同 伯爵 清水谷実英

同　三十日	陸軍中央幼年学校卒業式	同　同
六月　十日	野戦砲兵射撃学校終業式	同　川畑平吉
同　十二日	佐世保鎮守府常備艦隊及竹敷要港部聯合小演習	同　武富邦鼎
同　二十八日	海軍水雷術練習所卒業式	同　平賀徳太郎
七月　九日	陸軍獣医学校卒業式	同　伯爵　清水谷実英
八月　十六日	軍艦厳島・橋立	同　中村静嘉
同　二十一日	要塞砲兵射撃学校終業式	同　伯爵　清水谷実英
同　二十七日	軍艦千代田	同　平賀徳太郎
十月　四日	近衛師団秋期小機動演習	同　伯爵　清水谷実英
同　十二日	特別要塞砲兵演習	同　田内三吉
同　二十八日	陸軍騎兵実施学校卒業式	同　平賀徳太郎
同　二十九日	陸軍特別大演習	東宮武官長　村木雅美
十一月　一日	靖国神社臨時大祭	東宮武官　平賀徳太郎

月日	差遣先	差遣武官
十一月　四日	陸軍戸山学校終業式	東宮武官　田内三吉
同　六日	靖国神社例祭	同　同
同　八日	海軍小演習	同　平賀徳太郎
同　二十七日	海軍水雷術練習所卒業式	同　中村静嘉
同　二十八日	陸軍大学校卒業式	同　田内三吉
同　三十日	陸軍経理学校卒業式	同　伯爵　清水谷実英
十二月　十四日	海軍兵学校卒業式	同　中村静嘉
同　二十日	陸軍経理学校卒業式	同　田内三吉
同　二十三日	陸軍砲工学校卒業式	同　同
同　二十四日	陸軍戸山学校終業式	同　伯爵　清水谷実英

清見寺に威仁親王を訪はせらる

十日、午前七時五十分沼津御用邸御出門、興津清見寺に威仁親王を訪はせ給ひ、親王・妃慰子及び王子女に御対顔御歓談あり、昼餐御会食の後、四時三十五分還啓あらせらる。尋いで十六日再び

井上馨別邸に行啓

清見寺に親王を御過訪あり、夫より伯爵井上馨別邸に行啓、馨に白縮緬壱疋及び金参百円を賜ふ。

是より三泊、其の間、親王を随へ遊猟の御慰あり、十九日沼津御用邸に還啓あらせられしが、更に三月二日同別邸に御一泊、安倍郡北賤機村鯨ヶ池辺に於て遊猟を試み給へり。○両長日記・侍従日記・高辻修長日記・行啓録・官報

十二日、午後一時十五分より御乗馬にて中山慶子の寓所に臨み、二時四十分還啓あらせらる。爾後、屢〻御立寄のことあり。○両長日記・侍従日記・行啓録

小松宮別邸に行啓

十三日、午後二時御出門、馬車にて三島町なる小松宮別邸に行啓、彰仁親王に御対顔御歓談あり、五時二十五分還啓あらせらる。○両長日記・侍従日記・高辻修長日記・行啓録

十七日、晃親王三年御式年祭により真榊料金五千疋を霊前に供へしむ。○庶務課日記・贈賜録

御手駁車

二十八日、午後一時十分御出門、御手駁車にて原町附近御逍遥、三時三十五分還啓あらせらる。爾後、御淹留中御手駁車を試みさせ給ふこと頻なり。蓋し御乗馬に代へ御運動の為めなり。○両長日記・侍従日記・行啓録

三月

四日、是より先、九条道実妻恵子女子を産みしが、是の日七夜により三種交魚壱折・緋紋縮緬壱

疋を賜ふ。〇庶務課日記・贈賜録

御帰京

七日、御帰京により静岡県知事志波三九郎・静岡県警部長有川貞寿・御料局静岡支庁長秋山謙蔵等に謁を賜ひ、午前九時五十分沼津御用邸御出門、午後三時五十五分仮東宮御所に還啓、尋いで翌八日午前十時十分御出門参内、沼津地方の産物を進献、午後零時三十五分還啓あらせらる。〇両長日記・侍従日記・庶務課日記・高辻修長日記・皇后宮職日記・侍従職日録・行啓録・官報

八日、枢密院議長侯爵西園寺公望・公爵島津忠済・近衛師団長陸軍中将男爵長谷川好道・東部都督陸軍中将男爵奥保鞏等に謁を賜ふ。〇両長日記・侍従日記・庶務課日記・行啓録

皇太子妃御著帯の儀を行ふ

御帯進献の儀

九日、吉辰に依り妃御著帯の儀あり。午前八時公爵鷹司熙通、命に依り御帯を捧じて参殿、内謁見所御次の間に於て東宮大夫侯爵中山孝麿に伝ふ。孝麿之れを妃に奉る。御帯は生平絹長さ一丈二尺幅半より折り三重に帖み、之を白の鳥の子二重にて裹み蒔絵の御衣筥に納む。十一時皇太子、東宮女官に先導せしめ妃の御座に入らせらるるや、妃御入側の階上に於て迎へ奉り、倶に椅子に著き給ひ、御著帯の儀を厳かに行はせらる。天皇・皇后其の儀を祝し鮮鯛各壱折を賜ふ。尋いで妃と共に内謁見所に於て宮内大臣子爵田中光顕・侍従長侯爵徳大寺実則・皇后宮大夫子爵香川敬三・九条道実並びに東宮職高等官及び関係諸員の祝賀を受け給ふ。又後刻祝賀の為め参殿せる威仁親王・貞

御著帯の儀

愛親王・菊麿王・同妃常子・邦彦王に御対顔あり、内閣総理大臣侯爵伊藤博文・陸軍大臣男爵児玉源太郎・従一位徳川慶喜に謁を賜へり。是より先、午前九時賢所・皇霊殿・神殿に於て著帯奉告の儀あり、東宮侍従男爵多久乾一郎をして代拝せしめ、又皇太子妃御代拝は東宮女官吉見光子に命ぜられたり。午餐には祝膳を供進せしめ、表謁見所に於て御親昵並びに東宮職高等官及び関係諸員に立食を賜ふ。○両長日記・侍従日記・庶務課日記・高辻修長日記・侍従職日録・皇后宮職日記・迪宮御誕生録・祭祀録

御著帯奉告の儀

十日、威仁親王・載仁親王妃智恵子・依仁親王・同妃周子・博恭王・同妃經子・守正王・同妃伊都子に御対顔あり。午後一時三十分御出門、山階・有栖川両宮邸に行啓、五時十分還啓、貞愛親王と晩餐御会食あらせらる。○両長日記・侍従日記・高辻修長日記・行啓録・官報

十一日、芝離宮に侯爵伊藤博文以下三十五名を召し、妃著帯祝賀の宴を催し給ふ。偶〻御違例により行啓を止め、威仁親王を御名代として臨席せしむ。是より御仮床六日間に及び、十七日に至り御撤床あらせらる。○両長日記・侍従日記・高辻修長日記・拝診録

御著帯祝賀の宴を催し給ふ

十九日、午前十一時三十分妃と倶に表謁見所に於て本邦駐劄韓国特命全権公使成岐運に謁を賜ひ、午後二時、本邦駐劄仏蘭西国特命全権公使ジユール・アルマン〈Jules Harmand〉を御引見、該国大統領ルベー〈Emile François Loubet〉の贈進せるセーブル製花瓶壱個を受けさせられ、アルマ

韓国公使に賜謁

仏国大統領より花瓶を贈進

ンに陶器観世音置物壹軀を賜ふ。〇両長日記・侍従日記・庶務課日記・外事録・高辻修長日記・官報

二十一日、威仁親王・邦彦王・守正王に御対顔、内閣総理大臣侯爵伊藤博文・陸軍中将寺内正毅に謁を賜ふ。〇両長日記・侍従日記

二十二日、午前十時御出門参内、御帰途、有栖川・小松両宮邸を過り、午後四時二十分還啓あらせらる。〇両長日記・侍従日記・庶務課日記・侍従職日録・行啓録・官報

東宮輔導顧問会議

是の日、威仁親王、東宮輔導顧問会議を催し、親王御誕生の場合は其の御養育方を伯爵川村純義に沙汰あらせらるべき事(3)、皇太子追ゝ御健康により本年の観桜会より御陪観を始めさせらるべき事、現政治の御下問は時の総理大臣より言上の事、憲法学は其の専門(4)の博士を召して聴聞あらせらるべき事、皇孫御誕生の後は皇太子凡そ一ヶ月御旅行あらせられ、御命名の際は一旦御帰京、更に御転地あるべき事等を議決し、翌二十三日親王参内して之を奏上す。〇有栖川宮書類・斎藤桃太郎日記・威仁親王行実・侍従職日録

葉山御用邸御淹留

二十三日、午後一時五十分御出門、威仁親王を随へ東宮大夫侯爵中山孝麿等を供奉せしめ葉山に行啓、五時七分葉山御用邸に安著あらせらる。是より御淹留五月四日に及び、其の間、有栖川宮邸を屢ゝ御過訪あり、山階宮別邸・伯爵松方正義・男爵高崎正風等の別邸にも御立寄の事あり、御慰には遊猟を試み給ひ、或は御徒歩にて或は御手駁車にて或は自転車にて或は御乗馬にて附近御逍遥

のこと概ね毎時の如し。其の他には鎌倉・小田原・茅ヶ崎に御遊行あり、横須賀に軍艦御見学等の事あり。〇両長日記・侍従日記・侍従職日録・行啓録・高辻修長日記・官報

鎌倉に行啓

三十一日、午前八時三十分葉山御用邸御出門、有栖川宮別邸を過りて鎌倉御用邸(5)に行啓、御妹允子・聰子両内親王に御対顔、緋紋縮緬各壱反を進ぜらる。午餐御会食の後、御徒歩にて長谷・材木座・雪ノ下辺を御散歩、四時二十分御用邸に還啓あらせらる。又四月二十一日には午前八時三十分御出門、御手駁車にて有栖川宮別邸を御過訪の後、逗子停車場より汽車にて鎌倉に行啓、山階宮別邸に御著、御昼餐の後、海岸を経て長谷附近を御散歩あり、伯爵松方正義別邸を過り、四時十五分葉山御用邸に還啓あらせらる。〇両長日記・侍従日記・行啓録・高辻修長日記・御直宮御養育掛日記

四月

禎子女王に祝品を賜ふ

六日、貞愛親王第一女子禎子女王、侯爵山内豊景に降嫁するを以て、親王に五種交魚壱折を、女王に紅白縮緬各壱疋を賜ふ。〇庶務課日記・贈賜録

観桜の宴を催し給ふ

七日、観桜の為め午前六時十分葉山御用邸御出門にて仮東宮御所に還啓、正午妃と倶に赤坂御苑に行啓、桜花を御観賞、僊錦閣に於て昼餐を摂らせられ、重臣を召し陪食を賜ふ。午後三時御出門、

六時十五分葉山御用邸に還啓あらせらる。○両長日記・侍従日記・庶務課日記・侍従職日録・行啓録・高辻修長日記・官報

小田原御遊歩

十四日、午前七時五十分葉山御用邸御出門、小田原に行啓、十時三十分小田原御用邸(6)に御著、御昼餐の後附近を御散歩あり、帰途有栖川宮別邸を経て、五時五十分葉山御用邸に還啓あらせらる。○両長日記・侍従日記・行啓録・高辻修長日記

横須賀軍港にて軍艦を御見学

二十五日、午後零時四分葉山御用邸御出門、横須賀に行啓、横須賀軍港に碇泊せる軍艦初瀬を御見学、艦長海軍大佐植村永孚以下諸員に謁を賜ふ。尋いで軍艦朝日を御見学あり、艦長海軍大佐三須宗太郎以下諸員に謁を賜ふこと前の如し。両艦に銀盃壱組及び金百円を賜ひ、五時二十五分還啓あらせらる。○両長日記・侍従日記・行啓録・高辻修長日記

茅ヶ崎土方久元別邸に行啓

二十八日、午前九時二十八分御出門、茅ヶ崎なる伯爵土方久元別邸に行啓、御昼餐の後、書画を御覧、久元に物を賜ひ、午後五時還啓あらせらる。○両長日記・侍従日記・行啓録・高辻修長日記

親王誕生

祝賀の内宴を催さる

二十九日、午後十時十分妃仮東宮御所に於て御分娩、第一男子降誕の旨を聴かせらる。仍りて翌三十日柳原愛子を始め供奉高等官等に謁を賜ひ、其の祝詞を享けさせらる。五月二日夕刻より内宴を催し、供奉高等官以下に酒饌を賜ふ。其の間、御庭に於て海軍軍楽隊の奏楽あり。○両長日記・侍従日記・庶務課日記・侍従職日録・皇后宮職日記・迪宮御誕生録・行啓録・官報・昭憲皇太后御事歴材料・高辻修長日記・拝診録・祭祀録

五月

親王に御対顔の為め御帰京

三日、午前七時二十分葉山御用邸御出門、九時五十分新橋停車場御著、直に参内あり、十一時仮東宮御所に還啓あらせられ、親王に初めて御対顔の儀あり。午後二時皇后、行啓あり、皇孫を見給ひ、御機嫌克く宮城に還御あらせられたるを以て、皇太子即ち

このもとに今日仰かんと思ひきや

吾はゝそ葉の高き御蔭を

と御歌を詠じて殊の他悦び給ふ。(7) 既にして四時御出門、威仁親王を随へ七時葉山御用邸に還啓あらせらる。○両長日記・侍従日記・庶務課日記・行啓録・侍従職日録・皇后宮職日記・高辻修長日記・官報・大正天皇御製集稿本

命名により帰京

宮中三殿命名奉告祭

五日、親王、生後七日に当るを以て、古例に倣ひ命名の儀あるに依り、午前六時葉山御用邸御出門、八時三十分仮東宮御所に還啓あらせらる。九時宮中三殿に於て命名奉告の祭典あり、天皇御代拝侍従日根野要吉郎、皇太子御代拝東宮侍従子爵大迫貞武、皇太子妃御代拝東宮主事中田直慈たり。

天皇名記を賜ふ

十時勅使侍従長侯爵徳大寺実則、大高檀紙に宸筆あらせられたる名記並びに御称号書を檀紙にて裹み、柳筥に納め之を奉じて参殿、中田東宮主事、御車寄階上に迎へ休所に充てたる御学問所に誘

引し、東宮大夫侯爵中山孝麿之に接す。其の間、中田東宮主事、勅使参上の旨を啓す。皇太子内謁見所に出でさせられ、尋いで勅使、東宮大夫の前導にて御前に進み、御命名の旨を啓し、且つ名記御称号書を恭しく捧ぐ。皇太子御覧あり、之を勅使に返し給ふ。勅使更に親王の居間に進み同書を捧呈、東宮大夫之を拝受して案上に置く。斯くて儀畢る。親王に裕仁《ひろひと》の御名を賜はり迪《みち》宮と称せらる。勅使東宮大夫の前導にて退出、総べて前の如し。是に於て十時三十分中山東宮大夫を御使として参内せしめ、御命名の御礼を奏せしむ。

因に、天皇、皇孫の生るるや、実則をして命を文事秘書官長男爵細川潤次郎に伝へ、御名及び御称号の字を撰進せしむ。即ち文事秘書官股野琢、裕仁・雍仁・穆仁及び迪宮・謙宮を撰び、実則を経て之れを上る。天皇、乃ち裕仁と迪宮とを勅定あらせられしなり。其の典拠を案ずるに、裕は易経に「益徳之裕也(8)」、詩経に「此令兄弟綽綽有裕」、書経に「好問則裕自用則小」、礼記に「寛裕者仁之作也」と云ひ、迪は書経に「恵迪吉従逆凶」、又「允迪厥徳謨明弼諧」とあるに基づく。

勅使退下の後、内謁見所に於て祝賀の為め参殿の皇族に御対顔あり、東宮職高等官其の他関係諸員に謁を賜ふ。尋いで午餐に祝膳を供進せしめ御歓あり。午後二時参内、恩を謝し奏啓あり、三時四十分還啓あらせらる。晩餐に当り威仁親王・同妃慰子を召し、表謁見所に於て御会食、宮内大臣

裕仁と命名、迪宮と称せらる

御名御称号の典拠

御礼の為め参内

御内祝御膳

子爵田中光顕・同妻伊与子・皇后宮大夫子爵香川敬三・正四位九条道実・公爵鷹司熙通・同妻順子・公爵一条実輝・同妻悦子・御妹常宮周宮御養育主任伯爵佐佐木高行・御妹富美宮泰宮御養育主任子爵林友幸・伯爵川村純義・同妻春子[9]並びに東宮職諸員に立食を賜ひ、慶を分たせらる。猶ほ女官にも御内儀に於て餐を賜へり。○両長日記・侍従日記・庶務課日記・行啓録・高辻修長日記・迪宮御誕生録・侍従職日録・皇后宮職日記・有栖川宮書類

小田原御用邸御淹留

六日、午後一時十五分御出門、威仁親王を随へ東宮武官長男爵村木雅美等を供奉せしめ小田原に行啓、五時七分小田原御用邸に安著あらせらる。是より御淹留十六日に及ぶ。其の間、威仁親王を子爵野村靖の別邸に訪はせられ、或は親王と御会食あり、九日には親王を随へ自転車にて大磯に御逍遥あり、侯爵伊藤博文の別邸を過りて還啓あり、時には酒匂川下流に於て網漁の御慰等あらせられしが、偶〻十日夜より御風気に罹らせ給ひて御仮床あり、宮中顧問官男爵橋本綱常以下侍医の拝診を受け給ふこと日あり。二十日頃に至り略〻快癒あらせられたるを以て、二十一日小田原御用邸より葉山御用邸に御転地あり、御静養に努め給ひ、二十七日午後五時五十分仮東宮御所に還啓あらせらる。○両長日記・侍従日記・庶務課日記・高辻修長日記・行啓録・官報

御風気

葉山御用邸に御転地

還啓

裕仁親王賢所参拝並びに初参内

二十八日、皇后御誕辰の吉日を選び、裕仁親王賢所参拝並びに初参内の儀を行はせらる。午前十一時宮中に於て内宴を開かせらるるにより参内、皇后御誕辰の祝詞を啓し、正午千種間にて天皇・

宮中御内宴に臨ませらる

皇后に従ひ、載仁親王・同妃智恵子・菊麿王等と宴に陪し、午後三時二十分還啓あらせらる。○両長日記・侍従日記・庶務課日記・迪宮御誕生録・侍従職日録・皇后宮職日記・高辻修長日記・行啓録・祭祀録・官報

独国公使に賜謁

二十九日、午前十時三十分本邦駐劄独逸国新任特命全権公使伯爵フォン・アルコー・ワルレー〈Von Arco Valley〉及び同国公使館附武官男爵フォン・リッテル〈Freihern von Ritter〉に謁を賜ひ、十一時参内、尋いで高輪御殿に行啓、午後四時二十五分還啓あらせらる。○両長日記・侍従日記・庶務課日記・外事録・侍従職日録・行啓録・官報

三十日、午後二時三十分御出門、伏見宮邸に行啓、貞愛親王に鯉五口を、邦芳王に蒔絵御手箱壱個を進ぜられ、四時十七分還啓あらせらる。○両長日記・侍従日記・庶務課日記・行啓録・官報

葉山御用邸に御淹留

三十一日、午後二時五十分御出門、東宮大夫侯爵中山孝麿等を供奉せしめ葉山に行啓、六時五分葉山御用邸に安著あらせらる。○両長日記・侍従日記・高辻修長日記・行啓録・官報

六月

近海御巡航

五日、午前九時二十五分葉山御用邸御出門、威仁親王を随へ東宮大夫侯爵中山孝麿等を供奉せしめ、逗子停車場より汽車に御搭乗、横須賀停車場に御下車、海軍軍令部長海軍大将子爵伊東祐亨、

御召艦磐手

横須賀鎮守府司令長官海軍中将男爵井上良馨(10)・同鎮守府参謀長海軍大佐向山慎吉・東京湾要塞砲兵聯隊長陸軍砲兵大佐豊島陽蔵等の奉迎を受けさせられ、軍艦磐手に御搭乗、艦長海軍大佐山田彦八以下諸員に謁を賜ふ。本艦は出雲と共に曩日、相前後して英吉利国より横須賀に回航せられたる最新鋭艦なるを以て、玆に御見学を兼ね給ひて御乗艦あり、更に近海御巡航を試みさせらる。十時十五分御召艦は軍艦出雲・水雷駆逐艇雷を供奉せしめて徐に浮標を離れ、館山湾・清水港を経て七日午後四時十分武豊港に投錨、是より鳥羽港附近に回航の予定なりしが、偶〻同地方に麻疹発生せるを以て之を止め、此の地に二泊す。其の間、親王等を随へて鳳翔閣(11)に赴き給ひて御会食あり、或は艦載水雷艇にて港内御遊覧等の事あり。九日午前四時御召艦同港を抜錨、帰航の途、暫時沼津に仮泊し、夫より館山湾迄出雲に御搭乗、十一日午前八時横須賀軍港に入る。

航海中の御動静

航海中は往復とも御機嫌殊に麗しく諸操練は素より、夜間水雷襲撃等各種の演習を御見学あり。其の余には遊技運動等を御興深く覧給ひ、館山・清水・沼津等にては小時御上陸、近傍御遊歩等のことあり。中にも沼津仮泊の際は、磐手・出雲両艦の艦長以下諸士官が英吉利国より自転車を持ち来れる由を聞召され、威仁親王を始め両艦長以下二三の士官を随へ吉田辺迄遠乗を試み給ひて御慰

自転車にて御遠乗

あり、蓋し頃時自転車は御手馭車・御乗馬と共に頗る御自信を有たせ給ひしを以て此の御催ありし

なり。又御上陸各地に於ては写真を御撮影あり、之亦漸く御興味を覚えさせ給へるに因る。
斯くて近海御巡航を終らせらるるや、御上陸の前日御召艦磐手に伊東海軍軍令部長を始め山田・井上両艦長以下諸員を召し、洋酒を賜ひて労を犒はせられ、伊東海軍軍令部長には晩餐の陪食を賜へり。猶ほ御餐には毎回威仁親王と御会食あらせられたり。

葉山御用邸に還啓

御召艦横須賀軍港に繋留せらるるや、十一日午前十時五十分御上陸、陸海軍将星を始め神奈川県知事等の奉迎を受け給ひ、横須賀停車場より汽車にて十一時五十五分葉山御用邸に還啓あらせらる。○両長日記・侍従日記・庶務課日記・大正天皇謹話集・高辻修長日記・行啓録・官報

鎌倉御遊覧

十三日、午前十一時十七分葉山御用邸御出門、海路により鎌倉なる材木座に御著、御徒歩にて山階宮別邸に行啓、御昼餐の後長谷及び鶴岡八幡宮附近を御散歩あり、四時四十五分還啓あらせらる。尋いで十六日にも亦鎌倉に御遊行あり、即ち午前十時三十分山階宮別邸に御著、附近を御散歩あり、帰途、七里ヶ浜を経て四時十五分還啓あらせられたり。○両長日記・侍従日記・行啓録

御帰京

十八日、午前七時五十分葉山御用邸御出門、十時三十分新橋停車場に御帰著、直に参内、正午仮東宮御所に還啓あらせられ、威仁親王と午餐御会食、東宮職諸員に立食を賜ふ。○両長日記・侍従日記・庶務課日記・高辻修長日記・侍従職日録・行啓録・官報

十九日、侯爵伊藤博文・海軍大臣山本権兵衛・侍従長侯爵徳大寺実則・伯爵土方久元・宮内次官男爵川口武定・子爵曾我祐準に謁を賜ふ。正午威仁親王と御会食あり。〇両長日記・侍従日記

陸軍騎兵実施学校に行啓

是の日、午後一時三十分御出門、貞愛親王を随へ、陸軍騎兵実施学校に行啓、四時四十五分還啓あらせらる。〇両長日記・侍従日記・庶務課日記・行啓録・官報

二十日、午後一時三十分御出門、有栖川宮邸に行啓、五時五分還啓あらせらる。爾後、二十三日・二十九日にも亦此の事あり。〇両長日記・侍従日記・高辻修長日記・行啓録・官報

二十一日、午前七時三十分御出門、御乗馬にて青山練兵場に行啓、近衛歩兵及び各隊の演習御覧、九時三十分還啓あらせらる。猶ほ爾後、青山練兵場に行啓のこと度あり。〇両長日記・侍従日記

陸軍中央幼年学校に行啓

是の日、元帥侯爵山県有朋・子爵裏松良光に謁を賜ふ。就中、有朋に午餐の陪食あり。午後一時三十分御出門、有朋を扈従せしめ、陸軍中央幼年学校に行啓、生徒の術科を覧給ふ。帰途、有栖川宮邸を過り五時二十五分還啓あらせらる。〇両長日記・侍従日記・庶務課日記・行啓録・官報

皇太子妃御誕辰

二十五日、妃誕辰により正午東宮職高等官等に立食を賜ふ。午後一時三十分御出門、上野公園内日本美術協会主催の美術展覧会に行啓、五時四十分還啓あらせらる。〇両長日記・庶務課日記・侍従日記・高辻修長日記・行啓録・官報

鎌倉に御微行

二十九日、午前八時三十分御出門、有栖川宮邸を過りて参内、午後零時四十分還啓あらせらる。

尋いで午後二時五十分御出門、五時五十分鎌倉御用邸に御安著、翌三十日午後五時二十八分新橋停車場に御帰著、有栖川宮邸を経て六時三十分仮東宮御所に還啓あらせらる。○両長日記・侍従日記・侍従職日録・高辻修長日記・行啓録・官報

大正天皇実録　巻二十四

明治三十四年　宝算二十三歳

七月

天皇・皇后献品陳列所に行幸啓により奉迎

一日、御妹昌子内親王・房子内親王・允子内親王・聰子内親王と午餐御会食あり、翌二日には彰仁親王・同妃頼子・貞愛親王・威仁親王・同妃慰子・依仁親王妃周子・菊麿王・邦彦王・同妃俔子・守正王と午餐を御会食あらせらる。(1)○両長日記・侍従日記・庶務課日記・御直宮御養育掛日録・典式録

三日、午後一時三十分御出門、海軍大学校に行啓、帰途、有栖川宮邸を過り、七時還啓あらせらる。猶ほ五日には陸軍大学校に行啓のことあり。○両長日記・侍従日記・庶務課日記・行啓録・官報

六日、天皇・皇后、午前十時三十分宮城御出門、青山御所内旧御産所に設けられたる御慶事祝賀

献品陳列所に行幸啓あらせらるるを以て、同処に於て妃と倶に奉迎あらせらる。天皇御覧に際し東宮侍従長子爵高辻修長をして、皇后御覧に際し内大臣秘書官足立正声をして説明を為し奉らしむ。午後一時皇尋いで仮東宮御所に於て天皇、裕仁親王・彰仁親王・同妃頼子・威仁親王に謁を賜ふ。

御陪食

皇太子・皇太子妃並びに彰仁親王・同妃頼子・威仁親王に陪食を賜ひ、公爵九条道孝・侯爵伊藤博文・元帥侯爵大山巌・侍従長侯爵徳大寺実則・宮内大臣子爵田中光顕・同妻伊与子・公爵岩倉具定・伯爵土方久元・皇后宮大夫子爵香川敬三・伯爵川村純義・同妻春子等を陪せしむ。三時二十分天皇・皇后還幸啓あらせらる。是の日、天皇・皇后より銀製鉢壱個・御紋附銀花瓶壱対・御肴料弐万疋を皇太子に、文台硯箱壱組・蒔絵手箱壱組・御肴料弐万疋を皇太子妃に、銀製雌雄鶏置物壱台・御肴料壱万疋を裕仁親王に賜ふ。是に於て皇太子、妃と倶に天皇に置時計壱個、皇后に銀製狆置物を進献、更に天皇に金製御莨入壱個を、妃も亦皇后に宝石入腕輪壱個を献ぜらる。○両長日記・侍従日記・庶務課日記・幸啓録・官報・侍従職日録・皇后宮職日記・典式録・昭憲皇太后御事歴材料・高辻修長日記

東宮武官の更迭

是の日、東宮武官海軍大佐武富邦鼎の本職を免じ、磐手艦長に転補し、海軍軍令部第三局長兼海軍技術会議議員海軍大佐中村静嘉を東宮武官に転補す。後、邦鼎に恒の如く賜物あり。○官報・贈賜録

裕仁親王川村純義邸に移居

七日、裕仁親王午前九時出門、麻布区飯倉狸穴町なる枢密顧問官伯爵川村純義の邸に移居す。仍

りて純義並びに妻春子に御万那料金百円・紅白縮緬各壱疋を賜ふ。親王、是より三十七年十一月九日迄凡そ四年間、同邸に滞在あり。抑〻移居のことは既述の如く威仁親王始め輔導顧問の進言を勅裁ありしものにして、全く親王の保健・教養を重じ給ふに由るものなり。猶ほ純義には辞令を授けず、又御教養主任の名目を用ひず、皇太子より親しく嘱命あらせらる。〇両長日記・侍従日記・庶務課日記・高辻修長日記・官報・侍従職日録・迪宮御誕生録・皇后宮職日記

川村純義に裕仁親王の御教養を御嘱命あらせらる

九日、載仁親王に御対顔、午後一時御出門、御乗馬にて青山練兵場に行啓、近衛騎兵第一聯隊の武装検査を台覧の後、有栖川宮邸を過り、四時四十五分還啓あらせらる。猶ほ青山練兵場に行啓のこと屢〻あり。〇両長日記・侍従日記・庶務課日記・贈賜録・行啓録

十一日、午後二時三十分御出門、高輪御殿に行啓、御妹昌子・房子両内親王に御対顔あり、帰途、有栖川宮邸を過り栽仁王を随へて六時二十分還啓、王と晩餐を会食あらせらる。此の後、高輪御殿並びに有栖川宮邸に行啓のこと屢〻あり。〇両長日記・侍従日記・庶務課日記・行啓録

是の日、学習院にて卒業式挙行により東宮侍従男爵多久乾一郎を遣し、優等生に賞を賜ふ。後、十月十四日学習院陸上運動会を行ふに当り、東宮侍従子爵大迫貞武を遣されたり。〇両長日記・侍従日記・庶務課日記・贈賜録・高辻修長日記・官報

東宮侍従を学習院へ差遣

十四日、侍従長侯爵徳大寺実則に謁を賜ひ、御下賜の書籍を受けさせらる。午前十時御出門参内、帰途、有栖川宮邸に臨み、午後零時四十分還啓、二時再び御出門、閑院宮邸に行啓、三時五十分還啓あらせらる。○両長日記・侍従日記・庶務課日記・被進帖・高辻修長日記・行啓録・官報

十六日、午後一時御乗馬にて御出門、歩兵第三聯隊に行啓、帰途、有栖川宮邸を過り、四時十分還啓あらせらる。○両長日記・侍従日記・行啓録

川村邸に行啓

十八日、午後二時妃と倶に御出門、伯爵川村純義邸に行啓、裕仁親王を訪はせられ、純義に御紋附銀盃壱組・五種交魚壱折を、妻春子・男鉄太郎に各洋服地壱著を、純義母由嘉・鉄太郎妻安に各白羽二重壱疋宛を賜ひ、四時七分還啓あらせらる。後、九月一日・同二十五日にも亦同邸に親王を訪はせ給へり。○両長日記・侍従日記・庶務課日記・行啓録

ロナチート暹国公使に賜謁

十九日、本邦駐劄暹羅国特命全権公使フォヤ・リイシロング・ロナチート〈Phya Rithirong Ronachet〉、書記官ルアン・サンパキチ・ブレチーヤ〈Luang Saupakitch Brecha〉を帯同して参殿せるにより、午前十時三十分謁を賜ふ。因に同公使は不日帰国するを以てなり。○両長日記・侍従日記・庶務課日記・高辻修長日記・外事録

二十日、午前八時御出門、有栖川宮邸を過りて参内、皇后の午餐に陪し、午後一時四十分御退出

妃と倶に鎌倉に御微行

あり、是より先、妃有栖川宮邸に臨み給へるを以て、即ち再び同宮邸に御立寄あり。夫より妃と倶に新橋停車場に到り、汽車にて鎌倉停車場に御著、自転車にて長谷寺附近御散歩の後、六時鎌倉御用邸に安著あらせらる。猶ほ妃は停車場より直に御用邸に向ひ給へり。翌二十一日午前八時より自転車にて伯爵松方正義別邸に行啓、尋いで鶴岡八幡宮・鎌倉宮を御遊覧あり、片瀬なる学習院水泳場に於て学生の水泳術を御覧あり。午後三時十分妃と倶に御出門、御徒歩にて鎌倉停車場に到り汽車に御搭乗、五時二十五分新橋停車場に御著、有栖川宮邸に臨み、威仁親王と晩餐を御会食、御歓談の後、八時五十分仮東宮御所に還啓あらせらる。○両長日記・侍従日記・庶務課日記・侍従職日録・高辻修長日記・行啓録・官報

北清事変関与の者に陪食を賜ふ

二十二日、正午威仁親王と午餐を御会食あり、北清事変に関与せし特命全権公使西徳次郎・陸軍中将男爵山口素臣・海軍中将東郷平八郎・陸軍少将福島安正・同真鍋斌・同塚本勝嘉・海軍少将出羽重遠・同遠藤喜太郎・同有馬新一等を召し陪食を賜ひ、種々歓談あらせらる。○両長日記・侍従日記・庶務課日記・高辻修長日記・行啓録・典式録

二十七日、東宮武官川畑平吉青山練兵場に供奉の途中、乗馬奔逸して落馬死去したるにより、御菓子料金百円を賜ふ。尋いで二十九日送葬により、東宮職御用掛子爵錦小路在明を其の邸に遣し、祭粢料金参百円並びに御手許より金七百円を賜ふ。○両長日記・侍従日記・庶務課日記・贈賜録・行啓録

妃と倶に日光田母沢御用邸に御避暑

二十八日、午前六時十分妃と御同車にて御出門、東宮大夫侯爵中山孝麿等を供奉せしめ、暑を日光に避け給ふ。上野停車場より汽車に御搭乗、日光停車場に於て御下車、十一時二十五分田母沢御用邸に安著あらせらる。是より御淹留四十九日に及ぶ。其の間、含満淵・裏見滝・大日堂・霧降滝近傍を御遊歩あり、或は御乗馬にて御逍遥など概ね前年の如し。時には妃と倶に興雲律院辺を御散策の日などありしが、特に八月八日より裕仁親王暑を日光御用邸に避くること二十有余日に及びしかば、屢〻妃と倶に同御用邸を訪はせ給ひて御慰尠からず。其の御帰途には、時に威仁親王を其の寓所に訪ひ、或は中山慶子・柳原愛子の寓所を過りて御歓談あり、侯爵鍋島直大・男爵三宮義胤等の別邸に御立寄のこと亦多し。其の他、八月十三日には午前六時三十分御出門にて日光停車場より汽車に御搭乗、宇都宮停車場にて下車あらせられ、人力車にて宇都宮軌道運輸株式会社に臨み、人車鉄道にて大谷に到り、盤水館にて御休憩の後、午後零時四十分大谷寺に御遊行あり。此の地は既に昨年も遊び給ひし処たり。尋いで往路の如く宇都宮に到り国幣中社二荒山神社に御参拝の後、汽車にて五時十分御用邸に還啓あらせらる。又八月十八日には午前四時御出門、女峰山麓にして稲荷川の上流渓谷なる七滝に御遊行あり。途中、爬山虎に乗らせ給ふ。殺生禁断石碑・児子塚等を経て御輿尠からず。天狗沢に於て三十分余御休憩、十一時二十分御用邸に還啓あらせらる。又八月二十五日には妃と倶に午前七時御出門、人力車にて馬返を経て中ノ茶屋に到り阿含滝を、更に剣ヶ峰茶屋にて般若・方等の諸滝を覧給ひ、十一時八分二荒山神社に達し、御拝の後、社務所に安著あらせらる。是より此の地に御二泊あり。即ち中禅寺湖に扁舟を泛べ、或は湖畔の御逍遥に、或は引網等の御慰あり、加ふるに偶〻外国人等の催せる帆舟競走は御興を添へ奉る処尠からず。夜に入りて村民の流灯等を御覧あり、二十七日午前中湯元に御遊歩あり、湯滝・竜頭滝等を過り十一時三十分二荒山神社社務所に御帰館、御昼餐後妃と倶に午後四時二十五分田母沢御用邸に還啓あらせられたり。

御帰京

斯くて九月十五日午前七時妃と倶に田母沢御用邸御出門、午後零時十分仮東宮御所に還啓あらせらる。是より先、上野停車場に於て載仁親王・同妃智恵子に御対顔あり、文武官の奉迎を受けさせらるること例の如し。還啓の後、皇后御使典侍高倉寿子、御妹昌子・房子両内親王御使御養育主任子爵林友幸、御妹允子・聰子両内親王御使加賀美光賢、裕仁親王御使伯爵川村純義及び侯爵伊藤博文・男爵橋本綱常等に謁を賜ひ、純義に晩餐の陪食を賜ふ。翌十六日午前十一時妃と倶に参内、避暑中の態を奏啓、午後零時三十五分還啓あらせらる。

供奉員

猶ほ御避暑中供奉を命ぜられたる者は、東宮大夫侯爵中山孝麿・東宮侍従長子爵高辻修長・東宮武官長村木雅美・東宮侍従丸尾錦作・同有馬純文・同男爵多久乾一郎・同子爵大迫貞武・東宮武官

中村静嘉・同田内三吉・同平賀徳太郎・同伯爵清水谷実英・東宮侍講本居豊穎・同三田守真・侍医西郷吉義・同片山芳林・同伊勢錠五郎・同池辺棟三郎等なり。○両長日記・侍従日記・侍従職日録・皇后宮職日記・行啓録・御直宮御養育掛日録・栃木県庁御登晃関係事務日誌・官報・高辻修長日記

八月

独国皇太后崩御

八日、独逸国皇太后ヴィクトリア・マリー・ルイーザ〈Victoria Adelaide Mary Louise〉(2)崩御により、弔電を発送あらせらる。尋いで翌十日東宮侍従鍋島精次郎を同国公使館に遣して弔意を表せしめらる。○両長日記・侍従日記・行啓録・外事録

九月

皇大神宮遷宮により御遥拝

六日、午後八時皇大神宮仮殿遷宮に依り、妃と倶に日光田母沢御用邸に於て遥拝あらせらる。猶ほ十二月二日殿成り遷座を行はせらるるにより、葉山御用邸にて午後八時遥拝を行はせられたり。○両長日記・侍従日記・行啓録

マッキンレー米国大統領死去

十六日、亜米利加合衆国大統領ウヰリアム・マッキンレー〈William McKinley〉死去(3)により東宮

侍従男爵多久乾一郎を同国公使館に遣し、弔問せしめらる。〇両長日記・侍従日記・贈賜録・庶務課日記

十七日、彰仁親王に御対顔あり、午後一時三十分御出門、陸軍戸山学校に行啓、練兵・射撃・体操・自転車・撃剣等を御覧、四時十分還啓あらせらる。〇両長日記・侍従日記・行啓録・官報

十八日、午前七時より御乗馬にて御出門、青山練兵場より渋谷村常磐松御料乳牛場に至るまで御逍遥、八時還啓あらせらる。此の後、御乗馬にて近傍御逍遥のこと度あり。〇両長日記・侍従日記・庶務課日記・行啓録・高辻修長日記

清国欽差大臣に賜謁

十九日、陸軍大将伯爵野津道貫・海軍中将男爵井上良馨・海軍中将柴山矢八・同鮫島員規・同日高壮之丞・海軍少将上村彦之丞・海軍機関総監湯地定監(4)及び九条道実に謁を賜ふ。午後二時清国専使欽差大臣戸部右侍郎那桐及び随員頭等参賛官刑部郎中外務総弁章京顧肇新等四名を引見あらせらる。(5)那桐、漢古銅大鼎成件・雍正年製天青素釉双桃荷包式瓷瓶成対・康熙年製青花大筆筒成件・雍正年製白瓷大円印盒成件を献る。仍りて蒔絵手箱壱個を賜ふ、尋いで那桐三十日帰国するを以て謁を賜へり。〇両長日記・侍従日記・庶務課日記・高辻修長日記・外事録・外交贈答録・官報

葉山に御微行

二十一日、午前十時御出門参内、午後零時四十分還啓あり、御妹允子・聰子両内親王に御対顔あらせらる。二時五十分御出門、威仁親王を随へ東宮侍従長子爵高辻修長等を供奉せしめ葉山に御微

行、有栖川宮別邸を過りて七時十分葉山御用邸に御安著、二泊あらせられ、二十三日午前十時十分仮東宮御所に還啓あらせらる。○両長日記・侍従日記・庶務課日記・高辻修長日記・行啓録・官報

秋季皇霊祭並びに神殿祭により御参拝

二十四日、秋季皇霊祭並びに神殿祭により午前八時四十分御正装にて御出門、賢所御休所にて束帯に改め、御拝あり、再び御正装に御著換の後還啓あらせらる。時に十一時三十五分なり。○両長日記・侍従日記・庶務課日記・高辻修長日記・官報・典式録

二十六日、邦彦王に御対顔の後、午後一時御出門、陸軍士官学校に行啓、生徒の作業を御覧、帰途、有栖川宮邸を過り、四時三十五分還啓あらせらる。○両長日記・侍従日記・行啓録

二十七日、午後一時御出門、上野公園なる日本美術協会列品館に於ける全国窯業品共進会に行啓、皇后に従ひて御巡覧、金五拾円を賜ひ、四時二十分還啓あらせらる。○両長日記・侍従日記・皇后宮職日記・高辻修長日記・行啓録・官報

葉山に御微行

二十八日、午前十時御出門、妃と倶に参内、午後零時十二分還啓あらせらる。尋いで一時三十分御出門、有栖川宮邸を経て三時二十五分新橋停車場より汽車にて逗子停車場に御著、御徒歩にて六時三十五分葉山御用邸に安著あらせらる。翌二十九日内閣総理大臣子爵桂太郎に午餐の陪食を賜ひ、午後三時四十分御用邸を御出門、帰途、有栖川宮邸を過り、七時五十分仮東宮御所に還啓あらせらる。○両長日記・侍従日記・庶務課日記・侍従職日録・高辻修長日記・行啓録・官報

十月

裕仁親王御箸初

五日、裕仁親王御箸初の儀あり。儀畢りて参殿せるを以て即ち対顔あらせらる。蓋し箸初の儀は古来生後百二十日目を以て行ふを例と為すと雖も、偶〻八月二十六日の暑中に相当し、日光御用邸に避暑中なりしを以て、今日追行せられたるなり。○両長日記・侍従日記・庶務課日記・侍従職日録・皇后宮職日記・行啓録・官報・迪宮御誕生録

六日、午後二時四十分御出門、麻布御殿に御妹允子・聰子両内親王を訪ひ、四時三十五分還啓あらせらる。○両長日記・侍従日記・御直宮御養育掛日録・高辻修長日記・行啓録

八日、貞愛親王に御対顔、午後一時御出門、陸軍中央幼年学校に行啓、帰途、有栖川宮邸を過り三時二十分還啓あらせらる。○両長日記・侍従日記・行啓録

九日、陸軍大臣男爵児玉源太郎に謁を賜ひ、午後二時御出門、南豊島御料地の内字新宿に御遊行、四時還啓あらせらる。○両長日記・侍従日記・高辻修長日記・行啓録

葉山御用邸に御淹留

十二日、午後二時五十分御出門、威仁親王を随へ東宮侍従長子爵高辻修長等を供奉せしめ葉山に行啓、六時十分葉山御用邸に安著あらせらる。是より御淹留五十余日、其の間、有栖川宮別邸を始め、男爵高崎正風の別邸等に御遊行のことあり。中にも有栖川宮別邸には屢〻御立寄あり、常に威

仁親王と往復あらせられたり。又御手駁車にて近傍御逍遥のこと、或は御遊猟のこと等概ね毎回の如く行はせ給へり。其の他二十六日には御用邸裏の海浜より御乗船、海路より鎌倉に行啓あり、鎌倉御用邸に著かせ給ひ、約二十日近く滞在あらせらる。此の地に於ても概ね嚮日御遊行の如く、片瀬・腰越・藤沢・江ノ島辺を御手駁車にて御逍遥あり、或は建長寺・長谷寺・運慶寺・遊行寺等を御遊覧あり、又伯爵松方正義別邸にも御立寄のことあり、時には鎌倉師範学校に臨み給ひて生徒の課業を御巡覧のことなどありしが、特に十一月五日には大磯に行啓あり、裕仁親王を侯爵鍋島直大別邸に訪ひ(6)成育の様を御覧あり、殊の外御満足に思召し、即日鎌倉に還らせ給へり。又同七日には妃東京より鎌倉御用邸に行啓あり。即ち九日には妃と倶に江ノ島に御遊行ありしが、十一日には妃仮東宮御所に還啓あらせられたり。尋いで十四日鎌倉御用邸を御出門、葉山御用邸に還啓あらせらる。夫より御滞在三週間に及び、十二月七日午前七時五十分同所御出門にて威仁親王以下を随へ、仮東宮御所に還啓あらせらる。顧み奉れば、此の歳葉山御用邸に行啓あらせらるる事凡そ七回、時には短期の事ありしも、やや長く御淹留の際は葉山御用邸を中心として、或は大磯・茅ヶ崎に、或は横須賀・鎌倉に御遊行あらせられたること既に謹述せるが如し。中にも鎌倉には三回行啓あり、其の外仮東宮御所より御微行のこと等あり。何れも概ね近郊御遊行を旨とし給へり。

鎌倉御用邸に御滞在

還啓

供奉員

猶ほ今回供奉を命ぜられたる者は、東宮侍従長子爵高辻修長・東宮主事中田直慈・東宮武官長村木雅美・東宮侍従丸尾錦作・同鍋島精次郎・同有馬純文・同男爵多久乾一郎・同子爵大迫貞武・東宮武官田内三吉・同平賀徳太郎・同中村静嘉・同伯爵清水谷実英・東宮侍講本居豊穎・同三田守真・同三島毅・東宮職御用掛子爵杉孫七郎・東宮御用掛田村怡与造・同坂本俊篤・侍医池辺棟三郎・同伊勢錠五郎・同片山芳林等なり。○行啓録・両長日記・侍従日記・庶務課日記・高辻修長日記・官報

十八日、天皇御違和により東宮侍従鍋島精次郎を宮城に遣し、天機を奉伺せしめらる。○両長日記・侍従日記・行啓録

十九日、台湾神社創立官幣大社に列せらるるにより、明二十日故能久親王妃富子台湾に赴くを以て三種交魚壱折を賜ふ。○庶務課日記・贈賜録

本居宣長百年祭執行により賜金

二十三日、東宮侍講本居豊穎、曾祖父贈正四位本居宣長の百年祭を執行するを以て金百円を賜ふ。○行啓録

十一月

陸海軍中佐に御陞進

三日、午後二時十五分東宮侍従長子爵高辻修長鎌倉御用邸に参邸、陸軍歩兵中佐並びに海軍中佐

に御陞進の辞令書を奉る。仍りて翌四日修長を宮城に遣し、恩を謝し奉らしめ、物を進献あらせらる。○両長日記・庶務課日記・侍従職日録・行啓録・高辻修長日記・官報

六日、天皇、陸軍特別大演習御統裁の為め仙台地方に行幸あらせらるるにより、御使東宮侍従長子爵高辻修長を上野停車場に遣さる。尋いで十二日還幸に当り、再び修長を上野停車場に遣し奉迎せしめ給へり。○両長日記・侍従日記・庶務課日記・侍従職日録・行啓録・高辻修長日記・官報

是の日、曩に菊麿王妃範子分娩第一女子誕生ありしが、安子女王と命名せるにより物を王に賜ひて之を賀し給ふ。○庶務課日記・行啓録・贈賜録

菊麿王妃範子薨ず

十一日、是より先、菊麿王妃範子産後病む趣により、去る三日夜侍医西郷吉義を宮邸に遣し存問せしめ給ひしが、今暁五時十分薨ず。仍りて葉山御用邸より菊麿王に親電を以て哀悼の意を表せられ、更に東宮主事心得子爵錦小路在明を山階宮邸に遣し、尋いで十七日送葬に当り、棺前祭及び豊島岡墓前祭に東宮侍従子爵大迫貞武に代拝を命じ、霊前に真榊壱対・白羽二重弐疋を供へしめらる。○両長日記・侍従日記・庶務課日記・行啓録・高辻修長日記・重要雑録・官報

是の日、伊太利国皇帝エマヌエーレ三世〈Vittorio Emanuele Ⅲ〉の誕辰により祝電を発せらる。○外事録・庶務課日記

十四日、天皇、御風気により東宮侍従男爵多久乾一郎を宮城に遣し、天機並びに御機嫌を候はしめらる。○侍従日記・庶務課日記・行啓録

二十一日、東宮侍従正五位勲六等男爵多久乾一郎昨二十日偶〻病を獲て卒す。仍りて是の日金七百円を賜ひ、二十二日送葬に当り御使として東宮職御用掛子爵錦小路在明を其の邸に遣し、祭粢料金参百円を賜ふ。○庶務課日記・総務課進退録・贈賜録・官報

二十六日、皇后御違和により東宮侍従子爵大迫貞武を宮城に遣し、三種交魚壱折を進献あらせらる。○侍従日記・庶務課日記・行啓録

是の日、故朝彦親王第九女子純子女王、明二十七日子爵織田秀実に降嫁するにより女王に紅白縮緬各壱疋を、又邦彦王に五種交魚壱折を賜ふ。○庶務課日記・贈賜録

威仁親王を東宮輔導専務と為す

東宮大夫の更迭

二十九日、海軍軍令部出仕兼海軍将官会議議員海軍中将威仁親王の現職を免じ、特に終身現役に列せしめ、東宮輔導専務の御沙汰あり。宮内書記官兼式部官有栖川宮別当内事課長斎藤桃太郎を東宮大夫に任じ、東宮大夫侯爵中山孝麿を免ぜらる。後、十二月九日孝麿に謁を賜ひ、御手許より御紋附金懐中時計鎖附壱個及び金千五百円を賜ふ。(7) ○両長日記・侍従日記・庶務課日記・贈賜録・行啓録・総務課進退録・官報・威仁親王行実

十二月

三日、清国より帰朝せる陸軍少将山根武亮に謁を賜ひ、午餐の陪食を賜ふ。○両長日記・侍従日記・行啓録

御風気

八日、御風気により御仮床に就かせらる。十八日に至りて御全癒、御撤床あらせらる。○両長日記・侍従日記・庶務課日記・拝診録・高辻修長日記

東宮主事の更迭

十日、爵位局主事従五位勲六等桂潜太郎に東宮主事を兼ねしめ、東宮主事中田直慈を内大臣秘書官に任ず。後、直慈に特に御紋附銀莨入壱個を賜ふ。○両長日記・侍従日記・庶務課日記・総務課進退録・官報・贈賜録

伊国公使等を御引見

二十三日、午後二時より本邦駐劄伊太利国特命全権公使ジュール・メレガーリ〈Jules Melegari〉・同伯剌西爾国代理公使マノエル・ド・オリウエイラ・リマ〈Manuel de Oliveira Lima〉・同清国特命全権公使蔡鈞に謁を賜ふ。○両長日記・侍従日記・庶務課日記・外事録・高辻修長日記・官報

近衛師団長以下に賜餐

二十四日、午後零時十分御出門、芝離宮に行啓、近衛師団長陸軍中将男爵長谷川好道以下佐官並びに相当官以上及び幕僚尉官に謁を賜ひ、立食に陪せしめ、二時四十分還啓あらせらる。○両長日記・侍従日記・庶務課日記・高辻修長日記・行啓録・官報

二十九日、午前八時五十分御出門、有栖川宮邸を過りて参内、歳末の御祝詞並びに葉山に行啓の

為めの請暇を奏啓、午後零時四十分還啓あらせらる。○両長日記・侍従日記・侍従職日録・行啓録・官報

是の日、歳末により参殿せる御妹昌子・房子・允子・聰子四内親王を始め載仁親王並びに妃智恵子・守正王並びに妃伊都子に御対顔あり。三十日には貞愛親王・彰仁親王・威仁親王並びに妃慰子に対顔あらせられたり。○両長日記・侍従日記・庶務課日記・御直宮御養育掛日録

葉山御用邸に御淹留

三十日、午後一時御出門、東宮大夫斎藤桃太郎等を供奉せしめ葉山に行啓、四時十五分葉山御用邸に安著あらせらる。是より御淹留のこと明三十五年一月二十四日に及ぶ。○両長日記・侍従日記・庶務課日記・行啓録・官報

三十一日、午前十時供奉高等官等の歳末の祝詞を受けさせられ、午後成久王・恒久王・輝久王に対顔あらせらる。○両長日記・侍従日記

大正天皇実録　巻二十五

明治三十五年　宝算二十四歳

一月

葉山にて御越年

一日、葉山御用邸御滞留中なるを以て、新年の諸儀に参列あらせられず、東宮武官長村木雅美を宮城に遣し、天機並びに御機嫌伺を奏啓せしめられ、又東宮主事桂潜太郎を裕仁親王並びに御妹昌子・房子・允子三内親王の許に遣さる。○両長日記・侍従日記・庶務課日記・行啓録

元始祭御代拝

三日、元始祭御代拝を東宮侍従長子爵高辻修長に命ず。

是の歳、宮中御祭典に御代拝を命ぜらるること左表の如し。○侍従日記・行啓録・庶務課日記・典式録・官報

月日	御祭典	御代拝
一月十一日	英照皇太后五年御式年祭	東宮侍従長 子爵 高辻修長
同	多喜子内親王三年御式年御霊殿並御墓所祭	東宮主事心得 子爵 錦小路在明
同 三十日	孝明天皇御例祭	東宮侍従長 子爵 高辻修長
二月十一日	紀元節御例祭	同 同
同 二十一日	仁孝天皇御例祭	同 同
三月二十一日	春季皇霊祭並神殿祭	同 同
四月三日	神武天皇御例祭	同 同
十月十七日	神嘗祭	同 侯爵 木戸孝正
十一月三日	天長節御祭典	東宮侍従 本多正復
十二月六日	後桃園天皇御例祭	東宮侍従長 侯爵 木戸孝正
同 十二日	光格天皇御例祭	同 同
同 十五日	賢所御神楽	同 同

御講書始の儀

八日、御講書始により東宮侍講本居豊穎・同三島毅・同三田守真を召し、御学問所に於て和漢洋書を進講せしめ、東宮侍従長子爵高辻修長に陪聴を允さる。儀畢りて侍講等に酒饌を賜ふこと例の如し。○両長日記・侍従日記・行啓録

是の日、伯爵柳沢保恵養母明子逝けるを以て、祭粢料金百円を賜ふ。明子は皇后の御姉に当り、皇后、三日間御慎あらせらる。即ち御使東宮主事心得子爵錦小路在明を翌日宮城に遣して御機嫌を伺はしめ、棹物壱折宛を進献あらせらる。○贈賜録・庶務課日記

歌御会始に御詠進

十八日、宮中にて歌御会始の儀を行はせらるるにより、詠進あらせらる。○侍従日記・官報

新年梅

あらたまの年の始の梅のはな
みるわれさへにほゝゑまれつゝ

葉山より鎌倉に行啓

十九日、午前九時三十分葉山御用邸御出門、逗子停車場より汽車に御搭乗、鎌倉停車場に著かせられ、御徒歩にて鎌倉御用邸に行啓、御妹允子・聰子両内親王に御対顔、午餐を会食あらせらる。午後一時御出門、官幣中社鎌倉宮に御拝、幣帛料を供進せられたる後、護良親王の幽せられたりと伝へらるる土窟を御覧あり、尋いで伯爵松方正義の別邸に臨ませられ、正義に白羽二重壱疋・妻真

左子〔1〕に白紋縮緬壱疋を賜ふ。三時三十五分鎌倉停車場より再び御乗車、四時十五分御用邸に還啓あらせらる。茲に葉山御淹留中御動静の一端を併せ叙し奉らんに、御摂養を専とし給ふこと例年の如く、一月九日より午前中は御日課表に基づき、御修学あり、午後は近郊御遊歩を事とせらる。就中、十二日及び十五日の如き中西浦村石切場或は山口村字平附近に御遊猟を試みさせられ、猶ほ又有栖川宮別邸及び男爵高崎正風別邸等に行啓のこと度あり。其の他五日には海岸に出でて葉山村消防組挙行の出初式を御覧あり、六日には西幸吉を召して薩摩琵琶の弾奏を聞かせらるる等の御慰もありたり。御滞留中主なる賜謁者には、天皇皇后御使皇后宮亮山内勝明・御妹昌子房子両内親王御使御用掛加賀美光賢・御妹允子聰子両内親王御使子爵林友幸を始め、内閣総理大臣子爵桂太郎・農商務大臣平田東助・海軍軍令部長海軍大将子爵伊東祐亨・元帥侯爵山県有朋・海軍大将男爵井上良馨・伯爵松方正義・子爵曾我祐準・伯爵柳原義光等あり。猶ほ七日寒中天機並びに御機嫌奉伺の為、東宮主事桂潜太郎を宮城に遣されたる外、恒例の御使差遣屢〻あり。○両長日記・侍従日記・庶務課日記・行啓録

葉山御淹留中の御動静

賜謁者

二十三日、近衛歩兵第一聯隊軍旗祭により、東宮武官田内三吉を同聯隊に遣し金百円を賜ふ。猶ほ是の歳東宮武官の差遣を掲ぐれば左表の如し。〔2〕○庶務課日記・贈賜録・総務課進退録・官報

東宮武官差遣

月日	差遣先	差遣武官
二月　二日	青森県下に於ける歩兵第五聯隊遭難地	東宮武官　伯爵　清水谷実英
同　八日	参謀本部参謀演習旅行	同　田内三吉
同　二十二日	常備艦隊	同　中村静嘉
同	陸軍野戦砲兵射撃学校終業式	同　田内三吉
三月　九日	参謀本部参謀演習旅行	同　伯爵　清水谷実英
同　二十五日	常備艦隊	同　中村静嘉
同　二十八日	陸軍要塞砲兵射撃学校修業式	同　田内三吉
四月　二日	海軍水雷術練習所卒業式	同　伯爵　清水谷実英
同　二十六日	海軍機関学校卒業式	同　平賀徳太郎
五月　一日	海軍懸賞射撃地	同　同
同	陸軍戸山学校修業式	東宮武官　田内三吉
同　八日	軍艦暁	同　中村静嘉

月日	差遣先	差遣武官
五月十九日	軍艦三笠	同　平賀徳太郎
同　二十九日	陸軍野戦砲兵射撃学校修業式	同　同
同　三十日	陸軍中央幼年学校卒業式	同　同
六月六日	軍艦白雲	同　同
同　十六日	軍艦霞	同　中村静嘉
同　二十八日	東京湾要塞砲兵聯隊対抗演習	同　伯爵清水谷実英
七月八日	海軍大学校卒業式	同　中村静嘉
同　九日	陸軍獣医学校卒業式	同　伯爵清水谷実英
同　十日	陸軍地方幼年学校卒業式	同　同
同　十四日	海軍射撃試験	同　平賀徳太郎
同　三十日	海軍水雷術練習所	同　同
八月二十日	陸軍要塞砲兵射撃学校修業式	同　伯爵清水谷実英
同　二十七日	軍艦金剛及び比叡	同　中村静嘉

同　二十九日	軍艦浪速	同　同
同　三十日	陸軍経理学校卒業式	同　伯爵　清水谷実英
十月　二日	陸軍大学校参謀演習旅行	同　田内三吉
同　二十五日	陸軍騎兵実施学校修業式	同　中村静嘉
十一月　五日	近衛師団機動演習	同　伯爵　清水谷実英
同　六日	陸軍特別大演習	東宮武官長　村木雅美
同　十五日	軍艦新高進水式	東宮武官　中村静嘉
同　二十二日	陸軍士官学校卒業式	同　伯爵　清水谷実英
同	軍艦朝潮	同　平賀徳太郎
同　二十八日	陸軍大学校卒業式	同　田内三吉
十二月　十日	海軍兵学校及び呉海軍造船廠	同　平賀徳太郎
同　二十二日	陸軍砲工学校卒業式	同　伯爵　清水谷実英
同　二十三日	海軍水雷術練習所卒業式	東宮武官　平賀徳太郎
同　二十五日	陸軍戸山学校終業式	同　伯爵　清水谷実英

葉山より還啓

二十四日、午前七時五十五分葉山御用邸御出門、逗子停車場にて威仁親王と倶に汽車に御搭乗、鎌倉停車場に於て御妹允子・聰子両内親王御使子爵林友幸に謁を賜ひ、十一時五分仮東宮御所に還啓あらせらる。○官報・両長日記・侍従日記・行啓録・庶務課日記・侍従職日録

沼津に行啓

二十六日、午前九時四十分御出門、新橋停車場より汽車に御搭乗、途中、大磯停車場に於て裕仁親王に御対面の後、沼津停車場に御下車、午後三時五十分沼津御用邸に著かせらる。尋いで侯爵中山孝麿・静岡県知事志波三九郎以下参候の諸員に謁を賜ふ。是より二十九日まで御滞在、日々近郊御散策を主とせらる。就中、二十七日には午後静浦村方面に御逍遥の際、中山慶子の旅館侯爵西郷従道の別邸に立寄らせられ、又二十八日には原町方面に御遊行の砌、植松与右衛門の家を過り、庭園の密柑を御所望、之を齎らされたり。○両長日記・侍従日記・庶務課日記・行啓録・官報

沼津より興津清見寺に行啓御滞留

三十日、沼津町に麻疹患者発生せる為、午後四時三十分沼津御用邸御出門、沼津停車場にて汽車に御搭乗、興津停車場にて御下車、清見寺に行啓、六日間淹留あらせらる。その間、威仁親王も亦偶〻清見寺に滞在中なりしを以て屢〻御対面、又会食あらせられ、二月一・二の両日には附近にある伯爵井上馨の別邸に行啓、殊に二日行啓の際には、馨の御先導にて海浜に臨ませられ、引網の御慰に興じ給へり。又三日及び四日には庵原郡広瀬村に行啓、御遊猟を試みさせらる。清見寺御滞留

中の主なる賜謁者を挙ぐれば、従一位徳川慶喜・伯爵井上馨の二人なり。〇官報・両長日記・侍従日記・庶務課日記・行啓録

二月

博忠王の命名を賀せらる

一日、是より先、去月二十六日博恭王妃經子分娩、第二男子誕生ありしが、是の日博忠と命名せられたるを以て、御使東宮主事桂潜太郎を華頂宮邸に遣し三種交魚壱折を賜ひ、祝賀あらせらる。

邦久王・春仁王の誕生を祝し給ふ

此の後、三月十日邦彦王妃俔子分娩、第二男子誕生に当り、御使東宮主事桂潜太郎を久邇宮邸に遣され、十六日邦久と命名により三種交魚壱折を賜ひ、又八月三日載仁親王妃智惠子分娩、第一男子誕生に当り塩原なる御寓所より祝賀の電報を発せられ、九日春仁と命名により、東宮主事桂潜太郎を閑院宮邸に遣し、鮮鯛壱折を賜ふ。因に此の後、皇族命名に際しては、凡て御使として東宮主事を差遣のことと定めらる。〇庶務課日記・贈賜録・行啓録

興津より葉山有栖川宮別邸に行啓

五日、午前八時五十分興津町清見寺御出門、興津停車場にて威仁親王・従一位徳川慶喜・伯爵井上馨等の奉送を受けさせられ汽車に御搭乗、午後二時二十四分逗子停車場に御著、直に葉山なる有栖川宮別邸に行啓あらせらる。是より御滞留一週間、専ら御静養を事とし給ひ、或は御馬車を駆り、或は御徒歩にて桜山・鳴鶴崎・新浜近傍を御運動あり、九日の如き御手馭車にて小坪峠を経て鎌倉

に行啓、山階宮別邸に臨ませられたり。猶ほ同月二十日に至り、有栖川宮別邸御借用の廉を以て、威仁親王に七宝香炉壱個、同妃慰子に銀製香盒壱個及び銀釣香炉壱個を賜へり。○官報・両長日記・侍従日記・葉山行啓録・庶務課日記・贈賜録

有栖川宮別邸より葉山御用邸に御移居

十二日、午前十一時三十分有栖川宮の葉山別邸より葉山御用邸に移転あらせらる。是より先八日妃の喪期了るを以て掌典北郷久政・掌典補小谷一光(3)等に命じ、葉山御用邸に伺候して御居室四間等の清祓を執行せしめらる。

御動静

御滞留十一日間の御動静を伺ひ奉るに、十三日海軍少佐佐藤鉄太郎を召し、米国に於ける潜航艇最近の実験に就きて講話を行はしめ、東宮武官長村木雅美以下諸員に陪聴を賜ふ。十六日内閣総理大臣子爵桂太郎・元帥侯爵山県有朋・神奈川県知事周布公平に謁を賜ひ、有朋等に午餐の陪食を賜ふ。爾後、側近奉仕者等に陪食を賜ふこと屢〻なり。十七日及び二十二日には、男爵高崎正風の別邸及び依仁親王の旅館たる公爵岩倉具定の別邸に行啓のことあり。偶〻二十日地震あり、乃ち電報を以て天機並びに御機嫌を候せらる。其の他日々の御修学・御運動は概ね常例の如く之を履行あらせらる。二十三日に至り、午後零時五十分御用邸御出門、逗子停車場より汽車に御搭乗、三時五十五分仮東宮御所に還啓あらせらる。翌二十四日午前十時御出門、参内あらせられ、天皇・皇后に御

葉山より還啓

土産品を進献、午後零時四十分還啓あり。〇官報・両長日記・侍従日記・庶務課日記・行啓録・侍従職日録・高辻修長日記・皇后宮職日記

二十五日、裕仁親王違例（4）により、東宮主事桂潜太郎を大磯の伯爵川村純義別邸に遣し、慰問あらせらる。〇庶務課日記

再び葉山に行啓

二十六日、午後一時十分御出門、新橋停車場より汽車に御搭乗、四時十五分葉山御用邸に行啓あらせらる。是の日新橋停車場にて元帥侯爵大山巌以下諸員の奉送を、葉山御用邸にては威仁親王の奉迎を受けさせらる。猶ほ此の行、供奉を命ぜられたる者は、東宮大夫斎藤桃太郎・東宮侍従長子爵高辻修長・東宮武官中村覚〈ママ〉（5）・同伯爵清水谷実英・東宮侍従丸尾錦作・同子爵大迫貞武・同鍋島精次郎・同有馬純文・東宮主事心得子爵錦小路在明等なり。

御動静

爾後、三月十五日に至る十七日間御滞留あり、其の間の御動静略〻前回の行啓に同じく、御摂養を旨とし給ふ。即ち連日午前中は時間を限りて御修学を行はせられ、午後は数刻を近傍御散策に費させらる。御健康斯く概して良好に渉らせらるるも、未だ御食慾尠く、ドクトル・ベルツを始め、供奉の侍医等専ら御治癒に尽瘁す。猶ほ威仁親王と御対面のこと屢〻あり。時に午餐を御会食あらせらる。又三月三日伯爵松方正義に謁を賜ひ、正午正義に東宮大夫斎藤桃太郎・東宮侍講本居豊穎・同三島毅・東宮侍従丸尾錦作等と共に陪食を賜ふ。〇両長日記・侍従日記・行啓録・高辻修長日記

三月

六日、皇后御違例⑹により、御使東宮主事桂潜太郎を宮城に遣し、三種交魚壱折を進献あらせらる。○庶務課日記・贈賜録

十二日、公爵一条実輝長子実基、男爵を授けられたるにより、実輝に金百円を賜ふ。是の日又主猟局長男爵山口正定病の趣を聞かせられ、御万那料金弐拾五円を賜ひ、御慰問あり、尋いで二十六日薨ぜるを以て、金百円及び紅白縮緬各〻壱疋を賜ふ。○庶務課日記・贈賜録・官報

葉山より還啓

十六日、午後零時五十分葉山御用邸御出門、逗子停車場にて汽車に御搭乗、三時五十五分仮東宮御所に還啓あり。翌十七日午前十時御出門参内、天機並びに御機嫌を候し、天皇・皇后より物を賜はり、午後零時四十分還啓あり。午後二時再び御出門、有栖川宮邸に行啓、四時還啓あらせらる。○両長日記・侍従日記・庶務課日記・行啓録・高辻修長日記・侍従職日録・皇后宮職日記・官報

小松宮邸に行啓

十八日、午後二時御出門、赤坂区葵町なる小松宮邸に行啓、彰仁親王に御対面、帰途、主馬寮分厩に臨みて馬匹を御覧、三時四十五分還啓あらせらる。○両長日記・侍従日記・庶務課日記・高辻修長日記

葉山に行啓

十九日、午後二時御出門、新橋停車場にて汽車に御搭乗、五時葉山御用邸に行啓あらせらる。途

次、鎌倉停車場にて御妹允子・聰子両内親王に御対顔あり。是より四月四日まで十七日間御滞留、此の間、御動静凡て前例に準じ御保養を重んじ給ふ。○両長日記・侍従日記・庶務課日記・行啓録・高辻修長日記

茅ヶ崎土方伯爵別邸に裕仁親王を訪はせらる

三十日、午前十時五十分御出門、御手駁車にて逗子停車場に到り、汽車に御搭乗、午後零時十五分茅ヶ崎停車場に御著、徒歩にて裕仁親王の旅館伯爵土方久元別邸に行啓あらせらる。(7) 親王に御対面の後、迪宮御養育主任伯爵川村純義等に酒肴料金百円を賜ひ、午後三時五分同邸御出門、茅ヶ崎停車場より再び汽車に御搭乗、五時葉山御用邸に還啓あらせらる。因に是の日御妹昌子・房子両内親王の滞在中なる小田原御用邸に行啓の御予定なりしに、国府津停車場に麻疹患者発生せるを以て遽かに茅ヶ崎行啓に変更あらせられたるなり。

金沢に行啓

越えて四月三日金沢に行啓のことあり。午後一時三十分御出門、有栖川宮の葉山別邸に臨ませられたる後、御手駁車を駆りて金沢なる称名寺に行啓、金沢文庫の史蹟を御覧、御少憩の後、再び御手駁車にて五時五分還啓あらせらる。○両長日記・侍従日記・庶務課日記・行啓録・官報・高辻修長日記

四月

葉山より還啓

五日、午前七時五十分葉山御用邸御出門、逗子停車場より汽車に御搭乗、十時四十分新橋停車場

に著かせられ、直に参内、天機並びに御機嫌を候し、午後零時三十分仮東宮御所に還啓あらせらる。是の日逗子停車場にて東京高等師範学校長嘉納治五郎、横浜停車場にて神奈川県知事周布公平等の奉送を、新橋停車場にて宮中顧問官三浦安・伯爵正親町実正の奉迎を受けさせられ、仮東宮御所に於て御妹昌子房子両内親王御使伯爵園基祥・陸軍大臣寺内正毅等に謁を賜ふ。○両長日記・行啓録・庶務課日記・侍従日記・高辻修長日記・侍従職日録・官報

閑院宮邸に行啓

六日、午前載仁親王・守正王並びに同妃伊都子に御対顔あり、午後二時五十分御出門、閑院宮邸に行啓、四時三十五分還啓あらせらる。翌七日又有栖川宮邸に、十日伏見宮邸に行啓あり。猶ほ此の後有栖川宮邸には屢〻行啓のことあり。○両長日記・侍従日記・庶務課日記・行啓録

高輪御殿に行啓

八日、是より先五日、御妹昌子・房子両内親王小田原御用邸より還京せるを以て、御使東宮主事桂潜太郎を新橋停車場に遣されたりしが、是の日午後三時二十分御出門、高輪御殿に行啓、両内親王に御対面、鮮魚料金参千疋を進ぜられ、五時十五分還啓あらせらる。猶ほ五月十七日にも同御殿行啓のことあり。○両長日記・侍従日記・庶務課日記・行啓録

是の日、神奈川県茅ヶ崎村伯爵川村純義別邸に滞在中の裕仁親王、麻布区狸穴町なる純義の邸に帰還するにより、御使東宮主事心得子爵錦小路在明を新橋停車場及び純義の邸に遣さる。尋いで翌

裕仁親王に御対顔

九日親王参殿するを以て乃ち対顔あらせらる。爾後、親王に御対面のこと屢〻あり。○両長日記・侍従日記・庶務課日記・官報・皇親録

新宿御料地に行啓

十一日、午後二時三十分御出門、新宿御料地に行啓、植物園・動物園を御覧、四時十五分還啓あらせらる。此の後、五月十八日代々木御料地に、十月八日新宿御料地に行啓のことあり。○両長日記・侍従日記・庶務課日記・高辻修長日記・行啓録

習志野御猟場に行啓

十三日、午前七時十分御馬車にて御出門、本所停車場より汽車に御移乗、八時四十五分津田沼停車場に著かせられ、習志野御猟場に行啓、午前午後に亘りて遊猟を行はせらる。其の間、千葉県知事阿部浩・陸軍少将渋谷在明(8)等に謁を賜ふ。午後三時五十分同御猟場御発、津田沼停車場より再び汽車に御搭乗、六時二十五分還啓あらせらる。是の日御猟の兎十羽を天皇・皇后に進献あらせらる。○両長日記・侍従日記・庶務課日記・行啓録・高辻修長日記

英国に赴く彰仁親王を午餐に召す

十四日、英吉利国皇帝皇后戴冠式に参列の為め欧羅巴に赴く彰仁親王並びに御輔導威仁親王を午餐に召し、小松宮別当男爵花房義質以下十四名に陪食を賜ふ。又彰仁親王に銀莨入壱個を餞別に進ぜらる。尋いで十九日親王出発に当り、御使東宮侍従丸尾錦作を新橋停車場に遣さる。○両長日記・侍従日記・庶務課日記・高辻修長日記・典式録・皇親録・贈賜録

是の日、学習院運動会春季端艇競漕会を隅田川に於て挙行するにより、御使東宮侍従有馬純文を遣し、金百円を賜ふ。又十月十二日同院輔仁会春季運動会に際し、御使東宮侍従本多正復を遣し金百円を賜ふ。〇庶務課日記・贈賜録

十六日、従五位本多正復を東宮侍従に任ず。〇官報・進退録

是の日、午後一時三十分御出門、上野なる東京帝室博物館に行啓、有栖川宮邸を経て六時五分還啓あらせらる。〇両長日記・侍従日記・行啓録・庶務課日記・官報

観桜会に御参列

十七日、午後二時十五分御出門、浜離宮に行啓、始めて観桜会に参列あらせらる。三時天皇・皇后の臨御を奉迎、中島御茶屋に於て御対話の後、天皇に扈従して立食所に臨ませられ、御宴に陪す。後、再び中島御茶屋に御休憩、尋いで有栖川宮邸を経て六時四十分還啓あらせらる。是より先、三月十三日東宮輔導威仁親王、天皇に謁し、東宮輔導顧問会に於て議決する処、皇太子をして本年より観桜・観菊両会及び天長節宴会等に参列せしめ給はんことを奏請す。天皇、猶ほ数年を待たしめんとし給ひしが、侍医の意見を徴し、遂に親王の稟する処を允し給ふ。仍りて此のことありしなり。(9) 猶ほ是の歳浜離宮には七月二十六日亦行啓のことあり。〇両長日記・侍従日記・庶務課日記・典式録・侍従職日録・例規録・官報

十九日、午前九時御出門、有栖川宮邸を経て参内、天皇に謁し給ひて後、侍従武官長岡沢精・侍

従日野西資博の御先導にて新築成れる懐遠府を御覧、午後零時四十分還啓あらせらる。○両長日記・侍従日記・官報・侍従職日録・行啓録

懐遠府御覧

是の日、午後二時五十五分御出門、新橋停車場発汽車に御搭乗、五時二十七分逗子停車場に著かせられ、直に葉山御用邸に行啓、一泊あらせらる。供奉を命ぜられたる者は、東宮大夫斎藤桃太郎・東宮侍従長子爵高辻修長以下例の如し。翌二十日午前中堀内・一色附近を御逍遥、午後二時三十五分御用邸御出門、逗子停車場にて汽車に御搭乗、五時五十五分仮東宮御所に還啓あらせらる。○両長日記・侍従日記・庶務課日記・行啓録・侍従職日録・高辻修長日記・皇親録・官報

葉山に行啓御一泊

二十一日、午後一時三十分御出門、青山練兵場に於て近衛歩兵第四聯隊の中隊運動を御覧の後、同聯隊に行啓、営内御巡覧あり。有栖川宮邸を経て四時四十分還啓あらせらる。爾後、四・五両月兵営及び陸軍所轄学校に行啓御視察のこと度あり。即ち是の月二十三日陸軍士官学校・二十五日第一師団歩兵第一聯隊・二十九日陸軍騎兵実施学狡・五月一日近衛工兵大隊並びに第一師団工兵第一大隊・八日陸軍砲工学校等なり。○両長日記・侍従日記・庶務課日記・行啓録

近衛歩兵第四聯隊に行啓

二十二日、午後一時御馬車にて御出門、途次、江戸川を舟にて渡らせられ、千葉県東葛飾郡松戸町従二位徳川昭武の邸に行啓、昭武に謁を賜ひ、又白縮緬壱疋を御下賜あり、昭武、孔雀壱番を献

徳川昭武の別邸に行啓

ず。往路を経て六時二十五分還啓あらせらる。二十三日昭武御礼の為め参殿せるにより謁を賜ふ。○両長日記・侍従日記・庶務課日記・行啓録・高辻修長日記

西国皇祖父の崩御を御弔問

二十四日、西班牙国皇帝の皇祖父ドン・フランシスコ・デ・アスイス・マリア〈Francisco de Asís María Fernando〉崩御により、同国摂政皇太后ドニャマリア・クリスチーナ〈María Cristina de Habsburgo-Lorena〉に電報を発し弔意を表せられ、是の日より十日間宮中喪に依り喪を服せらる。○庶務課日記・外事録・官報

御乗馬

二十八日、午後三時御出門、覆馬場に於て御乗馬、四時四十五分還啓あらせらる。昨秋以来御違例の為め御停止中なりしが、是の日より新たに御日課表に基づき、毎週月・水・金曜日覆馬場或は分厩にて御乗馬の運動を始めさせらる。○両長日記・侍従日記・拝診録

五月

三日、博恭王佐世保軍港碇泊の軍艦出雲にて病加養中の趣を聴かせられ、存問の電報を発せらる。○庶務課日記・重要雑録

華族会館打毬会に御臨場

四日、午後一時威仁親王を伴ひて御出門、華族会館に行啓、同館に於て開催せる打毬会に臨ませ

られ、金百円を賜ふ。帰途、主馬寮分厩広庭にて電気自動車の試運転を御覧、四時十五分還啓あらせらる。○両長日記・侍従日記・庶務課日記・行啓録・高辻修長日記

裕仁親王初誕辰

五日、是より先、四月二十九日裕仁親王の初誕辰に当りしが、偶〻宮中喪の為め祝宴を延期し、是の日之を行はしめらる。正午祝膳を供進せしめ、天皇・皇后に三種交魚壱折宛を進献、親王に御人形壱台・生鯛壱折を賜ふ。祝賀の為め参殿するもの、公爵徳川家達・陸軍中将大久保春野・陸軍軍医総監男爵石黒忠悳・皇后宮大夫子爵香川敬三等多数あり。○両長日記・侍従日記・庶務課日記・典式録・侍従職日録

侯爵木戸孝正を東宮侍従長に任ず

是の日、東宮侍従長従二位勲二等子爵高辻修長を宮中顧問官に任じ、式部官従三位侯爵木戸孝正を東宮侍従長兼式部官と為し、又東宮侍従従六位勲六等鍋島精次郎を式部官に任じ、内大臣秘書官従七位原恒太郎を東宮侍従と為す。天皇蒔絵手箱壱個を修長に賜ひ、皇太子も亦蒔絵手箱壱個並びに金七百円を賜ひ多年の勤労を犒はせらる。○官報・総務課進退録・恩賜録・贈賜録・高辻修長日記

妃御著帯の儀

十五日、午前十時妃御著帯の儀を行はせらる。公爵鷹司熙通御帯を奉る。儀凡て裕仁親王の時の例に拠る。奉告祭典には御代拝を東宮侍従丸尾錦作に、妃御代拝を東宮女官吉見光子に命ぜらる。十一時三十分東宮職諸員及び旧奉仕者等の拝賀を受けさせられ、又表謁見所に於て威仁親王並びに妃慰子と御会食、諸員を立食に陪せしめ祝賀あらせらる。○両長日記・侍従日記・庶務課日記・淳宮御誕生録

群馬・長野・新潟・茨城四県下に行啓

二十日、地方地理風俗等御視察の為、群馬・長野・新潟・茨城の諸県下に行啓あらせらる。御出立に先だち、十九日参内、天皇・皇后に請暇を奏啓あり、天皇戒めて、今次の旅行たる唯軽妝微行、民俗風土を視察するの目的なるを以て、送迎祗候等苟も地方官民を煩はすこと勿らしめ給ふ。是の

東京御発程

日午前八時御出門、上野停車場に於て奉送せる依仁親王・菊麿王及び内閣総理大臣伯爵桂太郎を始め各国務大臣以下諸員に謁を賜ひ、威仁親王を伴ひ、汽車に御搭乗、車中にて日本鉄道株式会社長

高崎市に御著

子爵曾我祐準線路の構造並びに発達の比較に就き説明するを聴かせらる。午後零時五分群馬県知事鈴木定直以下諸員奉迎裡に高崎停車場に御著、尋いで御寓所中島伊平(11)の家に館せらる。午後二時御

高崎中学校に行啓

出門、威仁親王を随へ、県立高崎中学校に臨み、生徒の授業状況を御覧の後、高崎市柴田某所有の庭園たる片岡村大字乗附字五百山に登臨、高崎市街を展望あらせらる。帰途、威仁親王の旅館に御立寄、四時四十五分御寓所に還啓あらせらる。是の日、御使東宮武官伯爵清水谷実英を歩兵第十五

供奉員

聯隊に遣し、銀盃壱個を賜ふ。猶ほ此の行、供奉を命ぜられたる者は、東宮大夫斎藤桃太郎・東宮侍従長侯爵木戸孝正・東宮武官長村木雅美・東宮侍講本居豊穎・東宮侍従丸尾錦作・同子爵大迫貞武・同原恒太郎・同本多正復・東宮武官中村覚・同田内三吉・同伯爵清水谷実英・侍医片山芳林・同池辺棟三郎等なり。○両長日記・侍従日記・庶務課日記・行啓録・官報・侍従職日録・威仁親王行実

二十一日、御寓所に於て群馬県参事官一山直祐・県立高崎中学校長池田夏苗・高崎警察署長警視白石愛介・高崎市長矢島八郎及び中島伊平等に謁を賜ひ、伊平に紅白縮緬各壱疋及び酒肴料金五拾円を賜ふ。

高崎市御発

午前十時三十分御出門、高崎停車場より汽車に御搭乗、長野市に嚮はせらる。威仁親王を随へさせらるること前日に同じ。車中熊ノ平停車場にて鉄道技監平井晴二郎のアプト式に関する説明を聴かせらる。群馬県知事鈴木定直、軽井沢停車場に至るまで奉送し、長野県知事関清英、同停車場にて奉迎、供奉し、県治の一般・殖産工《ママ》業・地理風俗・人情旧蹟等の概略を上申す。薄暮長

長野市に御著

野停車場に御著、午後五時十分御寓所善光寺大勧進に館せらる。大勧進は往に明治十一年天皇北陸巡幸の際、車駕御二宿ありし処なり。是より御滞留三日、此の間、二十二日には午前九時御旅館御出門、更級郡小島田村八幡原に臨み、川中島古戦場を覧給ひて御製あり、

千曲川波とよむなり古の
　戦の声思ひ出すまて
犀川の名も世に高し戦の
　はけしかりけるあとに流れて

真田伯爵別邸に行啓

尋いで松代町に嚮はせられ、伯爵真田幸民の別邸に行啓、御昼餐の後、武器・古文書等を台覧あら

せらる。伯爵真田幸民に謁を賜ひ、又白縮緬壱疋を賜ふ。午後一時四十分同邸を出でさせられ、妻女山に御登臨、海津城址・茶臼山等を御眺望、知事関清英・松代町長矢沢頼道等をして甲越両軍交戦の史蹟・戊辰役戦死者及び明治二十七八年戦役戦死者を祀る招魂社等に就き説明せしめらる。四時三十分屋代停車場より汽車に御搭乗、長野停車場にて御下車、五時十五分御寓所に還啓あらせらる。翌二十三日には午前九時御出門、長野県師範学校に行啓、校長原竜豊の御先導にて生徒の書画及び授業を御覧、十時四十分同校を出でさせられ、長野大林区署に臨み、林務官白河太郎(12)の御先導にて苗圃養成場を一覧あらせらる。尋いで善光寺に行啓、本堂を始め寺内を御巡覧あり、徒歩にて城山館に到り、陳列せる県下の産物を御覧、更に御慶事記念公園地を御巡廻、稚松を御手植あり、午後二時五十分御寓所に還啓あらせらる。紫雲閣に於て長野市民及び善光寺所蔵の宝物を御覧の後、知事関清英以下文官諸員及び善光寺大勧進副住職福恵道貫に謁を賜ふ。○両長日記・侍従日記・行啓録・官報・皇太子殿下行啓記録（善光寺大本願）・真田家日記・長野県埴科郡松代町長手記・信濃毎日新聞・大正天皇御製集

妻女山に御登臨

長野県師範学校に行啓

善光寺御覧

二十四日、長野市を発し、新潟県下に嚮はせらる。是の日御出立に先だち、善光寺大勧進に金百円、長野県師範学校に金百円、長野市に教育基金として金参百円を賜ふ。午前九時五分御出門、長野停車場にて汽車に御搭乗、直江津停車場に御少憩の後、北越鉄道汽車に移乗あらせられ、沼垂停

長野市御発

新潟市に御著

車場にて御下車、午後六時十五分御寓所新潟県会議事堂に入らせらる。途次、長野県知事関清英、田口停車場迄奉送し、新潟県知事柏田盛文同停車場に奉迎、車中に於て県治の状況・石油精製及び名所旧蹟に就き説明するを聴かせらる。又鉄道技監平井晴二郎機関車石油使用の方法及び冬期線路防雪方法に就き上申す。猶ほ車中にて北越鉄道株式会社社長渡辺嘉一等に、三条停車場にて本成寺大僧正日新に謁を賜ふ。

歩兵第三十聯隊に行啓

熊沢油田台覧

　新潟市御滞泊三日の間、新津・村松・五泉等近郊各地に出で、又市内の学校・商品陳列所等に臨み、具に御視察を遂げさせらる。二十五日には午前七時四十分御出門、沼垂停車場より汽車に御搭乗、新津停車場にて御下車、人力車にて村松町歩兵第三十聯隊に行啓、将校集会所に於て聯隊長陸軍歩兵大佐古谷安民以下諸員に謁を賜ひ、練兵場附近の小丘にて野外演習を御見学、又兵舎を御巡覧あり、御昼餐後、古谷聯隊長を召し将校団に銀盃壱個及び金五拾円を賜ふ。午後一時聯隊御出門、五泉染織講習所に臨み、機織の操作を御覧、尋いで中蒲原郡熊沢油田に行啓、日本石油株式会社所属機械堀坑井に於て油田の状況・石油掘鑿及び汲採りの状態を台覧あり、新津町桂誉輝(13)の家にて御小休、四時五分新津停車場より汽車に御搭乗、五時十五分御寓所に還啓あらせらる。是の日桂誉輝に白羽二重壱疋を賜ふ。因に誉輝の家は曩に天皇北陸御巡幸の砌、行在所に充てさせられたる処なり。

新潟師範学校に行啓

二十六日には午前九時三十分御出門、新潟師範学校に行啓、校長和田豊の御先導にて生徒並びに附属小学校尋常第一年級・高等第一年級生徒授業の実況及び生徒の兵式体操・機械体操を御覧、校内に陳列せる高等女学校生徒の書画・製作品を御通覧の後御出門、新潟商品陳列所に臨み、陳列せる物産を御巡覧、正午御寓所に還啓あらせらる。午後二時土木監督署長技師小柴保人を召し、信濃川河身並びに堤防改修工事に就き御下問あり。午後三時より威仁親王の寓所篠田喜一郎宅に臨み、四時還啓あらせらる。尋いで新潟師範学校・県立新潟中学校・県立新潟商業学校の各校生徒の催せる端艇競漕を御旅館楼上より御覧あらせらる。是の日、東宮武官田内三吉を新発田歩兵第十六聯隊に遣し、銀盃壱個を賜ひ、又新潟市に教育基金参百円を賜ふ、其の他金品を賜ふこと各〻差あり。

○両長日記・侍従日記・行啓録・官報・新潟県庁文書（村松町・大正天皇御遺蹟に関する件・中蒲原郡新津町皇太子殿下行啓）

新潟市御発

長岡町に御立寄

二十七日、早朝白山公園を暫時御逍遥の後、午前七時四十分新潟市御寓所御出門、沼垂停車場にて汽車に御搭乗、高田町に嚮はせらる。途中、加茂停車場にて奉迎せる歩兵第三十聯隊長陸軍歩兵大佐古谷安民に謁を賜ひ、十時三十分長岡停車場に御下車、人力車にて長岡町市街を御巡覧、御休憩所たる宝田石油株式会社に御立寄あり、石油に関する諸資料を見学あらせらる。午後零時十五分

高田町に御著

再び長岡停車場より汽車に御搭乗、高田停車場にて御下車、三時四十五分高田町御寓所高陽館に館せらる。御逗留三日の間、翌二十八日は柏崎町・直江津町に抵り、二十九日は高田町各所に行啓あり。

柏崎町に行啓

即ち二十八日午前八時四十分御出門、高田停車場より汽車に御搭乗、柏崎停車場に御下車、人力車にて柏崎町を巡覧あらせられたる後、日本石油株式会社製油所に行啓、石油精製及び石油缶製造の状を御覧あり、尋いで旧行在所たる柏崎町尋常小学校[14]に臨みて御休憩、午後零時二十五分柏崎停車場を御発車あらせらる。

直江津町に行啓

一時四十五分直江津停車場に著き給ひ、人力車に御移乗、直江津町を過りて出村区の海岸御休憩所に入らせられ、町民の引網を御覧の後、再び人力車にて春日山に御登臨、上杉謙信の古城址に臨ませられ、春日神社側の御休憩所にて風光を御眺望あり、四時二十分高田町御寓所に還啓あらせらる。

高田中学校に行啓

翌二十九日は午前十時二十五分御出門、新潟県立高田中学校に行啓、生徒の授業実況並びに撃剣・兵式体操を御視察あり、夫より高田織物株式会社に臨み、工場・倉庫を御巡覧、特に倉庫の窓に設置せる自働防火閉鎖装置附泥戸に御興を覚えさせられ、正午御寓所に還啓あり。午後一時過再び御出門、岩ノ原川上善兵衛[15]所有の葡萄園を御覧の後、四時五十分還啓あらせらる。県立新潟中学校外金品を賜ふこと各〻差あり。○両長日記・侍従日記・行啓録・官報・新潟県庁文書（長岡市長報告・高田市大正天皇行啓・中頸城郡直江津町報告・刈羽郡柏崎町皇太子殿下行啓・中頸城郡春

（日村報告）

三十日、新潟県高田町を発し、前路を群馬県下前橋に還らせらる。即ち午前七時二十五分御寓所高陽館を御出門、高田停車場にて汽車に御搭乗、新潟県知事柏田盛文柏原停車場に至るまで奉送し、同停車場に於て長野県知事関清英に謁を賜ひ、車中にて県下の製糸工場並びに名所旧蹟に就き説明を聴かせらる。軽井沢停車場に於て群馬県知事鈴木定直の奉迎を受けさせられ、午後五時二十五分前橋停車場に御著、直に御寓所臨江閣(16)に入らせらる。是より御滞泊六日に及ぶ。此の間、前橋市内を始め富岡・桐生の地にも鶴駕を進め、御見学に寧日なし。先づ三十一日は午前十時御出門、群馬県師範学校に行啓、校長矢島錦蔵の御先導により、教室・寄宿舎を御巡覧、更に講堂にて生徒の学科成績を御覧あり、十一時御寓所に還啓あらせらる。午後よりは威仁親王の旅館に臨ませらる。親王、是の日迄終始行を共にし専ら御輔導に努めしが、翌六月一日に至りて行啓御予定変更の件に就き叡慮を伺はんが為め還京す。仍りて天皇に捧呈の御書並びに天皇・皇后に進献の麦落雁拾箱・苺壱籠を親王に託し給ふ。猶ほ一日は午後二時より御出門、勢多郡南橘村字上細井に行啓、耕地整理の実況を御覧、知事鈴木定直の説明を御聴取あり、同村長谷川敬七宅に御小休の後、御寓所に還啓あらせらる。

前橋市に御著

群馬県師範学校に行啓

耕地整理の実況御覧

富岡製糸所に行啓

桐生織物学校に行啓

伊香保町に行啓

二日午前九時御出門、前橋停車場を御発車あり、高崎停車場にて御下車、上野鉄道株式会社高崎停車場より同社線の汽車に御移乗、十一時二十分富岡停車場に著かせられ、富岡製糸所に行啓あり。社長従五位三井源右衛門以下諸員に謁を賜ひ、源右衛門の御先導にて撰繭場・養蚕室・乾燥場・揚返場・仕上場・坐繰場等の各工場を御見学あり、同所裏手の小丘にて近傍御展望の後、午後二時富岡停車場御発、往路を経て四時十分御寓所に還啓あらせらる。三日は桐生町に行啓あり。即ち午前九時三十分御出門、前橋停車場より汽車に御搭乗、十時四十八分桐生停車場に著かせられ、人力車にて桐生町を御巡覧の後、群馬県立桐生織物学校に行啓あらせらる。生徒の製作品・数学教室・図画教室に於ける生徒の授業・染色実習場・化学実験場・捺染実習場・機織実習場等を順次に御視察あり、尋いで森山芳平[17]所有の機織場に臨み、工女就業の情況を御覧あらせらる。更に桐生町西北の丸山に御登臨、新居喜三次宅にて御休憩の後、午後一時三十分桐生西尋常小学校に御立寄、陳列せる織物類を台覧あり、二時十分桐生停車場御発車、三時三十五分御寓所に還啓あり。是の日威仁親王前橋市に到著す。仍りて四日親王を伴ひ、伊香保町に行啓あらせらる。午前八時二十分御出門、上毛鉄道馬車に御搭乗、渋川町にて人力車に御移乗、午後零時十分伊香保町男爵岩崎久彌の別邸[18]に入らせらる。親王と午餐御会食の後、同別邸を出で、湯元より伊香保御用邸附近を御逍遥、再び前

路に随ひ、五時四十分御寓所に還啓あらせらる。○両長日記・侍従日記・行啓録・官報・威仁親王行実・群馬県東宮殿下行啓書類

六月

旅程御変更

五日、是より先、今次の地方行啓に際しては、前記の四県下の外、東北地方に於て福島・山形・巌手・青森・秋田諸県御巡回の御予定なりしが、偶〻福島県以北の各地に麻疹患者発生流行の徴あるを以て、是の日御予定を変更して、前橋市より茨城県水戸市に嚮はせらる。

前橋市御発

即ち午前十時四十分臨江閣御出門、前橋停車場より汽車に御搭乗、桐生停車場に於て群馬県知事鈴木定直の奉送を受けさせられ、奉迎せる栃木県知事溝部惟幾に謁を賜ひ、汽車中にて県治の状況・風土人情を御下問あらせらる。

水戸市に御著

更に小山停車場に於て茨城県知事河野忠三の奉迎を受けさせられ、四時四十八分水戸停車場に御著、直に御寓所偕楽園内好文亭に入らせらる。是より御三泊の間、六日朝来少しく御違例に渉らせられ、俄に徳川光圀の遺址久慈郡誉田村西山の地に行啓のことを御中止あり、終日御静養、纔に従二位徳川昭武に謁を賜へるのみ。

弘道館御覧

七日は御気色稍〻宜しく午前九時三十分御寓所を出でさせられ、茨城県師範学校に行啓、校長鈴木亀寿[19]に先導せしめ、生徒の授業を御覧あり、尋いで弘道館に臨み、八卦堂内にある「弘道館記碑」を覧給ひ、旧水戸藩士栗田勤[20]の説明を聴かせられたる後、

県立農学校内に陳列せる物産・古器物を御一覧あり、正午御寓所に還啓あらせらる。午後二時三十分再び御出門、威仁親王の寓所松琴亭を訪ひ、帰途、市街を過りて逍遥あらせらる。○両長日記・侍従日記・行啓録・拝診録・御容体日誌・官報・威仁親王行実・鶴駕余光（栗田勤述）・茨城新聞

水戸市御発還啓

八日、再び御違例の徴あり、是の日の御帰京を望ませられざりしが、遂に推して御予定断行と決し、是に二旬に及ぶ地方御視察を御終了、午前九時三十分好文亭御出門、水戸停車場より汽車に御搭乗、還京の途に就かせらる。然るに正午を過ぐる頃より漸く御気色勝れさせられず、軈て御発熱三十九度に及び、御輔導威仁親王等心痛一切ならず、依仁親王以下諸員奉迎裡に上野停車場に御下車、午後三時三十分仮東宮御所に還啓あり。直に宮中顧問官男爵橋本綱常を召し拝診せしめられしに、御感冒並びに御胃腸症と診断す。是より御仮床一週日に及び、只管御静養に務めさせられ、威仁親王を始め、邦彦王・博恭王・御妹昌子房子両内親王御使御用掛加賀美光賢・御妹允子聰子両内親王御使御養育主任子爵林友幸及び宮内大臣子爵田中光顕・侯爵伊藤博文・文部大臣男爵菊池大麓・中山慶子・柳原愛子等伺候す。天皇・皇后又物を賜ひて存問あらせらる。十六日に至り略〻御平復、御仮床を撤し、始めて室内御運動を行はせらる。○両長日記・侍従日記・庶務課日記・行啓録・拝診録・御容体日誌・威仁親王行実

御仮床

十九日、是より先、十四日東宮輔導威仁親王、天皇に謁し、北陸地方には麻疹患者ありて、行啓

葉山に行啓

に適せざるを以て、先づ葉山に於て御静養あるべき旨を奏し、直に聴許あらせらる。仍りて是の日午前十時過参内、天皇・皇后に請暇を奏啓あらせられたる後、午後二時仮東宮御所御出門、新橋停車場に於て宮内大臣子爵田中光顕・宮内次官男爵花房義質等の奉送を受け、汽車に御搭乗、逗子停車場にて御下車、五時葉山御用邸に著かせらる。是より御滞留月余に及ぶ。此の行、供奉を命ぜられたるものは、東宮大夫斎藤桃太郎・東宮侍従長侯爵木戸孝正・東宮武官長村木雅美・東宮侍講本居豊穎・同三島毅・同三田守真・東宮武官中村静嘉・同田内三吉・同伯爵清水谷実英・同平賀徳太郎・東宮侍従丸尾錦作・同子爵大迫貞武・同有馬純文・同原恒太郎・同本多正復・侍医西郷吉義・同片山芳林・同伊勢錠五郎・同池辺棟三郎・東宮職御用掛子爵錦小路在明等なり。〇両長日記・侍従日記・庶務課日記・行啓録・官報

供奉員

二十五日、妃、臨産の徴あるを以て、叡旨により宮内大臣子爵田中光顕仮東宮御所御産所に参候す。即ち午前七時三十分第二男子誕生す。報葉山御用邸に到るや東宮侍従原恒太郎を宮城に遣し、祝詞を奏せしめられ、三種交魚四折を進献あり。天皇・皇后亦五種交魚料金六拾円を賜ふ。

親王誕生

翌二十六日天皇、勅使侍従子爵北条氏恭を仮東宮御所に遣し、御剣壱口を誕生の親王に賜ふ。勅使即ち午前十時参殿、東宮大夫斎藤桃太郎に御剣を皇子に賜ふべき旨の勅語を伝宣し、之を授く。

天皇誕生の親王に御剣を賜ふ

仍りて東宮大夫親王の御座所に詣り、御内儀監督万里小路幸子に附して親王に上る。十時三十分勅使退出す。儀凡て新制の皇室誕生令附式に拠る(21)。後、東宮大夫斎藤桃太郎を宮城に遣し、恩を謝せしめらる。因に御剣は宮本包則をして鍛へしめたるものにして、長さ八寸五分、白鞘に収め、赤地小宝錦の嚢に入れ、桐箱に納め、柳台に載せられたり。○官報・両長日記・侍従日記・庶務課日記・行啓録・淳宮御誕生録・侍従職日録・皇后宮職日記・高辻修長日記

大正天皇実録　巻二十六

明治三十五年　宝算二十四歳

七月

宮中三殿に命名奉告祭

一日、去る六月二十五日誕生の親王生後七日に当るを以て、命名の儀を行はせらる。午前九時宮中三殿に於て命名奉告の祭典あり、天皇御代拝侍従子爵北条氏恭・皇太子御代拝東宮侍従丸尾錦作・妃御代拝東宮主事心得子爵錦小路在明たり。

雍仁と命名淳宮と称す

十時勅使式部官田中建三郎宸筆の名記並びに称号書を奉じて仮東宮御所に参殿、之を東宮大夫斎藤桃太郎に授く。桃太郎之を拝受して案上に置く。親王に名を雍仁と賜ひ、淳宮と称せらる。名及び称号は文事秘書官股野琢勅を奉じて撰進する処、雍字は書経に「黎民於変時雍(1)」、又白虎通に

「雍之為言積也積天下之道徳也」、又石崇詩に「武則不猛化則時雍」とあるに従ひ、淳字は後漢書に「淳和達理」とあるに取る。儀畢るや、十時三十分斎藤東宮大夫を宮城に遣し、恩を謝せしめらる。猶ほ葉山御用邸に於て供奉諸員の拝賀を受け、祝酒料を賜ふ。是の日仮東宮御所に於て胞衣埋納の儀及び浴湯の儀あり、東宮主事桂潜太郎をして胞衣を埋めしめ、東宮侍講本居豊穎をして読書に、伯爵松浦詮・子爵本多正憲をして鳴弦に候せしむ。因に諸儀一に新制の皇室誕生令附式に拠る。

胞衣埋納の儀及び親王浴湯の儀

○官報・淳宮御誕生録・両長日記・侍従日記・庶務課日記・行啓録・侍従職日録・皇后宮職日記・祭祀録・高辻修長日記

三日、露西亜国皇従弟ボリス・ウアジミロウィチ〈Boris Vladimirovich〉太公、軍艦セバストポルに乗じ昨二日横浜港に来り、是の日仮東宮御所を訪問す。偶〻葉山御用邸に御滞在中なるを以て答礼の電報を発せらる。文に曰く、

露国皇族に答礼電報を発せらる

御安著ヲ賀シ友誼アル御訪問ヲ感謝ス此際御面会シ能ハサルハ頗ル遺憾ナリ此御航海ノ愉快ナラン事ヲ切望ス

と。更に八月一日露西亜国キリル・ウアジミロウィチ〈Kirill Vladimirovich〉太公来朝、又仮東宮御所を訪問せるにより、同様答礼の電報を発せられたり。○外事録・行啓録・庶務課日記・官報

六日、午前七時五十分葉山御用邸御出門、逗子停車場より汽車にて鎌倉に行啓あり、徒歩にて海

鎌倉に行啓

岸を御逍遥の後、山階宮別邸に臨み、御少憩あり、尋いで鎌倉御用邸に入らせらる。午後一時手駆車にて御出門、片瀬近傍迄御運動の後、鶴岡八幡宮を過り、五時十八分鎌倉停車場御発、途次、有栖川宮葉山別邸に臨み、六時四十分葉山御用邸に還啓あらせらる。後、十三日再び鎌倉に行啓あり、山階宮別邸に臨み、江ノ島に到り、岩本楼に於て御昼餐のこと等ありたり。(2)

葉山御滞留中の御動静

茲に今次葉山御淹留中の御動静に関し、其の大略を叙し奉れば、御学習は去月二十六日より、御日課表に基づき、毎日午前三課目宛御履習のこと、凡て今春同地行啓中の時の如し。但し是の月十一日よりは暑中の故を以て、御履習時間を短縮せしめらる。其の余の時間は専ら御養生に充てさせられ、御徒歩或は自転車・手駆車により、御用邸近傍を御散策あり、鳴鶴崎・日蔭茶屋・森戸神社等は殊に好みて御逍遥ありし処なり。又有栖川宮別邸にも屢〻行啓あり、御滞留中八度に及ばせらる。御健康の増進に伴ひ、是の月四日以降御馬場に於て数回御乗馬を試みさせらる。されど海水浴の如き過激なる御運動は一切行はせられず、御舟遊は是の月十八日御用邸裏海岸にて端艇に乗ぜられたることあるのみ。御慰の一端として、是の月十一日葉山村内の農業者八名を召し、御庭園にて米麦を搗く実況を御覧ありたるは、特例と云ふべし。

御滞留中の賜謁者

猶ほ御淹留中に於ける主なる賜謁者を掲ぐれば、東宮輔導威仁親王並びに栽仁王・成久王・恒久王・輝久王を始めとし、内閣総理大臣伯爵桂太郎・侯爵伊藤博文・元帥侯爵山県有朋・農商務大臣男爵平田東助・枢密顧問官男爵高崎正風・東京湾要塞司令官陸軍少将鮫島重雄等にして、この中、正風・重雄を除き凡て陪食をも賜へり。〇両長日記・侍従日記・行啓録

十一日、学習院学生卒業証書授与式を行ふにより、御使東宮侍従原恒太郎を遣し、高等学科・中等学科・初等学科優等卒業生各一名に賞を賜ふ。〇庶務課日記・行啓録・贈賜録

西郷従道薨ず

十九日、昨十八日元帥海軍大将従一位勲一等功二級侯爵西郷従道薨ぜるを以て、是の日東宮主事桂潜太郎を其の邸に遣し、弔問せしめらる。二十二日又東宮侍従長侯爵木戸孝正を其の邸に遣し、紅白絹各壱疋・祭粢料金参百円を賜ひ、尋いで葬儀に当り、再び木戸東宮侍従長を斎場に遣し、玉串を賜ふ。猶ほ喪を服せる嗣子西郷従徳及び西郷従義に二重折御菓子壱折を賜ひ、慰問あらせらる。〇贈賜録・庶務課日記・行啓録・官報

葉山より還啓

二十二日、午後三時五十分葉山御用邸御出門、逗子停車場にて先著の成久王に御対顔の後、汽車に御搭乗、新橋停車場にて御下車、威仁親王の奉迎を受け、親王を随へ六時五十分仮東宮御所に還啓あらせらる。〇両長日記・侍従日記・行啓録・庶務課日記・官報

参内天機を候せらる

二十三日、午前九時三十分御出門、有栖川宮邸を過りて参内、天機並びに御機嫌を候し、午後零

時十分還啓あらせらる。後、七月中屢〻参内並びに有栖川宮邸行啓のことあり。○両長日記・侍従日記・庶務課日記・侍従職日録・行啓録

二十五日、栽仁王並びに輝久王、学習院定期試験成績優等により資治通鑑各〻壱部を賜ふ。○庶務課日記・贈賜録

二十六日、午後四時二十分御出門、浜離宮に行啓、自転車にて御運動あり、八時三十分還啓あらせらる。○両長日記・侍従日記・行啓録

伊達宗徳の別邸に行啓

二十七日、午前八時二十分御出門、威仁親王を伴ひ、小石川区大塚町なる侯爵伊達宗徳の別邸に行啓、五位鷺の遊猟を行はせられ、宗徳に白羽二重壱疋を賜ひ、有栖川宮邸を経て午後五時四十分還啓あらせらる。○両長日記・侍従日記・庶務課日記・行啓録

伏見宮邸に行啓

三十日、午後二時御出門、伏見宮邸に行啓、貞愛親王に御対面あり、帰途、主馬寮分厩に臨み、馬匹を御覧の後、五時還啓あらせらる。○両長日記・侍従日記・行啓録

塩原に御避暑

三十一日、御避暑の為め塩原に行啓あらせらる。仍りて昨三十日参内、請暇を奏啓あり、是の日午前八時四十分仮東宮御所御出門、威仁親王を随へ、上野停車場より汽車に御搭乗、西那須野停車場にて人力車に御移乗あり、途中、関谷尋常小学校に於て御少憩、午後四時五十五分御旅館塩原村

字畑下なる中山慶子の別邸に入らせらる。是より先、貞愛親王を始め、宮内大臣子爵田中光顕・伯爵土方久元・枢密顧問官男爵細川潤次郎・皇后宮大夫子爵香川敬三・正四位九条道実等上野停車場にて奉送し、元帥侯爵大山巌は西那須野停車場にて、子爵青木周蔵は関谷尋常小学校にて夫〻奉迎す。

御動静

御淹留五旬の間は専ら御健康の増進に力め給ふこと、例年の御転地の際に同じ。而して又御学業

御学業

にも頗る意を用ひさせられ、八月二日より御日課表に基づきて修学に御精励あり、十七日よりは当分暑中の故を以て休学あらせらるると雖も、猶ほ時々、侍講三島毅・同本居豊穎を召して御復習あり、九月十一日よりは再び御日課を履習あらせらる。

御運動

御摂生としては日々御徒歩或は自転車にて適度の運動を御励行あり、御旅館を中心に塩原渓谷内の各所に臨ませられ、御足跡近きは塩釜・古町・福渡戸より、遠きは竜化滝・大網・小滝方面に及ぶ。而して其の間には、八月十七日の如き鶴沢に於て親しく化石の採取を試みさせられ、又八月十三日及び二十日には箒川に於て川干による捕魚を御覧のことあり。威仁親王とは常に御行動を共にせられ、親王の旅館伯爵真田幸民の別邸に臨ませらるる事頻にして御滞留中実に十七度に達す。猶

御慰

ほ九月十一日には子爵三島弥太郎の別邸にも行啓あり。其の他御慰としては、八月三十一日御誕辰

に当りて塩原村民の獅子舞を御覧ありしを始め、九月一日には式部職楽師を召して奏楽・唱歌を聴かせられ、十・十一の両日には西幸吉をして薩摩琵琶を弾かしめらる。

賜謁者　次に御淹留中謁を賜へるものを挙ぐれば、威仁親王・栽仁王の外に御妹昌子房子両内親王御使加賀美光賢・元帥侯爵大山巌・伯爵土方久元・陸軍中将男爵乃木希典・近衛師団長陸軍中将男爵長谷川好道・子爵三島弥太郎・正四位九条道実等なり。

供奉員　猶ほ此の行、供奉を命ぜられたる者は、東宮大夫斎藤桃太郎・東宮侍従長侯爵木戸孝正・東宮武官長村木雅美・東宮侍講本居豊穎・同三島毅・同三田守真・東宮武官中村静嘉・同田内三吉・同伯爵清水谷実英・同平賀徳太郎・東宮侍従丸尾錦作・同子爵大迫貞武・同有馬純文・同原恒太郎・同本多正復・侍医西郷吉義・同片山芳林・同伊勢錠五郎・同池辺棟三郎・東宮主事心得子爵錦小路在明等なり。〇両長日記・侍従日記・庶務課日記・行啓録・官報・侍従職日録・皇后宮職日記・高辻修長日記・拝診録

八月

雍仁親王始めて賢所を拝す　**十三日**、雍仁親王生後五十日に当るを以て、午前八時二十分仮東宮御所出門、始めて賢所に謁す。皇室誕生令の制、同時に皇霊殿・神殿に謁すべきなれども、臨時に東宮大夫斎藤桃太郎をして代拝

せしむ。尋いで参内、天皇・皇后に謁す。是の日桃太郎、親王を擁し、東宮主事桂潜太郎、新に製する処の童服を奉じて従ふ。二人共に衣冠を著す。凡て誕生令の制定する処に従へるなり。諸儀滞りなく終了せる旨の電報塩原の御旅館に達するや、供奉諸員の祝賀を受けさせられ、御晩餐に祝膳・酒饌を供進せしむ。猶ほ祝賀の為め天皇・皇后に五種交魚各〻壱折を進献、天皇・皇后亦五種交魚料各〻弐拾五円を賜ふ。又仮東宮御所に於て参賀の宮内大臣子爵田中光顕以下諸員に立食を賜ふ。○庶務課日記・両長日記・侍従日記・淳宮御誕生録

祝膳を供進せしむ

二十一日、元明宮御教育御世話掛宮中顧問官正三位勲一等西村茂樹病むにより、去る十五日御菓子壱折を賜ひ、存問あらせられしが、十八日遂に薨じ、是の日送葬により、祭粢料金五拾円を賜ふ。○行啓録・庶務課日記・贈賜録

西村茂樹薨ず

三十日、元帥陸軍大将彰仁親王、英吉利国皇帝・皇后戴冠式参列の任を了へ、伯爵松方正義・侯爵中山孝麿等を随へ、欧羅巴より帰朝するを以て、御使東宮武官中村静嘉を新橋停車場に遣して之を迎へしめ、親王に三種交魚壱折を、松方伯爵に三鞭酒壱打を、中山侯爵に三種交魚壱折を賜ふ。○贈賜録・庶務課日記・行啓録

九月

塩原より還啓

十九日、五旬に亘る御避暑を了らせられ、午前八時人力車にて御旅館なる中山慶子の塩原別邸御出門、途次、関谷尋常小学校に於て御小休の後、威仁親王を伴ひ自転車に御搭乗、十時四十分元帥侯爵大山巌の別邸に臨ませらる。尋いで人力車にて同別邸御出門、西那須野停車場より汽車に御移乗あり、上野停車場にて御下車、午後六時三十分仮東宮御所に還啓あらせらる。西那須野停車場に於て大山侯爵及び子爵三島弥太郎の奉送を、上野停車場に於て貞愛親王・皇后宮大夫子爵香川敬三・侯爵中山孝麿等の奉迎を受けさせられ、仮東宮御所に於て皇后宮御使子爵香川敬三に謁を賜ふ。○両長日記・侍従日記・庶務課日記・官報・行啓録・侍従職日録

参内天機を候せらる

二十日、午前九時四十分御出門、有栖川宮邸を過りて参内、天機並びに御機嫌を候せられ、正午還啓あり。○両長日記・侍従日記・庶務課日記・行啓録

葉山に行啓

是の日、午後一時五十五分御出門、新橋停車場にて汽車に御搭乗、五時葉山御用邸に行啓あらせらる。御滞泊三日の間、日々有栖川宮別邸に臨み、妃並びに威仁親王と近傍御逍遥、二十二日には海岸にて引網御覧のことあり、二十三日午後三時四十五分御用邸御出門、往路を経て六時五十五分

仮東宮御所に還啓あらせらる。○両長日記・侍従日記・庶務課日記・行啓録・官報

秋季皇霊祭御拝

二十四日、秋季皇霊祭により、午前八時五十分御正装にて御出門、便殿に於て御束帯に改め、皇霊殿及び神殿御拝、十時三十分還啓あらせらる。○両長日記・侍従日記・庶務課日記・典式録　是の日、載仁親王・守正王・同妃伊都子に御対面あり。三十日又威仁親王・彰仁親王に御対面のことあり。○両長日記・侍従日記

二十五日、午後三時二十五分御出門、馬車にて飛鳥山附近を御運動、五時三十分還啓あらせらる。○侍従日記・両長日記

白国皇后崩御により宮中喪を服せらる

白耳義国皇后マリー・ハンリエット〈Marie-Henriette de Habsbourg-Lorraine〉崩ぜるを以て、是の日より二十一日間宮中喪により喪を服せらる。○庶務課日記

東京府八丈島島庁附属鳥島噴火せるを以て、罹災者に救恤金百円を賜ふ。○庶務課日記・贈賜録

川村純義の邸に行啓

二十七日、午後二時三十分御出門、伯爵川村純義の邸に行啓、裕仁親王を訪はせ給ひ、純義に梨子弐箱を賜ひ、四時四十五分還啓あらせらる。○両長日記・侍従日記・庶務課日記・行啓録

二十八日、暴風雨により東宮侍従子爵大迫貞武を宮城に遣し、天機並びに御機嫌を候せしめらる。○両長日記・侍従日記・庶務課日記

蘭国及び瑞諸国公使・暹国公使御引見

二十九日、表謁見所に於て和蘭国及び瑞典諾威国特命全権公使男爵スウェルツ・ド・ランダス〈Baron Sweerts de Landas Wijborgh〉・暹羅国特命全権公使ピヤ・ラジヤ・ヌプラバンダ〈Phya Raja Nuprabanth〉を引見あらせらる。○庶務課日記・外事録

是の日、午後三時四十分御出門、芝離宮に行啓、自転車にて御運動の後、威仁親王・裁仁王と晩餐を御会食あり、帰途、馬車にて銀座通を過り、夜景を御覧、八時三十分還啓あらせらる。此の後、十月一日及び十日にも同離宮に行啓のことあり。○両長日記・侍従日記・行啓録

十月

海軍大学校に行啓

一日、午後一時四十分御出門、海軍大学校に行啓、学生の授業状況を御見学あり、帰途、有栖川宮邸を経て八時三十分還啓あらせらる。○両長日記・侍従日記

是の日、東宮御用掛陸軍少将福島安正印度に於て病むを以て、電報を発し存問せしめらる。○庶務課日記・行啓録

二日、午後一時四十分御出門、目黒村近傍に臨み、行人坂辺を徒歩にて御逍遥あり、三時二十分還啓あらせらる。○両長日記・侍従日記

鎌倉に行啓

四日、午後一時五十分御出門、新橋停車場にて汽車に御搭乗、鎌倉御用邸に行啓あらせらる。夕刻徒歩にて長谷通より海浜通・八幡通を御逍遥の後、御一泊、翌五日再び長谷近傍を御運動、海岸に於て引網を御覧あり、尋いで伯爵松方正義の別邸を過り、午後四時三十分鎌倉停車場御発車、六時五十分仮東宮御所に還啓あらせらる。〇両長日記・侍従日記・庶務課日記・行啓録・官報

十一日、東宮拝診御用男爵橋本綱常、軽微の御腸胃症と拝診、両三日御内居静養あらせらるる様上申せるを以て、参内の御予定を止め、御使東宮侍従子爵大迫貞武を宮城に遣し、天皇・皇后に御容体を奏せしめらる。〇拝診録・御容体日誌・両長日記・侍従日記

是の日、印度皇帝即位式に差遣を命ぜられ、不日英領印度に赴く東部都督陸軍中将男爵奥保鞏、請暇の為め参候せるを以て、謁を賜ひ御紋附銀巻莨入壱個を下賜せらる。〇両長日記・侍従日記・庶務課日記・贈賜録

妃と倶に葉山に行啓

十六日、御静養の為め妃と倶に葉山御用邸に行啓あらせらる。仍りて昨十五日妃と参内、請暇を奏啓あり、是の日午後一時五十分御出門、新橋停車場より臨時汽車に御搭乗、威仁親王を随へ、四時三十五分御用邸に入らせらる。新橋停車場にて奉送するもの、宮内大臣子爵田中光顕・皇后宮大夫子爵香川敬三・司法大臣男爵清浦奎吾等なり。是より翌年一月中旬迄凡そ三ヶ月に亘りて御淹留

御動静

あり。御摂養を専一にし給へども、御腹部・御胸部等に時々御異状あり、随ひて今次は御安静を旨

とし、疲労を伴ふ御動作は努めて之を排せられ、過度の御運動就中、御愛好の自転車・手駁車・乗馬等は一切行はせられず、日々午前中は庭園を御散策、午後は馬車或は御徒歩にて三十分乃至一時間御用邸近傍を御逍遥あり、屢〻有栖川宮別邸を訪ひ、又乗馬・引網等を御覧あらせらる。

御食物

猶ほ御食物は半流動物を主とし、朝食は粥、昼餐は消化し易き鳥獣肉及び魚類、晩餐は粥・魚類を以て之に宛てさせらる。御容態斯くの如しと雖も、御学業は常に忽にし給ふことなく、御日課表に基づき毎日御履習ありたり。○両長日記・侍従日記・庶務課日記・行啓録・侍従職日録・皇后宮職日記・官報

川村伯爵をして雍仁親王を鞠育せしむ

是の日、雍仁親王を伯爵川村純義に託し、御兄裕仁親王と倶に純義をして鞠育せしめらるることとなりしを以て、純義及び妻春子、親王を其の邸に迎へ奉る。仍りて純義及び妻春子に御万那料金百円・紅白縮緬各壱疋等を賜ふ。○両長日記・侍従日記・庶務課日記・淳宮御誕生録

十八日、午前威仁親王に、午後一時三十分依仁親王・同妃周子に対顔あらせらる。爾後、威仁親王は屢〻御用邸に参候、御対面のことあり。○両長日記・侍従日記・行啓録

雍仁親王箸初の儀

二十三日、雍仁親王、生誕後四ヶ月に達せるを以て、箸初の式を行ふ。其の儀概ね御兄裕仁親王の際に準ず。是の日御使東宮主事心得子爵錦小路在明を宮城に遣し、天皇・皇后に五種交魚壱折宛を進献、更に在明を伯爵川村純義の邸に遣し、雍仁親王に御祝御膳・御台人形弐箱並びに五種交魚

壹折を賜ふ。天皇・皇后も、皇太子及び妃に五種交魚料金弐拾五円を、雍仁親王に御台人形弐箱・鮮鯛弐折を賜ふ。○両長日記・侍従日記・行啓録・庶務課日記・贈賜録・皇后宮職日記・大膳職供御日録

還暦の祝を行ふ伊藤侯爵に物を賜ふ

二十五日、侯爵伊藤博文還暦の祝を大磯の別邸に於て挙行するにより、東宮侍従長侯爵木戸孝正を遣し、三鞭酒弐打・紅白縮緬各壹疋を賜ふ。(4)○行啓録・贈賜録・庶務課日記

二十七日、御運動の便を図るの目的を以て、葉山村にて今春来同村費並びに有志者の補助を得て、沿岸道路及び御用邸前より堀内に通ずる旧道の改修を行ひ、将に竣工の期も近からんとす。乃ち同工事補助として金五百円を賜ふ。○行啓録

負傷せる公爵徳川慶喜に物を賜ふ

二十八日、是より先、八日公爵徳川慶喜霞関に於て負傷せるを以て、赤葡萄酒壹打・鶏卵百五拾顆を賜ひ存問あらせられしが、(5)是の日慶喜参候恩を拝謝す。乃ち謁を賜ふ。猶ほ三十日伯爵松方正義にも謁を賜へり。○両長日記・侍従日記・庶務課日記・行啓録・贈賜録

十一月

妃葉山より還啓

妃再び葉山に行啓

一日、妃午後二時十五分葉山御用邸御出門、逗子停車場より汽車に御搭乗、四時五十分仮東宮御所に還啓あらせらる。後、十二月十四日に至り、再び葉山御用邸に行啓あらせらる。○両長日記・侍従日記・行

啓録・庶務課日記・官報

五日、故能久親王妃富子並びに擴子女王賜窒扶斯に罹り療養中なるを以て、御菓子壱折及び鶏卵等を賜ひ、慰問あらせらる。○行啓録・庶務課日記・贈賜録

天皇発輦により物を進献あり

東宮侍従長をして大船停車場に奉送せしむ

七日、天皇、九州に於ける陸軍特別大演習御統裁の為め発輦あらせらるるを以て、昨六日御使東宮女官監督万里小路幸子を宮城に遣し、五種交魚壱折・御菓子壱折を進献あり、是の日東宮侍従長侯爵木戸孝正を大船停車場に遣し、聖駕を奉送せしめらる。是より八日舞子行在所有栖川宮別邸、九日長府行在所子爵毛利元敏邸、十日熊本大本営著御に際し、十五日又長府に、十七日再び舞子著御に際し、夫〻電報を以て天機を候せらる。十九日東京還幸に当り、再び東宮侍従長侯爵木戸孝正を大船停車場に遣し、奉迎せしめられたり。○両長日記・侍従日記・庶務課日記・行啓録・官報

十三日、御妹允子聰子両内親王御使御養育主任子爵林友幸に謁を賜ふ。猶ほ是の月、謁を賜へる者、侯爵伊藤博文・海軍少将伊集院五郎・男爵高崎正風・子爵曾我祐準等あり。○両長日記・侍従日記・行啓録・御直宮御養育掛日記

菊麿王の結婚を賀せらる

二十六日、菊麿王、故従一位公爵島津忠義第三女常子と結婚式を挙ぐ。偶〻葉山御滞在中により、王に祝賀の電報を発し、又御使東宮侍従有馬純文を山階宮邸に遣し、五種交魚壱折を、又妃に紅白

縮緬各壱疋を賜ふ。〇庶務課日記・行啓録・贈賜録

三十日、邦彦王陸軍大学校を卒業するにより、三種交魚壱折を賜ひて祝賀あらせらる。〇庶務課日記・贈賜録

十二月

米国公使の逝去を御弔問

六日、亜米利加合衆国特命全権公使コロネル・アルフレッド・イー・バック〈Alfred Eliab Buck〉去る四日逝けるにより、東宮侍従本多正復を其の寓所千葉県新浜御猟場に遣し、弔問せしめらる。尋いで八日故バックの葬儀執行により、再び正復を祭場築地トリニチー教会堂に遣さる。〇庶務課日記・行啓録・外事録

中山慶子の病状を存問あらせらる

是より先、中山慶子十月来病むにより、屢〻物を賜ひて存問あらせられしが、昨五日病癒え、仮床を撤す。仍りて是の日又三種交魚壱折を賜ひ、之を賀せらる。〇贈賜録・庶務課日記

七日、午後邦彦王に御対面あり、尋いで王を伴ひて御出門、南御用邸附近を御散策あり、四時五十分還啓あらせらる。是の月猶ほ成久王・輝久王並びに菊麿王に御対面のことあり。〇両長日記・侍従日記・行啓録

暹国皇太子の来朝を賀せらる

十六日、暹羅国皇太子マハ・ワジラウッド〈Maha Vajiravudh〉親王英吉利国より帰国の途、横浜港に入港、是の日芝離宮に館せる旨の電報あり、偶〻葉山に御滞在中なるを以て、東宮大夫斎藤

桃太郎をして接伴員式部長男爵三宮義胤宛に電報を発せしめ、同国皇太子に祝賀の意を伝へしめらる。曰く、

東宮同妃両殿下ヨリ暹羅国皇太子殿下御安著ノ御悦被仰進且当時東宮殿下転地御療養中ニ付今回ハ御対顔難被遊御遺憾ニ被思召旨御沙汰ニ付右ノ趣可然暹羅国皇太子殿下ヘ言上相成度

と。尋いで同皇太子と御写真を交換あらせらる。○行啓録・外事録・官報

二十三日、近衛師団長陸軍中将男爵長谷川好道に謁を賜ふ。是の月猶ほ主なる賜謁者に侯爵中山孝麿・内閣総理大臣伯爵桂太郎・常備艦隊司令長官海軍中将日高壮之丞等あり。○両長日記・侍従日記・行啓録

皇后御感冒により御機嫌を候せらる

二十四日、皇后感冒に罹り御仮床に就かせらるる旨を聴かせられ、電報を以て御機嫌を候せらる。尋いで御症状軽微なる趣の返電あり。後、三十一日に至りて御仮床を除き給へり。○行啓録・侍医寮拝診録

鎌倉に行啓

二十八日、午前九時二十分葉山御用邸御出門、逗子停車場より汽車にて鎌倉に行啓、十時三十五分鎌倉御用邸に臨ませらる。御昼餐の後、長谷より由井ヶ《ママ》浜を経て鶴岡八幡宮方面を御散策、再び御用邸に臨ませられたる後、鎌倉停車場より汽車に御搭乗、午後四時二十分葉山御用邸に還啓あらせらる。○両長日記・侍従日記・行啓録

同　　十三日	稚高依姫尊三十年御式年御霊殿並御墓所祭	東宮侍従　子爵　有馬純文
十二月　六日	後桃園天皇御例祭	東宮侍従長　侯爵　木戸孝正

六日、午前九時二十分妃と倶に御出門、南御用邸前海岸に於て葉山村消防組の催せる出初式及び余興の諸芸を御覧あり、消防組に金百五拾円を賜ふ。○両長日記・常侍官日記・行啓録

御講書始の儀

八日、午前九時妃並びに威仁親王を随へ、表謁見所に於て御講書始の儀を行はせらる。東宮侍講本居豊穎をして「光格天皇御製の和歌の意義」に就き、東宮侍講三島毅をして「学の字義」に就き、東宮侍講三田守真をして「アウステルリッツの役」に関し進講せしむ。○両長日記・常侍官日記・行啓録

金沢行啓

是の日、午前十時三十分妃と倶に御馬車にて御出門、金沢なる伯爵津軽承昭の別邸に行啓、御昼餐の後、侯爵伊藤博文の別邸・称名寺・金竜院等に臨ませられ、夫〻金品を賜ひ、午後三時四十分葉山御用邸に還啓あらせらる。此の後十四日まで御滞留中、御用邸附近の御逍遥及び有栖川宮別邸行啓の外、御遊行のことあらせられず。猶ほ御動静の一端を拝察するの資として、一日以後謁を賜へるものは天皇皇后御使典侍柳原愛子・皇后御使皇后宮亮山内勝明・威仁親王・御妹允子聰子両内親王御使御養育掛子爵林友幸並びに侯爵伊藤博文・内閣総理大臣伯爵桂太郎・元帥侯爵山県有朋・

陸軍中将子爵曾我祐準等なり。○両長日記・常侍官日記・行啓録

十三日、故能久親王妃富子病を葉山別邸に養ふにより、御菓子壱箱を賜ひ慰問あらせらる。○行啓録

沼津御用邸に御移居

十五日、叡旨により、午前八時四十分葉山御用邸御出門、東宮大夫斎藤桃太郎以下を随へ、逗子停車場より汽車に御搭乗、沼津停車場にて御下車、午後一時二十三分沼津御用邸に移らせらる。逗子停車場にて横須賀鎮守府司令長官海軍大将男爵井上良馨に謁を賜ひ、鎌倉停車場にて御妹允子内親王に御対面、沼津御用邸に於て中山慶子・侯爵中山孝麿・伯爵川村純義等に謁を賜ふ。之より三月二十二日迄御淹留九週間余に及ばせらる。猶ほ妃は叡慮により翌十六日葉山御用邸御出門、東京に還啓、十七日御参内、十八日更に沼津御用邸に行啓、留り給ふこと七週間、三月十日仮東宮御所に還啓あらせられたり。○両長日記・常侍官日記・庶務課日記・行啓録・官報・皇后宮職日記・御直宮御養育掛日記・威仁親王行実

御日課御修学

十七日、恒例の如く是の日より東宮侍講三島毅・同三田守真・同本居豊穎を召し御日課を修学あらせらる。後、二十日及び二十六日の両度御日課表一部の修正を経て、二月六日より、当分御修学時間を一時間短縮あらせらる。頃日、頸腺及び腹部腺腫拡大あるを以てなり。(1)○両長日記・常侍官日記・行啓録・拝診録

歌御会始に御詠進

十九日、歌御会始により詠進あらせらる。御歌左の如し。○官報

新　年　海

船ことにしるしの旗手うちなひき
うらにきはしく年たちにけり

二十二日、栽仁王近日海軍兵学校に入学するを以て、父威仁親王と共に参殿、暇を啓す。仍りて御対顔の後、親しく手釦壱組・洋服地壱著等を賜ふ。猶ほ威仁親王は去る十七日沼津御用邸に参候の後、清見寺に館し屡〻御用邸に候して御輔導の任に当れること従前の如し。○両長日記・常侍官日記・行啓録・贈賜録

東宮武官差遣

二十三日、近衛歩兵第一聯隊軍旗祭を挙行するにより、御使東宮武官伯爵清水谷実英を同聯隊に遣し金百円を賜ふ。是の歳、東宮武官差遣のこと左表の如し。○庶務課日記・贈賜録・重要雑録・官報

月日	差遣先	差遣武官
一月二十九日	陸軍経理学校卒業式	東宮武官 田内三吉
二月四日	近衛師団諸兵連合演習	同 同
同 二十八日	陸軍野戦砲兵射撃学校卒業式	同 伯爵清水谷実英
三月二日	参謀本部参謀演習旅行	同 田内三吉 同 伯爵清水谷実英
同 三日	近衛師団幹部演習	同 伯爵清水谷実英

月日	差遣先	差遣武官
三月六日	陸軍要塞砲兵射撃学校終業式	東宮武官 中村静嘉
同九日	海軍大演習	同 平賀徳太郎
四月八日	海軍大演習観艦式	東宮武官長 村木雅美
同二十七日	海軍機関学校卒業式	東宮武官 中村静嘉
五月六日	靖国神社例祭	同 伯爵 清水谷実英
同十二日	海軍水雷術練習所卒業式	同 平賀徳太郎
同十四日	陸軍軍医学校終業式	同 田内三吉
同十五日	陸軍戸山学校卒業式	同 同
同三十日	陸軍中央幼年学校卒業式	同 中村静嘉
六月十三日	陸軍野戦砲兵射撃学校終業式	同 田内三吉
同二十三日	舞鶴鎮守府小演習	同 中村静嘉
同二十六日	陸軍経理学校卒業式	同 伯爵 清水谷実英
七月九日	陸軍獣医学校修業式	同 田内三吉

同　十日	陸軍中央幼年学校予科卒業式(2)	同　伯爵　清水谷実英
八月二十一日	静岡県下大野原に於ける陸軍要塞砲兵射撃学校修業式	同　同
九月一日	軍艦須磨及明石 軍艦厳島及橋立	同　中島資朋
同　十七日	第九回黄海海戦大捷記念会	同　中村静嘉
同　二十二日	陸軍大学校参謀演習旅行	同　田内三吉
同　二十八日	陸軍電信教導大隊終業式	同　同
十月一日	近衛師団名誉射撃会名誉旗授与式	同　伯爵　清水谷実英
同　六日	海軍水雷術練習所卒業式	同　中島資朋
同　十五日	常備艦隊射撃	同　同
同　二十七日	陸軍騎兵実施学校終業式	同　田内三吉
十一月二日	軍艦音羽進水式	同　中村静嘉

月日	差遣先	差遣武官
十一月五日	近衛師団機動演習	東宮武官　伯爵　清水谷実英
同　六日	靖国神社例祭	同　中島資朋
同　十日	陸軍特別大演習	東宮武官長　村木雅美
同　二十八日	陸軍大学校卒業式	東宮武官　伯爵　清水谷実英
同　三十日	陸軍士官学校卒業式	同　同
十二月十四日	海軍兵学校卒業式	同　中村静嘉
同　二十三日	陸軍砲工学校卒業式	同　田内三吉
同　二十六日	陸軍軍医学校終業式	同　伯爵　清水谷実英

御遊猟

二十五日、午前九時馬車にて御出門、三島街道石田より御徒歩にて愛鷹山御猟場大岡村字門池に行啓、遊猟を行はせらる。東宮武官長村木雅美・東宮侍講三田守真等供奉し、威仁親王亦御猟場に先著す。正午御野立所に於て親王と御会食の後、松林中に兎猟を催し、又鴨猟を試みさせらる。午後四時十五分に至り還啓あらせらる。今次、沼津御滞在中御運動の為め遊猟を行はせらるること甚だ多く、愛鷹山御猟場大岡村・金岡村方面を始めとし、香貫山・徳倉山等にも屢〻臨ませられ、又親しく御捕獲ありし禽獣を側近者等に賜へり。

ヨットにて近海御巡回

御運動に関する御動静中、御遊猟と共に特記し奉るべきものに、ヨットにて近海御巡回のことあり。ヨットは男爵岩崎久弥の進献せるものにして、初風号と名づく。二月二十日妃と倶に威仁親王を随へ始めて御試乗、江の浦沖迄航行あらせられてより、爾後、屢〻駿河湾内各所に御巡航あり、三月三日の如き大瀬崎附近に御上陸銃猟あらせられ、又二十二日には戸田湾附近迄御巡航、帰途田方郡西浦村久蓮に御上陸、子爵稲葉正縄所有の蜜柑圃御覧等のことあり。

其の他御運動として、御用邸近傍の御逍遥は常の如く、日々之を行はせられ、時には裕仁・雍仁両親王の滞留せる伯爵川村純義別邸に行啓、両親王に御対面あり、又中山慶子の寓せる侯爵西郷従徳別邸にも臨ませられたり。○両長日記・常侍官日記・行啓録

二月

貞子女王降嫁により賜物

五日、故能久親王第二女貞子女王明六日伯爵有馬頼寧に降嫁するにより、兄成久王に五種交魚壱折を、女王に紅白縮緬各壱疋を賜ひ、祝賀あらせらる。○庶務課日記

十二日、曩に彰仁親王の情願に基づき、依仁親王の小松宮継嗣を止め、東伏見宮の称号を賜ひし

により、是の日、御使東宮主事桂潜太郎を其の邸に遣し、五種交魚壱折を賜ふ。〇庶務課日記・行啓録・贈賜録・官報・依仁親王

恒久王の成年を祝し給ふ

十六日、恒久王既に成年に達し、勲一等旭日桐花大綬章を賜はりしにより、三種交魚壱折を賜ひて祝賀あらせらる。〇庶務課日記・贈賜録・官報

晃親王五年御式年祭

十七日、晃親王五年御式年祭により、御菓子壱台を供へさせられ、二十六日墓所祭に際し、真榊壱対・御供物料金弐拾五円を賜ふ。〇贈賜録・庶務課日記

彰仁親王薨去を御弔問

十八日、元帥陸軍大将大勲位功二級彰仁親王薨ず。是より先、去る二日親王違例の趣を聞かせらるるや、御使東宮主事心得子爵錦小路在明を小松宮邸に遣し、病状を存問あらせられ、十五日危篤の報到るや、電報を以て之を問ひ、御料赤葡萄酒壱打を賜ひ、且つ侍医西郷吉義を派せしめられしが、是の日遂に薨ず。即ち御使東宮侍従丸尾錦作を宮城及び小松宮邸に遣し、五日間宮中喪を服せらる。二十五日更に東宮侍従長侯爵木戸孝正を小松宮邸に遣し、霊前に御供物料金五百円・白羽二重弐疋を供へしめられ、二十六日葬儀執行に当りては、再び孝正に命じて代拝せしめ、墓所豊島岡に真榊壱対を供進せしめらる。翌二十七日には故彰仁親王妃頼子並びに貞愛親王・載仁親王・依仁親王・邦彦王・邦芳王・邦憲王・守正王・菊麿王・博恭王・恒久王・成久王の服喪を慰問あらせら

れ、物を賜ふ。後、四月八日故親王五十日祭に際しては東宮侍従丸尾錦作を小松宮邸に遣されたり。

因に親王は一品邦家親王の第八子にして弘化三年正月誕生、幼名を豊宮と称し、嘉永元年仁孝天皇の御養子となり、後、嘉彰と命名、安政五年親王の号を賜ひ、僧となり純仁と云ふ。慶応三年復飾して仁和寺宮の称号を賜ひ嘉彰と復名せしが、明治三年改めて東伏見宮の称を、尋いで同十五年更に改めて小松宮の称号を賜ひ、彰仁と改名せり。親王夙に仁和寺門室を相続せしが、幕末維新の秋に当り復飾、議定に任ぜられ、爾来、兵事に当り征討大将軍・奥羽征討総督等に擢でらる。明治三年英吉利国に留学し、帰朝後、陸軍少尉に任ぜられ身を軍事に委ね、同八年十二月三十一日勲一等賞牌を、同十五年大勲位菊花大綬章を賜ふ。同二十三年陸軍大将に任ぜらる。偶〻明治二十七八年戦役起るや近衛師団長より参謀総長に転じ、謀を帷幄に致して功あり、菊花章頸飾を加授、且つ功二級金鵄勲章を授けらる。尋いで同三十一年元帥府に列せられ特に元帥の称号を賜へり。薨ずるに及び天皇震悼あらせられ国葬を行はしむ。○常侍官日記・庶務課日記・贈賜録・官報・行啓録・明治史要・伏見宮日記・桂宮日記・皇親録・太政官日誌・東久世日記・東伏見宮達願伺届・彰仁親王年譜資料・実麗卿記・有栖川宮御家記・総長卿記・平田職修日記・実堅卿記・有栖川宮達願伺届・仁和寺御伝・議奏記録・通熙卿記・長橋局記・詰所記・言成卿記・三宝院日次記抜書・祐宮女房日記

三月

三日、日本体育会拡張により、同会に金百円を賜ひて、奨励あらせらる。○贈賜録・庶務課日記

良子女王の誕生を祝し給ふ

七日、邦彦王妃俔子昨六日分娩、第一女子誕生せるにより、御使東宮主事心得子爵錦小路在明を久邇宮邸に遣さる。尋いで十二日良子と命名せるを以て、再び在明を同宮邸に遣し三種交魚壱折を賜ふ。又四月五日京都にある邦憲王第二女子佐紀子の命名式あり、仍りて祝賀の物を賜ふ。○庶務課日記・贈賜録・官報

興津に威仁親王御訪問

八日、午前八時妃と倶に沼津御用邸御出門、沼津停車場より汽車に御搭乗、興津停車場にて御下車、威仁親王の奉迎を受け、親王の旅館清見寺に行啓あらせらる。同地滞在中の伯爵井上馨・男爵毛利五郎等に謁を賜ひたる後、妃及び親王と午餐御会食あり、尋いで御徒歩にて東海道を御逍遥、午後三時三十六分江尻停車場より汽車に御搭乗、五時十五分沼津御用邸に還啓あらせらる。○両長日記・常侍官日記・行啓録

九日、陸軍中将従二位勲一等男爵黒川通軌愛媛県に於て昨八日薨ぜるを以て、是の日祭粢料金五百円を賜ふ。通軌、往年、東宮大夫・東宮武官長の職にありて多年側近に奉仕せしを以てなり。

○庶務課日記・贈賜録・官報

沼津御滝留中の賜謁者

十三日、天皇・皇后御使皇后宮亮山内勝明に謁を賜ふ。茲に今次、沼津行啓中賜謁者の主なるものを列挙すれば、伯爵土方久元・侯爵大山巌・伯爵川村純義・侯爵中山孝麿・侯爵伊藤博文・宮内大臣子爵田中光顕等の外、近衛師団長陸軍中将男爵長谷川好道・第三師団長陸軍中将男爵大島義昌・第四師団長陸軍中将男爵小川又次・第五師団長陸軍中将男爵山口素臣・第十師団長陸軍中将男爵川村景明等なり。○両長日記・常侍官日記・行啓録・皇后宮職日記

欧洲に赴く守正王と御会食

十六日、守正王欧羅巴に留学の命を奉じ、将に渡航せんとするを以て参殿す。乃ち御対顔の後、正午会食あらせられ、守正王附武官陸軍歩兵大尉男爵山根一貫・東宮侍従長侯爵木戸孝正・東宮武官長村木雅美等を陪せしめ、王に手釦壱組・御万那料壱万疋を賜ふ。尋いで二十八日王発程に際しては、御使東宮職御用掛子爵錦小路在明を新橋停車場に遣さる。○両長日記・常侍官日記・行啓録・贈賜録

是の日、伯爵南部利恭母明子逝去せるにより、喪に居る故博経親王妃郁子に御菓子壱折を賜ひ、存問あらせらる。○庶務課日記・贈賜録

葉山御用邸に行啓

二十三日、午前十時沼津御用邸御出門、沼津停車場より汽車に御搭乗、途次、鎌倉停車場にて御妹聰子内親王に御対顔あり、逗子停車場にて御下車、午後二時十五分葉山御用邸に移らせらる。供

奉を命ぜられたる者は、東宮大夫斎藤桃太郎・東宮侍従長侯爵木戸孝正以下略〻沼津御滞留中に同じ。是より滝留あらせらるること十日、其の間、二十五日より日々午前中学科を御履習あり、午後は御用邸近傍を散策あらせらるること例の如し。但し御輔導威仁親王感冒により静養中なりしを以て御往復のことなく、又男爵高崎正風他一二を措きて、謁を賜へるものなし。○両長日記・常侍官日記・行啓録・官報・御直宮御養育掛日記

四月

葉山より還啓

二日、午前八時二十分御用邸御出門、逗子停車場より汽車に御搭乗、新橋停車場に御著、十一時三十分仮東宮御所に還啓あらせらる。元帥侯爵山県有朋・伯爵土方久元に謁を賜ふ。是の日東宮大夫斎藤桃太郎を宮城に遣し、五種交魚壱折を進献、天機を候せしめらる。尋いで四日妃と倶に参内あらせられたり。○両長日記・常侍官日記・庶務課日記・行啓録・侍従職日録・皇后宮職日記・官報

皇族に御対顔

五日、貞愛親王・成久王・恒久王に御対顔あらせらる。猶ほ是の月皇族に御対顔のこと、九日には故彰仁親王妃頼子、十一日には御妹昌子・房子・允子・聰子四内親王、二十九日には裕仁・雍仁・威仁三親王、三十日には載仁親王等あり。○両長日記・常侍官日記・御直宮御養育掛日記

六日、陸軍中将男爵奥保鞏に謁を賜ひ、印度旅行中のことを聴かせらる。○両長日記・常侍官日記

是の日、隅田川上流に於て催せる学習院学生春季端艇競漕会に東宮侍従原恒太郎を遣し、金百円を賜ふ。猶ほ七月十一日同院卒業証書授与式にも東宮侍従本多正復を遣し優等生に賞を賜ふ。○庶務課日記・贈賜録

関西地方行幸を奉送

七日、天皇、海軍大演習観艦式及び第五回内国勧業博覧会開会式に臨御の為、京都・大阪二府並びに兵庫県下に行幸あらせらる。仍りて午前八時妃と倶に御出門、新橋停車場にて奉送、午後六時五十分名古屋離宮著御に際し、電報にて天機を候はせらる。此の後、舞子並びに京都駐輦に際し、時に随ひ屢〻電報を以て奉伺のことあり。尋いで皇后亦第五回内国勧業博覧会を臠さんが為、西下あらせらるるを以て、十日午後二時妃と参内、御機嫌を候はせられ、夫より御妹四内親王と倶に皇后に従ひて吹上御苑の桜花を御覧、五時仮東宮御所に還啓あり。十二日皇后御発程に当り、妃と倶に新橋停車場に奉送あらせらる。更に二十日御使東宮職御用掛子爵錦小路在明を京都御所に遣し、

還幸啓を奉迎

天機並びに御機嫌を候はしめらる。五月十一日天皇・皇后東京に還幸啓あらせらる。仍りて再び新橋停車場に臨み給ひて奉迎の後、参内、奏啓あらせらるる処あり。○両長日記・常侍官日記・庶務課日記・官報・侍従職日録・皇后宮職日記・行啓録・幸啓録

外国使臣を御引見

九日、露西亜国特命全権公使アレキサンドル・イスヴォルスキー〈Aleksandr Petrovich Izvol'skii〉及び妻不日帰国するにより謁を賜ひ、十二日御署名ある御写真を賜ふ。是の歳、本邦駐劄新任外国使臣に謁を賜ふこと、是の月十五日韓国特命全権公使高永喜、十七日白耳義国特命全権公使アルベルト・ダヌタン〈Albert d'Anethan〉及び妻、仏蘭西国特命全権公使ジュール・アルマン、六月二十二日露西亜国特命全権公使男爵ローマン・ローゼン〈Roman Romanovich von Rosen〉及び妻、十一月九日亜米利加合衆国特命全権公使ロイド・シー・グリスコム〈Lloyd C. Griscom〉及び妻、清国特命全権公使楊枢、伯剌西爾国代理公使ゴンサルヴェス・ペレイラ〈Manuel Carlos Gonçalves Pereira〉、十二月二十一日暹羅国特命全権公使ピア・ナリスラ・ラジキッチ〈Phya Narisra Rajkitch〉及び公使館書記官プラ・ジャヤスリンドル〈Phra Jayasurindr〉等なり。○両長日記・常侍官日記・庶務課日記・外事録・官報

十二日、午前十一時三十分妃と倶に御出門、浜離宮に行啓、御昼餐の後摘草・魚漁等の御慰あり、三時五十分還啓あらせらる。此の後、十四日には芝離宮に於て自転車御操縦のことあり、十九日には又代々木御料地を御遊歩あらせらる。○両長日記・常侍官日記・庶務課日記・行啓録

高輪御殿行啓

二十二日、午後二時三十分御出門、高輪御殿に行啓、御妹昌子・房子両内親王に御対顔、踏舞の

御催あり、五時三十五分還啓あらせらる。○両長日記・常侍官日記・行啓録

鎌倉行啓

二十五日、午後二時十五分御出門、新橋停車場より汽車に御搭乗、四時三十分鎌倉停車場に著かせられ、由井《ママ》ヶ浜海岸及び長谷附近に至るまで御散策、五時三十分鎌倉御用邸に入らせらる。翌二十六日は午前七時五十分御出門、雪ノ下・頼朝墓・鶴岡八幡宮を経て長谷道御逍遥の後、御用邸に還啓あり、午後三時五分再び御出門、五時四十分仮東宮御所に還啓あらせらる。○両長日記・常侍官日記・庶務課日記・行啓録・官報

二十九日、東部都督陸軍中将男爵奥保鞏昨二十八日落馬負傷し、東京衛戍病院に入りたるを以て、東宮武官田内三吉を遣し、金五拾円を賜ひて存問あらせらる。○庶務課日記・贈賜録・常侍官日記

五月

一日、菊麿王並びに妃常子に対顔あらせらる。猶ほ是の月威仁親王・邦彦王に御対顔のこと屢〻あり。○両長日記・常侍官日記

有栖川宮邸に行啓

是の日、午後二時十五分御出門、有栖川宮邸に行啓、帰途、覆馬場に於て御乗馬、四時五十五分還啓あらせらる。此の後同宮邸行啓のこと度あり。○両長日記・常侍官日記・行啓録

小金井海岸寺に行啓

三日、午前九時四十分御出門、新宿停車場にて汽車に御搭乗、十時五十五分国分寺停車場に著かせられ、御徒歩にて北多摩郡小金井村海岸寺に行啓、御昼餐の後、再び御徒歩にて境停車場に到り、汽車に御搭乗、四時十分還啓あらせらる。猶ほ十日には午後零時四十五分御出門、豊多摩郡堀内村に行啓、妙法寺境内に臨み、大久保村を経て三時十五分還啓あらせられたり。○両長日記・常侍官日記・庶務課日記・行啓録

五日、東宮御記録編纂嘱託従六位池辺義象を罷め、袴地及び金員を賜ひ、労を犒はせらる。○庶務課日記・進退録・贈賜録

十一日、午後二時墨西哥合衆国に赴任する弁理公使杉村虎一及び妻に謁を賜ふ。此の外是の月の主なる賜謁者に元帥侯爵山県有朋・台湾総督男爵児玉源太郎等あり。○両長日記・常侍官日記

十二日、午後二時二十分御出門、御乗馬にて青山練兵場に臨ませられ、近衛師団並びに第一師団管下大隊教練を御覧あり。猶ほ二十二日には午後一時二十分御出門にて中野なる近衛師団管下鉄道大隊に行啓、銀盃壱個を賜へり。又六月十五日には騎兵第一聯隊に行啓あらせられたり。○両長日記・常侍官日記・庶務課日記・行啓録

独逸聯邦巴華里国皇族に御答礼

十六日、今次来朝せる独逸聯邦巴華里国皇族ルプレヒト〈Rupprecht von Bayern〉(4)親王並びにゲオルグ〈Georg Franz Josef Luitpold Maria von Bayern〉親王是の朝仮東宮御所を訪ふ。仍りて

午前十時御出門、独逸国公使館に行啓、答礼あらせらる。帰途、有栖川宮邸を経て参内、午後零時十分還啓あらせらる。○両長日記・常侍官日記・庶務課日記・外事録・侍従職日録・官報

二十一日、是より先清国皇族貝子載振来航、上野精養軒に館し、十六日茶葉青加彩甕罇成件・五色斑古銅彝成件を贈り、是の日仮東宮御所に参殿す。依りて東宮侍従長侯爵木戸孝正を其の旅館に遣して答礼せしめ、御写真壱葉・金蒔絵手箱壱個及び牙彫小禽棚飾壱個を贈らせらる。○両長日記・常侍官日記・庶務課日記・外事録

大阪地方に行啓

二十六日、第五回内国勧業博覧会を御覧の為、妃と倶に大阪地方に行啓あらせらる。是の日午前七時三十分御出門、新橋停車場にて威仁親王・同妃慰子・菊麿王・同妃常子・博恭王・同妃經子・邦彥王妃俔子・守正王妃伊都子を始め元帥侯爵大山巖・宮内大臣子爵田中光顕・内務大臣内海忠勝等数十人の奉送裡に、汽車に御搭乗あらせらる。尋いで沼津・静岡・浜松の各停車場に於ては地方文武官諸員に謁を賜ひ、名古屋停車場にて御下車、午後六時十二分名古屋離宮に入らせらる。第三師団長陸軍中将男爵大島義昌・愛知県知事深野一三等に謁を賜ふ。此の行供奉を命ぜられたる者は、東宮大夫斎藤桃太郎・東宮侍従長侯爵木戸孝正・東宮武官長村木雅美・侍医西郷吉義・同伊勢錠五郎・東宮主事桂潜太郎・東宮武官田内三吉・同平賀徳太郎・東宮侍従丸尾錦作・同原恒太郎・同本

名古屋離宮に御一泊

供奉員

多正復等なり。〇両長日記・常侍官日記・庶務課日記・行啓録・官報・侍従職日録・皇后宮職日記

名古屋御発

大阪市偕行社に御到著

二十七日、午前九時三十分名古屋離宮御出門、名古屋停車場より汽車に御搭乗、京都停車場に於て邦憲王に御対顔、公爵九条道孝に謁を賜ひ、午後三時十七分大阪梅田停車場に御著、三時五十分御旅館偕行社に入らせらる。第四師団長陸軍中将男爵小川又次・京都府知事大森鍾一・大阪府知事高崎親章等に謁を賜ふ。威仁親王亦是の日大阪に到り、対顔あらせらる。是より御滞留一週間に及び、内国勧業博覧会(5)に行啓のこと三日、其の他大阪市内並びに堺市の各所を視察あらせらる。

第五回内国勧業博覧会台覧

二十八日には午前九時三十分偕行社御出門、妃と倶に威仁親王を随へ、博覧会場に臨み、美術館楼上に於て同会審査総長男爵大鳥圭介以下幹部諸員に謁を賜ふ。尋いで美術館・台湾館・体育館・赤十字社出品館等の列品を順次に御覧あり、宮内省御料局出品館にて御昼餐の後、住友庭園内のウオターシュート・アンドルス館・教育館及び工業館の一部を御巡覧、午後二時四十五分御旅館に還啓あらせらる。尋いで六時五十分再び御出門、博覧会協賛会に行啓、接待所に於て博覧会場夜景を御覧、協賛会長従五位住友吉左衛門・副会長大阪市長従六位勲五等鶴原定吉・大阪商業会議所頭従五位勲六等土居通夫等に謁を賜ひ、八時四十分還啓あらせらる。

第四師団諸兵の教練御視察

二十九日は午前九時三十分威仁親王を随へ、城東練兵場に行啓、第四師団所属歩・騎・砲・輜重諸兵の教練を御視察あり、夫より第四師団

司令部に臨み、第四師団参謀長陸軍歩兵大佐藤本太郎以下将校に謁を賜ひ諸隊に銀盃を賜へり。銃槍試合及び偕行社附属小学校生徒の遊戯等を御覧の後、午後一時四十五分還啓あり。四時三十分再び御出門、難波停車場より汽車に御搭乗、堺市に行啓、博覧会附属水族館に臨み水族魚槽を御巡覧、楼上に於て御晩餐の後、電灯点火の下に魚族游泳するの状を御覧あり、八時五十五分還啓あらせらる。翌三十日には午前九時三十分御出門にて再び博覧会場に行啓、工業館及び東京府別館等を御視察の後、曲馬場に臨ませられ、曲馬演芸を御観覧、午後三時三十五分還啓あらせらる。三十一日三度会場に臨み、午前中参考館及びヘルラー・ワインベルゲル・マッフェー・カナダ・ホーンの諸館を御覧あり、午後冷蔵庫・機械・通運・水産・林業・農業の各館を御視察、二時十五分還啓あらせられたり。六月一日には午前十時御出門、大阪築港に臨み、川口警察署附属の汽船にて築港工事進捗の現況を御巡覧、午後二時十五分還啓あらせらる。八時より大阪市献上の花火を御覧、小川第四師団長・高崎大阪府知事並びに其の妻等に陪覧を賜ふ。是の日東宮武官田内三吉を大阪陸軍地方幼年学校に、東宮侍従原恒太郎を造幣局に遣し、実況を視察せしめらる。○両長日記・常侍官日記・行啓録・官報・侍従職日録・大阪偕行社行啓記録・大正天皇行幸啓ニ関スル大阪府資料

堺市博覧会附属水族館に行啓

大阪築港工事台覧

六月

二日、東宮侍従丸尾錦作を大阪府立清水谷高等女学校に遣され、又京都華族総代子爵持明院基哲に謁を賜ふ。午後二時妃及び威仁親王を随へ御旅館を御出門、梅田停車場より汽車に御搭乗、神戸停車場に於て奉迎せる文武諸員並びに外国領事等に謁を賜ひ、三時四十六分舞子停車場に御著、有栖川宮別邸に行啓あらせらる。第十師団長陸軍中将男爵川村景明及び兵庫県知事服部一三に謁を賜ふ。爾後、御滞留六日、其の間の御動静としては、姫路及び須磨に行啓あり。即ち四日には午前九時十五分有栖川宮別邸御出門、舞子停車場より汽車にて姫路市に向はせられ、川村第十師団長等の奉迎を受けさせられたる後、姫路城に臨み、景明の先導にて天主閣・櫓郭を御巡覧あり、尋いで練兵場に於て歩・騎兵の教練を御視察の上、偕行社に行啓、午後一時前庭にて将校及び同相当官に謁を賜ひ、更に歩・騎・砲・輜重各兵団隊長を召し銀盃を賜ひ、将校の撃剣試合を御覧あらせらる。一時四十五分偕行社御出門、姫路停車場より御乗車、三時有栖川宮別邸に還啓あらせらる。又六日には午後一時御出門、人力車にて須磨寺に行啓、尋いで網引〈ママ〉天満宮(6)境内に臨み、御運動あり、帰途、垂水なる威仁親王の寓所を訪ひ、五時二十分還啓あらせられたり。○両長日記・常侍官日記・行啓録・官報・明治三十六年行啓ニ関スル書

舞子有栖川宮別邸に御六泊

姫路市に行啓

須磨行啓

類（兵庫県庁）

八日、妃と倶に午前九時四十五分有栖川宮舞子別邸御出門、還啓の途に就かせられ、舞子停車場より汽車に御搭乗、名古屋停車場にて御下車、午後五時名古屋離宮に入らせらる。是の日舞子停車場に於て威仁親王始め川村第十師団長等の奉送を、神戸・大阪・京都等に於て文武諸官の奉迎を受けさせらるること例の如し。就中、京都停車場にては邦憲王並びに妃好子に対顔あらせられたり。又名古屋離宮御著の後、第三師団長陸軍中将男爵大島義昌・歩兵第五旅団長陸軍少将山口圭蔵に謁を賜ふ。翌九日午前十時離宮御出門、名古屋停車場より御乗車あり、午後三時十分静岡停車場に御著、静岡御用邸に入らせらる。御一泊の後、十日午前九時五十分御出門、静岡停車場より御発車、新橋停車場に御著、威仁親王・依仁親王・邦彦王・同妃俔子・菊麿王妃常子を始め、宮内大臣子爵田中光顕以下諸員の奉迎を受け、午後三時四十分仮東宮御所に還啓あらせらる。行啓中、屢〻電報を天皇・皇后に奉り、以て御動静を奏啓あらせられしが、還啓の翌日、妃と倶に有栖川宮邸を経て参内、天機並びに御機嫌を候し、御土産品等を進献あらせらる。猶ほ舞子別邸御使用の廉を以て威仁親王に金五百円を賜ふ。○両長日記・常侍官日記・庶務課日記・行啓録・官報・侍従職日録・皇后宮職日記

還啓の途に就かせらる
名古屋市御一泊

静岡御一泊

十二日、威仁親王の宿痾療養中、東宮輔導の任を解かしめらる。是より先、親王其の任を辞せん

威仁親王の東宮輔導の任を解かしめらる

とするの意あり。去る二月二日「皇太子の御近状を拝するに、御学問も進み、御自学の御精神も養成せられしのみならず、御性行上の御欠点も矯正せられ、御病勢は漸次減退して、誠に慶すべき御状態に在り、この際、断然輔導を廃止し、独立心の御養成を図るを以て、最も急務なりと信ず。況んや、内外人をして尚ほ輔導を要するが如く観察せしむることは、帝室の為に好ましからざるに於てをや。各顧問も既に之に同意したれば、謹んで玆に聖断を仰ぐ」と奏する処あり。尋いで五月二十二日親王再び天皇に謁し、皇太子第五回内国勧業博覧会行啓の事を奏すると共に、頃来健康勝れず、医師の勧告する処あるを以て、皇太子大阪よりの還啓を待ち、曾て請ふ処の東宮輔導の辞任を聴されんことを併せ奏す。天皇、翌日侍医局長岡玄卿をして親王を診察せしむるに、肺患あり。天皇即ち侍従長侯爵徳大寺実則を遣し、幸にして健康許すを得ば、皇太子の大阪行啓に同行せん事を命じ、且つ療痾の間皇太子の事を見せしめず、輔導の事は全癒を待ちて、更に命ずる処あるべきを伝へしめらる。而して是の日再び実則を親王の邸に遣し、療養中、輔導の任を免じ、且つ其の名目は猶ほ暫く之を帯ぶべき旨、叡旨を伝へしめらる。親王、仍りて翌十三日参内、恩を謝し、且つ養生中と雖も、平臥の病人に非ざれば、皇族としての任には随時服し奉るべきことを奏す。尋いで仮東宮御所に参殿、皇太子に謁し、御沙汰拝承の旨を啓す。二十四日親王病を葉山別邸に養はんとし、

威仁親王辞任を再奏す

威仁親王に輔導の名目を猶ほ暫く帯ばしめらる

請暇の為め伺候せるにより、対顔あらせられたり。○庶務課日記・侍従職日録・威仁親王行実

鷺猟

十四日、午前九時四十分御出門、巣鴨なる有栖川宮別邸に行啓、威仁親王及び公爵徳川慶喜を召し五位鷺の御猟を試み、午後四時十分還啓あらせらる。後、同宮別邸及び豊多摩郡大久保村なる侯爵前田利為の別邸に行啓、鷺猟を行はせられたること数回に及べり。○両長日記・常侍官日記・庶務課日記・行啓録

十七日、東宮御所御造営局長男爵堤正誼以下職工人夫に至るまで金円を賜ひ、精励を賞せらる。○贈賜録・庶務課日記

多摩川に行啓

二十一日、午前九時三十分妃と倶に御出門、神奈川県橘樹郡二子村に行啓、多摩川に船を泛べ、鮎漁の状を御覧、船中にて午餐御会食、午後四時二十分に至り還啓あらせらる。○両長日記・常侍官日記・庶務課日記・行啓録

大正天皇実録　巻二十八

明治三十六年　宝算二十五歳

七月

葉山に威仁親王御訪問

四日、是より先、威仁親王葉山別邸にあり、病を養ふを以て、去る二日御菓子を賜ひて慰問あらせられしが、是の日、午後二時十五分御出門、新橋停車場より汽車に御搭乗、逗子停車場に著かせられ、親王を葉山別邸に御訪問、親しく病状を問はせらる。六時同別邸より葉山御用邸に行啓、御一泊あり。翌五日再び有栖川宮別邸に臨ませられたる後、午後二時二十分御用邸御発、五時二十五分仮東宮御所に還啓あらせらる。○両長日記・常侍官日記・行啓録・官報

東宮武官の更迭

七日、東宮武官海軍大尉平賀徳太郎の本職を免じ、出雲砲術長心得兼分隊長に転補し、常備艦隊

参謀海軍大尉中島資朋を東宮武官に補す。又十二月二十八日東宮武官海軍大佐中村静嘉の本職を免じ、第三艦隊参謀長に転補す。猶ほ徳太郎及び静嘉に例の如く賜物あり。〇庶務課日記・官報・贈賜録

高輪御殿に行啓

十四日、午後二時御出門、高輪御殿に行啓、御妹昌子・房子両内親王に御対面、蓄音器の御慰あり、四時三十分還啓あらせらる。又二十七日には麻布御用邸に行啓、御妹允子・聰子両内親王に対面あらせられたり。〇両長日記・常侍官日記・行啓録・庶務課日記・御直宮御養育掛日記

二十一日、午前十時御出門参内、暑中の天機並びに御機嫌を候はせられ、午後零時五十五分還啓あらせらる。猶ほ是の月参内のこと屢〻あり。〇両長日記・常侍官日記・庶務課日記・行啓録・官報

塩原に行啓

二十八日、午前八時十分御出門、上野停車場にて元帥侯爵大山巖・侯爵中山孝麿・陸軍中将男爵乃木希典等の奉送裡に汽車に御搭乗、午後一時二十分西那須野停車場に著かせられ、人力車に御移乗、途中、関谷尋常小学校に於て御少憩の後、四時五分塩原村福渡戸なる子爵三島弥太郎別邸に行啓あらせらる。是より御滞留八週間余に亘らせらる。其の間の御動静を伺ひ奉るに、御健康状態も概して良好に渉らせられ、三十日以後は午前九時より十一時まで御日課表に従ひ御学修あり、八月十七日以後休学あらせらるるも、猶ほ日々の御復習は之を廃し給はず。又御運動の為め朝夕二回御旅館近傍の勝地に御逍遥を試みさせられ、時には塩原村民の行ふ捕魚を御覧のこと等あれども、遠

御滞留八週間余

御動静

行あらせらるることなく、只管御摂養を専らとせらる。凡て如上の御動静は、昨三十五年夏塩原行啓の際に略〻同じ。更に謁を賜へるものに皇后御使皇后宮亮山内勝明・宮内大臣子爵田中光顕・枢密顧問官男爵細川潤次郎・同男爵高崎正風等の外に栃木県知事菅井誠美・国幣中社二荒山神社宮司神宮畐寿・輪王寺門跡代理権僧正鷲尾隆典等あり。猶ほ特殊なる例としては、大阪砲兵工廠に製作を命ぜられたるアルミニゥム巻莨入数個成りたるを以て、七月三十一日之を捧呈せる陸軍砲兵少佐楢岡金次郎に謁を賜ひ、酒肴料を下賜せられたるが如き之なり。○両長日記・常侍官日記・庶務課日記・行啓録・官報

賜謁者

九月

一日、塩原より日光田母沢御用邸に移らせらるる為、午前八時人力車にて御旅館子爵三島弥太郎別邸御出門、関谷尋常小学校にて御少憩の後、侯爵大山巌の西那須野別邸に臨み、巌及び陸軍中将男爵乃木希典に謁を賜ふ。御昼餐の後別邸を出でさせられ、午後一時五十分西那須野停車場より汽車に御搭乗、日光停車場に御下車、御妹昌子房子両内親王御使御用掛伯爵園基祥に謁を賜ひ、五時十分日光田母沢御用邸に著かせらる。是より御滞留八日間に亘らせらる。○常侍官日記・行啓録・官報

日光に御移居

御滞留八日間

二日、贈一品親子内親王二十七回忌法会を芝山内霊屋に於て執行するにより、東宮主事子爵錦小

路在明を遺し、代拝せしめ、霊屋及び墓所に色花を供へさせらる。〇庶務課日記・贈賜録

内中岩に御遊行

御動静

四日、午前八時二十五分田母沢御用邸御出門、日光停車場より汽車に御搭乗、今市停車場にて御下車、栃木県河内郡豊岡村大字大桑字内中岩に行啓あらせられ、鬼怒川に於ける捕魚の状を御覧あり、御昼餐の後、河内郡長梅村寛逸に謁を賜ふ。午後二時三十分内中岩御発、今市停車場より再び汽車にて四時三十分田母沢御用邸に還啓あらせらる。猶ほ日光御滞留中の主なる御動静としては、偶ゝ同地滞在中の御妹昌子・房子両内親王に三日御対面あり、尋いで八日御徒歩にて両内親王を其の寓所日光御用邸内朝陽館に御訪問、歓談あらせられ白絽弐疋を賜ひたる外、特記し奉るべきものを拝せず。専ら御用邸附近を散策あらせられたるのみなり。

日光より還啓

九日、正午田母沢御用邸御出門、日光停車場より汽車に御搭乗、上野停車場にて元帥侯爵大山巌以下諸員の奉迎を受け給ひ、午後五時三十五分仮東宮御所に還啓あらせらる。十日午前十時十分御出門参内、天機並びに御機嫌を候せられ、日光の産物を進献、午後零時五十五分還啓あらせらる。

供奉員

猶ほ行啓中供奉を命ぜられたる者は、東宮大夫斎藤桃太郎・東宮侍従長侯爵木戸孝正・東宮武官長村木雅美・東宮主事桂潜太郎・東宮侍従丸尾錦作・同子爵大迫貞武・同子爵有馬純文・同原恒太郎・同本多正復・東宮武官中村静嘉・同田内三吉・同伯爵清水谷実英・同中島資朋・東宮侍講本居

豊穎・同三島毅・同三田守真・侍医西郷吉義・同片山芳林・同伊勢錠五郎・同池辺棟三郎・東宮職御用掛子爵錦小路在明等なり。○常侍官日記・庶務課日記・行啓録・官報・侍従職日録

十三日、故能久親王妃富子、叔父伯爵真田幸民の喪を服するを以て、御菓子壱折を賜ひ存問あらせらる。○庶務課日記・贈賜録

秋季皇霊祭御拝

二十四日、秋季皇霊祭により、午前九時御出門、皇霊殿・神殿を御拝、十一時三十分還啓あらせらる。是の歳、恒例の宮中祭典に御拝あらせらるること、猶ほ十二月十二日光格天皇御例祭及び同十五日賢所御神楽の両度あり。○常侍官日記・庶務課日記・典式録

葉山行啓

二十六日、午前参内あり、還啓の後、午後二時十分再び御出門、新橋停車場より汽車に御搭乗、四時二十五分逗子停車場に御著、夫より御徒歩にて御逍遥あり、田越より人力車に乗らせられ、五時二十分葉山御用邸に御著、参殿せる威仁親王に対顔あらせらる。翌二十七日午前八時四十分御出門、親王を有栖川宮別邸に御訪問あり、帰途、森戸神社に至るまで散策あらせらる。午後二時二十分御用邸を発し、往路を経て五時三十分仮東宮御所に還啓あらせらる。○常侍官日記・庶務課日記・行啓録・官報

十月

三日、東宮御用掛陸軍中将従四位勲二等功四級田村怡与造危篤の趣を聞かせられ、去る一日東宮武官中村静嘉を其の邸に遣し、存問あらせられしが、同日遂に卒す。仍りて是の日御使東宮侍従子爵大迫貞武を再び其の邸に遣し、祭粢料金五百円を賜ふ。

久我建通薨ず

是より先、従一位勲一等久我建通薨ぜるにより、去月二十九日皇后の御機嫌を候し、棹物を進献あらせられしが、是の日東宮侍従子爵有馬純文を其の邸に遣し、祭粢料金弐百円を賜ふ。○庶務課日記・贈賜録

四日、午後一時三十分馬車にて御出門、靖国神社境内及び日比谷公園を御遊覧、二時四十五分還啓あらせらる。○常侍官日記・庶務課日記

和歌山・香川・愛媛・岡山四県下に行啓

六日、地方地理・民情御視察の御目的を以て、和歌山・香川・愛媛・岡山四県下に行啓あらせらるるに依り、昨五日参内、天皇・皇后に請暇を奏啓あり。是の日午前七時二十分御出門、新橋停車場にて邦彦王を始め、御妹昌子房子両内親王御使御養育主任伯爵佐佐木高行・御妹允子聰子両内親王御使御養育主任子爵林友幸・威仁親王御使有栖川宮別当伊藤勇吉及び元帥侯爵大山巌・宮内大臣子爵田中光顕等諸員の奉送を受け給ひ、汽車に御搭乗、偶〻車中にて御詠あり、

空はれて雲なき秋の富士の雪
　　星とはかりに見ゆるけふかな

更に又、

秋深く浜名の海は水すみて
　　かゝみの如く舟浮ひけり

名古屋離宮に御著

午後四時三十分名古屋停車場に御著、尋いで名古屋離宮に入らせられ、第三師団長陸軍中将男爵大島義昌・愛知県知事深野一三以下数十人に謁を賜ふ。

供奉員

猶ほ此の行供奉を命ぜられたる者は、東宮大夫斎藤桃太郎・東宮侍従長侯爵木戸孝正・東宮武官長村木雅美・東宮侍講本居豊穎・東宮武官中村静嘉・同伯爵清水谷実英・東宮侍従丸尾錦作・同子爵大迫貞武・同子爵有馬純文・同原恒太郎・侍医片山芳林・同池辺棟三郎・東宮職御用掛子爵錦小路在明等なり。○常侍官日記・行啓録・官報・侍従職日録・行幸啓日誌（愛知県庁）

名古屋御発

和歌山に御著

七日、第三師団幕僚等に謁を賜ひたる後、午前七時五十分名古屋離宮御出門、名古屋停車場より汽車に御搭乗、関西鉄道を経、大阪天王寺停車場より南海鉄道にて午後三時五十分和歌山停車場に御著、徳義舎[1]に館せらる。是の日、愛知県知事深野一三を亀山停車場迄、三重県知事古荘嘉門及び京都府知事大森鍾一を奈良停車場迄、奈良県知事河野忠三を天王寺停車場迄、又第四師団長陸軍中将男爵小川又次・大阪府知事高崎親章を天王寺停車場より、和歌山県知事伯爵清棲家教を堺停車場より夫〻陪乗せしめ、管下の状況・名勝・旧跡等に就き御下問あらせらる。

県立和歌山中学校に行啓

和歌山市御滞泊三日の間、八日には午前十時三十分御出門、県立和歌山中学校に行啓、生徒の授業・和歌山県師範学校生徒の体操・県立徳義中学校生徒の小隊教練・県立和歌山中学校生徒の中隊教練を御覧、十一時三十分御旅館に還啓あり。午後一時三十分再び御出門、県立物産陳列場に臨み、県下物産を御視察あり、岡東館に於て盆栽・古器物類を御覧の後、公園を経て三時御旅館に還啓あらせらる。翌九日には午前八時御出門、和歌ノ浦に到り、軍艦高砂に御搭乗、午前十時由良港に著かせられ、端艇にて替鳴山下に御上陸あり、砲台を御巡視、由良要塞司令官陸軍少将伊地知季清(2)に要塞配備の状を説明せしめらる。尋いで再び端艇に乗らせ給ひ、由良港内を過りて練兵場前波止場に御上陸、由良要塞砲兵聯隊に臨み、将校集会所に於て御少憩の後、同聯隊将校其の他に謁を賜ひ、又聯隊には御紋附銀盃壱個を下賜せらる。畢りて再び軍艦高砂に御搭乗、午後二時和歌ノ浦に御帰著、妹背島蘆辺屋別荘に立寄らせ給ひて後、妹背山に御登臨、尋いで紀三井寺に到り、書院に於て御休憩あり、四時二十分御旅館に還啓あらせらる。和歌山御滞留中、東宮侍従原恒太郎を官幣大社

由良要塞御巡視

紀三井寺に御立寄

日前神宮其の他に侍従差遣

日前神宮・同国懸神宮に遣し、又東宮侍従丸尾錦作を彦五瀬命墓及び官幣中社竈山神社に遣し、夫ゝ代拝せしめられたり。○常侍官日記・行啓録・官報・行啓一件書類（和歌山県庁）・皇室ニ関係アル史蹟（和歌山県庁）

和歌山御発

高松に御入港

栗林公園内星斗館に御滞在

十日、午前八時和歌山市御旅館徳義舎御出門、和歌ノ浦出島新設桟橋より汽艇にて軍艦高砂に御乗艦、九時解纜、高松市に嚮はせらる。航行中、艦内に於ける戦闘準備・戦闘操練・装塡演習・内筒砲射撃を御見学裡に御召艦午後四時高松港に入港す、即ち第一桟橋より御上陸、香川県知事小野田元凞・第十一師団長陸軍中将土屋光春以下諸員の奉迎を受け、四時四十分栗林公園内星斗館（掬月亭）に館せらる。(3) 因に公園は元藩主松平頼重の築造にかかる日本屈指の名園にして庭内茶亭に富み、星斗館も亦その一なり。是より御淹留四日に亘り、高松市を中心に屋島より琴平・善通寺・丸亀方面に至るまで鶴駕を進めさせらる。即ち十一日には午前九時御徒歩にて栗林公園内香川県博物館に臨み、高松市在任の文武諸員に謁を賜ひたる後、県立高松中学校に行啓、各学年生徒授業の状況を御視察あり、又生徒の中隊教練・器械体操・柔道を覧させらる。午後一時三十分再び御旅館を出でさせられ、木田郡屋島山に赴き、山麓より徒歩にて御登臨、山頂獅子霊巌上の展望台にて眼下に玉藻城を眺め給ひつつ御少憩、小野田知事をして洋々たる海上に青螺点在せる群島に就き説明を為さしめ、又談古嶺に於ては五剣山、源平の古戦場なる壇ノ浦等を眺望あらせらる。尋いで屋島寺に臨み、

屋島に御登臨

せ給ひ、午後六時御旅館に還啓あらせらる。

御盛徳

客殿にて御休憩の間、陳列せる宝物類を御覧あり、再び徒歩にて御下山、潟元村より人力車に乗らせ給ひ、午後六時御旅館に還啓あらせらる。

茲に屋島御登臨に当り遺させられたる御逸話を叙し奉るべし。山麓より御徒歩にて登らせ給ひ、僧空海の伝説の地たる加持水を経て、更に不喰梨前に達せらるるや傍なる小屋掛茶屋の赤毛布を敷きたる床几に御気軽に掛けさせられ、名所史蹟に就きて茶屋の主人山本森蔵に御下問あり。偶〻傍に二女児を伴ひて拝せる一老媼あり。姉の左手に繃帯あるを覧させられ、「負傷せしや」と問はせ給ふ。老媼恐れ畏みつつ、空気洋灯(4)にて火傷し殆ど半身を痛めて久しく臥床し居りしが、御英姿を拝し奉らんが為め伴ひ来りし旨を答へ奉るに、「病人なれば立ち居るに及ばず家に入りて腰を掛けしめよ」と憐憫の御言葉を賜ふ。尋いで妹を顧み給ひ、「何歳なりや」と御下問あり。小児漸く三つと答へ奉りつつ敬礼せしに、いと明朗に笑はせ給へり。後、森蔵に特に千疋を賜ふ。森蔵の遺族其の地に簡粗なる祠を創め、傍に「東宮殿下御ヤスミ所」なる碑を建てて今に至る。人民の休戚を問はせらるる御美徳亦斯の如し。

十二日は降雨のため御外出を見合せられ、纔かに午後一時三十分公園内博物館に臨み、小野田知事の先導にて館内陳列品を御覧あらせられたるのみ。而して遠く出でて琴平・善通寺・丸亀方面に

琴平に行啓

行啓あらせられたるは、即ち十三日なり。是の日午前七時五十分御出門、高松停車場より臨時汽車に御搭乗、十時二分琴平停車場に著かせられ、人力車に御移乗、更に小坂より御徒歩にて峻坂を登り、国幣中社金刀比羅宮社務所に入らせらる。瀑布間・竹林間・遊虎間等に於て名匠応挙の筆になる襖絵を覧給へる後、同宮所蔵の什宝を台覧あり。富士間・鶴間を経て奥書院なる菖蒲間に臨み、眼下に展開せる琴平象郷の田園より讃岐富士の容姿、更に遠く亀城の蒼海を隔てて、遥に備前の連山に至る景観を眺望あらせらる。尋いで旭社に御拝あり、更に賢木門を経て本宮に玉串を供へ給ひ、又三穂津姫神社に安置せる神輿を御覧の後、再び社務所に御休憩、十一時三十二分琴平停車場発汽

善通寺に行啓

車にて善通寺に赴き、第十一師団偕行社に臨ませられ、土屋師団長以下将校及び文官諸員に謁を賜ひ、諸隊に御紋附銀盃を下賜せらる。御昼餐後、練兵場に出でて諸兵の分列式を御覧あらせらる。午後二時三分善通寺より汽車に御搭乗、丸亀停車場にて御降車、歩兵第十二聯隊に行啓あらせらる。将校集会所に於て聯隊長陸軍歩兵中佐新山良知等に謁を賜ひ、士官の撃剣・下士の銃剣術及び練兵を覧給へる後、再び汽車に御搭乗、四時四十九分高松停車場に御下車、直に御旅館に還啓あらせらる。猶ほ東宮侍従子爵大迫貞武をして白峯陵(5)に代拝せしむ。〇常侍官日記・行啓録・官報・東宮殿下香川県行啓事務概要・皇太子殿下行啓書類（香川県庁）・大正天皇御遺蹟調査書（香川県庁編）・明治三十六年以降勅語、皇太子殿下行啓、本校沿革、儀式ニ関スル書類綴（高松中学校）・明治三十六年十月十三日東宮殿下御参拝ニ付御本宮略図其他関係書類（金刀比羅宮社務所）・金刀比羅宮史・香

川県史・香川新報・讃岐日日新聞

高松港御解纜

松山に御著

歩兵第二十二聯隊に行啓

愛媛県師範学校御視察

十四日、午前八時御旅館星斗館を御出門、松山市に嚮はせらるる途、高松市御慶事記念公会堂に御立寄あり、館内御一覧の後、八時四十分第一桟橋より端艇にて軍艦高砂に乗り給ふ。九時高松港御解纜、艦内に於て戦闘操練・水雷艇防禦操練及び経線儀・六分儀・水銀盤等を御覧あり。御召艦三原水道に到りて投錨するや、直に小蒸汽艇にて御上陸、三津停車場より臨時汽車に乗らせられ、

松山停車場に御下車、五時二十五分松山市御旅館愛媛県庁に館せらる。是より御滞留三日の間、市内行啓を主とし、県下にては松山市隣接の道後湯之町に臨ませられたるのみ。蓋し本県陸上交通の未だ整はざる為なり。即ち十五日午前九時御出門、歩兵第二十二聯隊に行啓、偕行社兼将校集会所に於て土屋第十一師団長・歩兵第十旅団長陸軍少将山中信儀(6)・歩兵第二十二聯隊長陸軍歩兵中佐青木助次郎(7)以下将校等に謁を賜ひ、銀盃下賜のことあり。又元近衛歩兵第一聯隊附陸軍歩兵大尉田辺盛親を召し、明治二十七八年戦役に当り、牛荘及び台湾の戦闘に使用せし弾痕の存する軍帽を御覧あり、盛親をして説明せしめらる。尋いで兵卒の器械体操・応用体操を覧給ひ、同聯隊御出門、愛

媛県師範学校に臨ませられ、校長佐野川泰彦の先導にて理科教室・博物教室・講習科教室等に於ける生徒授業の状況を御覧あらせらる。十時三十分より城北練兵場に行啓、戦時編成一個大隊の分列

式及び密集散兵教練、夫より師範学校外四校生徒の柔軟体操及び尋常小学校児童の普通体操等を台覧、十一時二十五分県庁に還啓あらせらる。

松山城址に御登臨

午後一時三十分再び御出門、松山城址に行啓、山中第十旅団長の先導にて天主閣に御登臨、

高き屋の上にのほりて武士の
　代々にこもりし跡を見るかな

の御歌あり。更に市街並びに道後平野を御眺望の後、市街の西北部を経て三時三十五分還啓あらせらる。

道後温泉御覧

翌十六日は県庁内に設備せる物産陳列場・教育品陳列場及び大山祇神社の宝物を御覧あり、午前十時御出門、道後温泉場に行啓あらせらる。又新殿内皇族用客室にて御休憩の後、浴場を御巡覧、御湯殿に於て御手を洗はせらる。尋いで道後公園に臨み、山上御休憩所にて御昼餐あり、帰途、御慶事記念の愛媛県教育会図書館前を過り、午後二時二十五分還啓あらせらる。○常侍官日記・行啓録・官報・行啓関係書類（愛媛県庁）・行啓一件（愛媛県庁）・愛媛県師範学校文書・愛媛県温泉郡道後湯之町役場日誌

松山御発

十七日、松山御発岡山県下に赴かせらる。午前八時愛媛県庁御出門、古町停車場より臨時汽車に乗らせ給ひ、三津停車場にて御下車、三津ヶ浜波止場より軍艦高砂に御搭乗、九時解纜あらせらる。午後零時十分広島県糸崎港に御入港、参向せる広島県知事徳久恒範等に謁を賜ひ、又御上陸に先だ

岡山に御著

ち上長官に洋酒を賜ふ。一時五十分糸崎停車場発臨時汽車にて岡山市に到り、四時十分御旅館後楽園内延養亭に御著、三泊あらせらる。後楽園は旭川を隔てて岡山城の北方にあり、岡山藩主池田綱政の命により家臣津田永忠の築造にかかり日本三公園の一にして、所謂廻遊式庭園の典型と称せらる。(8)

津山に行啓

是の日御旅館に於て岡山県知事檜垣直石・侯爵池田詮政等に謁を賜ふ。本県に於ては御滞在中岡山市内のみならず、県下苫田郡津山町・和気郡私立閑谷中学校等を巡歴あらせらる。即ち十八日は午前七時四十分御出門、岡山停車場より汽車に御搭乗、九時五十分津山町に著かせられ、県立津山中学校に行啓あり、校長藤井豁爾の先導により生徒の授業・体操・中隊教練等御覧あり、尋いで津山公園衆楽園に臨み、御少休の後、午後二時十五分津山停車場御発、四時十五分御寓所に還啓あらせらる。夫より再び御出門、御徒歩にて岡山県物産陳列場に臨み、花莚並びに麦稈真田製造の実況を

吉備楽御観賞

台覧、館内御一巡の後、五時二十分還啓、直に延養亭内能楽堂に於て吉備楽君が代・小松の操・竜田川を観賞あらせらる。翌十九日は後楽園内鶴鳴館に出でて、予後備役将校・神仏管長及び岡山市滞在中なる官幣大社出雲大社宮司千家尊紀等に謁を賜ひて後、御出門、県立岡山中学校・第六高等学校に行啓、就中、高等学校にては運動場に於て催せる岡山県師範学校・同附属尋常小学校・岡山市立各尋常小学

閑谷中学校御視察

校児童の聯合運動会を御覧あらせらる。後楽園に松樹を御手植あり、午後零時十分再び御旅館を御出門、岡山停車場にて汽車に御搭乗、吉永停車場に御下車、閑谷村なる私立閑谷中学校に行啓あり、校長西毅一に先導せしめ、講堂・故池田光政の居間・習芸室・聖廟を御巡覧、夫〻沿革に就き説明を聴かせらる。

抑〻同校は寛文六年岡山藩主池田光政、地を卜して封内子弟教養の目的を以て創建せし処にして、略〻往時の規模を存置せり。御帰還に際し、多年学生を薫陶し、能く校舎を維持せるを嘉賞あらせられ、毅一に羽織地壱反・酒肴料弐千疋を賜ふ。四時吉永停車場にて汽車に御搭乗、岡山市なる御旅館に還啓あらせらる。

東宮侍従御差遣

猶ほ東宮侍従丸尾錦作を国幣中社吉備津神社及び大吉備津彦命の墓所に遣し、幣帛料を供進せしめ、東宮侍従原恒太郎を岡山孤児院に遣し金百円を賜ふ。又旧城天守閣には東宮侍従有馬純文を遣し給へり。○常侍官日記・行啓録・官報・皇太子殿下行啓記録（岡山県庁）

岡山御発還啓の途に就かせらる

京都二条離宮に御著

二十日、午前八時十分延養亭御出門、岡山停車場にて汽車に御搭乗、帰路に就かせらる。途次姫路・明石・神戸・大阪各停車場に於て文武諸員に謁を賜ひ、午後二時二十分京都七条停車場に御著、二条離宮に入らせらる。尋いで邦憲王・多嘉王に御対顔、第四師団長陸軍中将男爵小川又次・京都府知事大森鍾一・大阪府知事高崎親章・公爵九条道孝・伯爵大谷光尊等に謁を賜ふ。御滞泊三日に亘らせらる。其の間二十一日は午前八時三十分御出門、泉山に行啓、後月輪東山陵・後月輪東北陵及び近陵に御拝あり、玉串を捧げさせらる。泉涌寺書院に於て御休憩の後、雲竜院内の孝明天皇皇女順子内親王の墓等を御拝、十一時十分二条離宮に還啓あらせらる。午後二時再び御出門、御慶事記念京都市動物園に臨み、大森京都府知事の御先導にて園内を御遊歩、稚松を御手植あらせられ、又京都市助役大槻竜治等に謁を賜ふ。尋いで清水寺を過り、五時十分離宮に還啓あらせらる。翌二十二日は雨天の為め花園村御茶山に御採草の予定を止めさせられ、九条公爵に晩餐の陪食を賜へり。

後月輪東山陵等に御拝

○常侍官日記・行啓録・官報

二十三日、午前七時二条離宮御出門、七条停車場より汽車に御搭乗、邦彦王・多嘉王を始め文武諸員の奉送を受けさせらる。途次、名古屋停車場にて伯爵松方正義に謁を賜ひ、午後五時三十四分沼津停車場に御著、沼津御用邸に入らせられ、伯爵川村純義・静岡県知事山田春三等に謁を賜ふ。是より此の地に一週間御滞留あり、裕仁親王・雍仁親王に御対顔屢〻にして、殊に二十八日には純義の別邸に両親王を訪はせ給へり。而して日々御用邸近傍御運動のこと亦常の如く、時には門池・島郷等に遊猟を試みさせらる。猶ほ皇后御違和により二十四日電報を発し、御機嫌を候はせられた

京都御発

沼津に御著

御滞留一週間

東京に還啓

り。

斯くて三十日午前七時十五分御用邸御出門、沼津停車場より汽車に御搭乗、新橋停車場にて邦彦王及び元帥侯爵大山巌以下の奉迎を受けさせられ、十一時五十分仮東宮御所に還啓あらせらる。尋いで天皇皇后御使典侍柳原愛子及び宮内大臣子爵田中光顕・枢密顧問官伯爵松方正義等に謁を賜ふ。翌三十一日参内、天機並びに御機嫌を候せられ、行啓中の事を奏啓、又四国地方より齎せられたる御土産品を進献あらせらる。○常侍官日記・行啓録・庶務課日記・官報・侍従職日録・皇后宮職日記

十一月

二日、午後一時五十分御出門、高輪御殿に行啓、御妹昌子・房子両内親王に御対面、三種交魚壱折並びに行啓地より齎せられたる友禅縮緬其の他を賜ひ、四時還啓あらせらる。後、十二月二十日にも同御殿に行啓の事あり。○常侍官日記・庶務課日記・行啓録

是の日、天皇横須賀軍港に行幸、軍艦音羽進水式に臨御、即日還幸あらせられたるを以て、東宮侍従原恒太郎を宮城に遣し、天機を奉伺せしめらる。爾後、即日還幸の際には東宮侍従をして天機を候はしめらるる事に御治定あり。○庶務課日記・例規録

陸軍歩兵大佐・海軍大佐に御陞任

三日、陸軍歩兵大佐・海軍大佐に陞任せしめらる。蓋し既に停年に達せらるるを以て陸海軍大臣の奏請によるなり(9)。

是の日午前九時勅使侍従職幹事公爵岩倉具定参殿し、内謁見所に於て官記を捧呈す。即ち之を受けさせらる。時に東宮武官中村静嘉・東宮侍従子爵有馬純文侍立す。

始めて天長節宴会に陪す

十時五十分御出門、公式鹵簿により参内、始めて豊明殿に於ける天長節宴会に陪す。午後六時三十分御陞任を祝賀あらせらるる為、東宮大夫斎藤桃太郎・東宮侍従長侯爵木戸孝正・東宮武官長村木雅美以下側近諸員に晩餐の陪食を賜ふ。翌四日天皇皇后御使皇后宮亮山内勝明を遣し、五種交魚壱折を賜へり。○常侍官日記・庶務課日記・官報・侍従職日録・皇后宮職日記・典式録

菊麿王・邦憲王・邦彦王に鮮魚を賜ふ

四日、海軍少佐勲一等功五級菊麿王・神宮祭主勲一等邦憲王・陸軍歩兵大尉勲一等邦彦王、昨三日大勲位菊花大綬章を授けられたるを以て、三種交魚壱折を賜ひ、慶賀あらせらる。○庶務課日記・贈賜録・官報

七日、午後二時十五分御出門、麻布御用邸に行啓、御妹允子・聰子両内親王に御対面、三時四十五分還啓あらせらる。此の後、十二月二十四日にも亦同御用邸に行啓のことあり。○常侍官日記・庶務課日記・行啓録・御直宮御養育掛日記

兵庫県下行幸を奉送

十一日、天皇、陸軍特別大演習御統裁の為め兵庫県下に行幸あらせらる。仍りて午前七時五十分

妃と倶に御出門、新橋停車場に奉送あらせらる。尋いで名古屋離宮著御の報あり、即ち電報を以て天機を候はせらる。この後、電報を奉らせらるること度あり。十九日天皇演習地より還幸の途次、午前十時四十二分沼津停車場御通過に際し、偶〻沼津御用邸御滞在中により同停車場に出で奉迎あらせらる。○常侍官日記・庶務課日記・行啓録・官報

沼津に行啓

是の日、沼津に行啓あらせらる。新橋停車場に於て天皇を奉送の後、直に参内、皇后に謁し、請暇を啓し仮東宮御所に還啓、尋いで十一時二十分再び御出門、東宮大夫斎藤桃太郎・東宮侍従長侯爵木戸孝正以下供奉諸員を随へ、新橋停車場より発車あらせらる。午後四時沼津停車場に御著、沼津御用邸に於て裕仁・雍仁両親王の奉迎を受けさせらる。

御滞留十九日間の御動静

翌十二日東京還啓の御予定なりしを変じて、爾後、十九日間御滞在、専ら御静養を旨とせらる。其の間、十四日には妃到らせられ、十六日より午前中倶に御日課の学習を励ませられ、月・水・金の三曜日には午後四時より御復習をも行はせらる。御運動としては、御用邸近傍の海岸・山野を御逍遥あり、時には伯爵川村純義の別邸に裕仁・雍仁両親王を訪はせられたる外、十三日より数日間御用邸裏海岸に於て端艇に乗らせ給ひ、御操縦を試みさせられ、又十五日には愛鷹山御猟場内門池に於て遊猟を行はせられしが、

御感冒

二十日より軽微なる感冒にて御外出を見合せ給ふ。御滞在中、裕

仁・雍仁両親王に屢〻御対顔あらせられたる他には、主なる賜謁者を見ず。○常侍官日記・庶務課日記・行啓録・官報

十七日、威仁親王、葉山別邸より東京に還りて、猶ほ病を養へるを以て、葡萄酒壱打を賜ひて慰問あらせらる。○贈賜録・庶務課日記

土方久元に物を賜ひて高齢を祝せらる

二十三日、元明宮御教養主任伯爵土方久元齢七十に躋れるを以て、紅白縮緬各壱疋及び三鞭酒弐打を賜ひて之を賀し、且つ左の一詩を賦し給ふ。

賀土方伯七十

多歳誠忠奏巨勲　古稀一旦避塵氛　期卿永作白衣相　身在青山心在君(10)

後、十二月二日久元参殿して恩を拝謝す、仍りて謁を賜ふ。○庶務課日記・贈賜録

日野資秀薨ず

二十五日、是より先、元東宮侍従従三位伯爵日野資秀病篤きにより一昨二十三日、昨二十四日物を賜ひ存問あらせられしが、遂に薨ず。是の日祭粢料金五百円を賜ふ。尋いで二十八日其の喪に居る典侍柳原愛子・伯爵柳原義光にも亦物を賜へり。○贈賜録・庶務課日記

沼津より還啓

三十日、午前九時五十分妃と倶に御出門、沼津停車場にて静岡県知事山田春三以下諸員の奉送を受けさせられ、汽車に御搭乗、午後二時三十四分御妹昌子・房子両内親王御使御用掛加賀美光賢・伯爵土方久元等奉迎裡に新橋停車場に御著、三時仮東宮御所に還啓あらせらる。翌十二月一日午前

十時御出門、参内あり、天機並びに御機嫌を候し、十一時五十五分還啓あらせらる。○常侍官日記・庶務課日記・行啓録・官報・侍従職日録

十二月

恒久王の陸軍士官学校卒業を祝し給ふ

二日、恒久王、陸軍士官学校卒業により三種交魚壱折を賜ひて祝賀あらせらる。三日、王参殿し、恩を拝謝す。乃ち御対面あり。○庶務課日記・常侍官日記・贈賜録

六日、午後一時四十分馬車にて御出門、芝公園・日比谷公園等を御逍遥、二時五十五分還啓あらせらる。猶ほ是の月八日には上野公園を、二十三日には芝公園を、二十七日には品川なる海晏寺近傍を散策あらせられたり。○常侍官日記・庶務課日記・行啓録

新浜御猟場に行啓

十三日、午前七時三十分御出門、千葉県新浜御猟場に行啓、鴨猟を試み、小鴨百七拾余羽を獲させられ、午後五時二十分還啓あり、東宮侍従原恒太郎を宮城に遣し、御猟獲の小鴨を天皇・皇后に進献せしめらる。○常侍官日記・庶務課日記・行啓録

十七日、威仁親王、新築せる麴町区三年町本邸に移居せるを以て、物を賜ひ祝賀あらせらる。(11)○庶務課日記・贈賜録・威仁親王行実

第一艦隊附に為らせらる

二十八日、海軍大佐の御職務を第一艦隊附と為すの命あり、侍従長侯爵徳大寺実則を以て其の御沙汰を拝受あらせらる。○庶務課日記・内禁録

大正天皇実録　巻二十九

明治三十七年　宝算二十六歳

一月

御参内新年を賀せらる

一日、午前八時三十五分妃と倶に御出門、公式鹵簿乙の部にて参内あらせられ、御座所に於て天皇に、桐間に於て皇后に謁し、新年の賀詞を奏啓あり、十時二十分還啓あらせらる。尋いで妃と倶に裕仁雍仁両親王御使川村鉄太郎・御妹昌子房子両内親王御使御用掛伯爵園基祥・御妹允子聰子両内親王御使御養育主任子爵林友幸の外、大勲位・親任官・公爵・従一位以下錦鶏間祗候並びに其の妻の拝賀を受けさせらる。二日又年賀の為め参殿せる貞愛親王・同妃利子女王・載仁親王・同妃智恵子・依仁親王妃周子・邦彦王妃俔子・博恭王妃經子・守正王妃伊都子並びに恒久王に対面あらせ

られ、雉酒を賜ふ。〇常侍官日記・庶務課日記・侍従職日録・皇后宮職日記

元始祭御拝

三日、元始祭により午前九時三十分妃と倶に御出門、賢所・皇霊殿・神殿に御拝、十一時三十分還啓あらせらる。〇常侍官日記・庶務課日記・典式録

始めて新年宴会に御参列

五日、新年宴会により午前十一時十分御出門参内、天皇に謁し、午後零時十五分より天皇に扈従し始めて豊明殿に於ける御宴に臨ませらる。畢りて御内儀にて皇后に謁し、一時十五分還啓あらせらる。〇常侍官日記・庶務課日記・典式録・官報

感冒に罹らせらる

六日、感冒の為め御仮床に就かせらる。御容態は軽微なる咽喉及び鼻加答児に止まり、御胸部には概して御異状を伺ひ奉らず。九日天皇・皇后、御使皇后宮大夫子爵香川敬三を遣し給ひ、二十日更に皇后同人をして存問せしめられしが、二十五日に及び略〻御快癒あり撤床あらせらる。因に妃も亦六日より感冒にて御仮床あり、二月一日に至り癒えさせらる。〇常侍官日記・庶務課日記・御容体日誌・拝診録

是の日、韓国明憲太后崩御により、弔問使東宮侍従本多正復を同国公使館に遣し、七日より九日間宮中喪により喪を服せらる。〇常侍官日記・庶務課日記・外事録・官報

御代拝

十一日、英照皇太后御例祭により、東宮侍従長侯爵木戸孝正に代拝を命ぜられ、又御妹多喜子内親王五年御式年祭執行により、東宮侍従原恒太郎をして代拝せしめらる。因に是の歳、宮中各祭典

に御代拝を遣さるる事左表の如し。○常侍官日記・庶務課日記・官報・典式録

月日	御祭典	御代拝	
一月三十日	孝明天皇御例祭	東宮侍従長	侯爵 木戸孝正
二月十一日	紀元節御祭典	同	同
同 二十一日	仁孝天皇御例祭	同	同
八月十七日	輝仁親王十年御式年祭	東宮職御用掛	子爵 錦小路在明
十一月三日	天長節御祭典	東宮侍従	丸尾錦作
十二月六日	後桃園天皇御例祭	同	同
同 十二日	光格天皇御例祭	東宮侍従長	侯爵 木戸孝正
同 十五日	賢所御神楽	同	同

十六日、皇后、午前九時二十分新橋停車場御発車、葉山御用邸に行啓あらせらるるにより、御使東宮女官吉見光子を同停車場に遣さる。二十六日東宮侍従丸尾錦作を葉山に遣し、皇后の御機嫌を候はしめらる。皇后も亦御使典侍柳原愛子を遣されたるを以て乃ち謁を賜へり。○常侍官日記・庶務課日記・皇后宮職日記

十八日、邦芳王病により、御菓子壱折を賜ひ慰問あらせらる。○庶務課日記・贈賜録

歌御会始に御詠進

是の日、宮中にて歌御会始を行はせらるるにより、詠進あらせらる。御歌左の如し。〇官報

巌上松

ふきさわくあらしの山のいは根松
うこかぬ千代の色そしつけき

二十二日、内閣総理大臣伯爵桂太郎・侍従長侯爵徳大寺実則・東宮拝診御用男爵橋本綱常病むを以て御菓子各壱折を賜ひ其の況を尋ねしめ、又二十三日には東宮御用掛陸軍少将福島安正の病を問はしむ。後、二十八日更に東宮侍従本多正復を実則の邸に遣されたり。(1)〇常侍官日記・庶務課日記・贈賜録

東宮武官差遣

二十三日、近衛歩兵第一聯隊軍旗祭施行により、東宮武官田内三吉を遣し、金百円を賜ふ。是の歳、恒例の東宮武官差遣のこと左表の如し。〇庶務課日記・総務課進退録・典式録・官報

月日	差遣先	差遣武官
二月二十九日	海軍機関学校卒業式	黒水公三郎
五月六日	靖国神社例祭	同
同三十日	陸軍中央幼年学校卒業式	尾藤知勝
七月十日	陸軍中央幼年学校予科卒業式	同

九月十七日	黄海海戦第十回戦捷記念会	黒水公三郎
十月二十四日	陸軍士官学校卒業式	尾藤知勝
十一月六日	靖国神社例祭	同
同十四日	海軍兵学校卒業式並呉海軍鎮守府	黒水公三郎
同二十八日	陸軍中央幼年学校卒業式	田内三吉

沼津行啓

二十九日、午前十時御出門、新橋停車場にて天皇御使皇后宮亮山内勝明・貞愛親王・威仁親王御使有栖川宮別当伊藤勇吉・元帥侯爵大山巌・宮内大臣子爵田中光顕・海軍大将子爵伊東祐亨・陸軍大将男爵奥保鞏・近衛師団長陸軍中将男爵長谷川好道の奉送を受けさせられ、汽車に御搭乗、午後二時五十分沼津停車場に御著、尋いで沼津御用邸に入らせらる。是より三月九日まで御淹留七旬に及ぶ。猶ほ妃も亦病癒えさせられたるを以て、二月三日午前十時仮東宮御所を発し、沼津御用邸に行啓あらせらる。○常侍官日記・庶務課日記・行啓録・官報

二月

四日、海軍少将坂本俊篤の東宮御用掛を免ず。因りて御紋附銀巻莨入壱個及び金五百円を賜ふ。

俊篤、明治三十一年以来奉仕する事六ヶ年、専ら海軍に関する講話に力を致せり。〇進退録・贈賜録・庶務課日記

御講書始の儀

六日、御講書始の儀を行はせらる。即ち午前十時妃と倶に内謁見所に臨み、東宮侍講本居豊穎の「禁秘抄」賢所編、同三島毅の「論語」君子不重則不威学則不固の一章、同三田守真のフランクリンの十二徳に関する進講を聴かせらる。(2)儀畢りて酒饌を賜ふこと例の如し。〇常侍官日記・行啓録・典式録

是の日、東宮武官海軍大尉中島資朋(3)の本職を免じ、横須賀鎮守府附に転補す。後、例の如く賜物あり。〇贈賜録・庶務課日記

露西亜国に対し戦を宣す

仁川港外の戦捷を賀せらる

十日、是より先、我が国と露西亜国との間に醸成せる韓国独立・満洲撤兵に関する紛争激化し、東洋平和確保の為、遂に国交断絶の止むを得ざるに至り、是の夜同国に対して戦を宣せらる。既にして翌十一日に至り、去る九日仁川港外に於て第二艦隊司令官海軍少将瓜生外吉の率ゐたる第四戦隊は露国軍艦二隻を撃破せるの捷報あり。即ち天皇・皇后に祝賀の電報を奉らせらる。

尋いで十二日旅順海戦に関する聯合艦隊司令長官海軍中将東郷平八郎の公報到る。即ち聯合艦隊は去る六日佐世保を出発したる後、総て予定の如く行動し、八日正午我が駆逐隊は旅順に在る敵を攻撃せり。我が艦隊は九日午前十時旅順沖に達し、正午より約四十分間港外に残留せる敵艦隊を攻撃せり。此の攻撃の結果は未だ明瞭ならざるも、敵に少からざる損害を与へ、大に彼が士気を阻喪

旅順口港外の戦捷を賀せらる

せしめたるものと信ず。此の攻撃に於ける我が艦隊の損害は軽少にして寸毫も戦闘力を減ぜず。我が駆逐隊は敵の砲火を冒して攻撃を果し、其の大部は既に本隊に合せり。艦隊に御乗艦の各殿下は皆御無事なりと。乃ち昨十一日の如く天皇・皇后に祝賀の電報を奉らせらる。是の夜、静岡県立沼津中学校・沼津町立沼津商業学校・沼津町各尋常小学校の生徒・児童等約一千名、海戦戦捷奉祝の為め提灯行列を行ひ、正門前に整列、万歳を三唱せる状を正門にて御覧あらせらる。十三日に及び

東郷聯合艦隊司令長官に令旨を賜ふ

東郷聯合艦隊司令長官に令旨を賜ひ、其の功を嘉せらる。曰く、

仁川旅順ニ於ケル海戦ノ捷報ニ接シ我艦隊ノ機敏ニシテ勇敢ナル行動ヲ歎賞ス

と。十七日平八郎奉答文を進む。曰く、

聯合艦隊初度ノ戦捷ニ対シ優渥ナル令旨ヲ賜ハリ感激ニ堪ヘス尚今後益〻奮励以テ令旨ニ副ハン事ヲ期ス謹テ奉答ス

と。○常侍官日記・行啓録・日露戦役録・官報・明治三十七八年日露戦史

出征する近衛師団に東宮武官差遣

長谷川近衛師団長に御詞を賜ふ

十四日、近衛師団各部隊に動員令下り、第一軍麾下として満洲に嚮ひて出征の途に上らんとす。因りて是の日東宮武官田内三吉を近衛工兵大隊に、翌十五日より近衛師団各部隊に遣さる。十六日には近衛師団司令部に田内東宮武官を遣し、近衛師団長陸軍中将男爵長谷川好道に、

卿今将ニ遠征ノ途ニ上ラントス必スヤ其重任ヲ全フスルヲ信ス聞ク北清ノ地瘴癘ノ気多シ卿夫レ国家ノ為ニ自愛セヨ

と御詞を賜ひ、又酒肴を賜ふ。因に今次、近衛師団に告別の為め一時沼津より還啓の御意向ありしも、天皇、健康を宸慮し、是を聴し給はず。遂に御詞のみを賜ひしなり。○常侍官日記・行啓録・庶務課日記・日露戦役録

出征する黒木第一軍司令官の邸に東宮武官差遣

十六日、第一軍司令官陸軍大将男爵黒木為楨、近日出征するにより、東宮武官田内三吉を其の邸に遣し、酒肴を賜ふ。

出征する邦彦王・恒久王に物を賜ふ

又、参謀本部出仕陸軍歩兵大尉邦彦王は第一軍参謀として、陸軍騎兵少尉恒久王は近衛師団司令部附として、出征の途に上るを以て、酒肴並びに双眼鏡各〻壱個を賜ふ。尋いで恒久王は二十日午後零時三十分、邦彦王は同日午後五時十分沼津停車場を通過するにより、夫〻東宮侍従原恒太郎・同本多正復を遣し、物を賜ふ。

佐世保海軍病院に東宮武官差遣

是の日、東宮武官黒水公三郎を佐世保海軍病院に遣し、旅順海戦負傷者を慰問せしめ、御詞を賜ふ。曰く、

忠勇能ク戦ヒ傷痍ヲ被リテ意気平生ニ異ナラスト聞ク予ハ感歎ニ堪ヘス特ニ武官ヲ遣ハシ厚ク之ヲ慰藉ス望ムラクハ速ニ健康ノ旧ニ復シ再ヒ軍事ニ尽瘁センコトヲ余寒料峭千万自愛セヨ

と。妃も亦、

皇国の軍に従ひて勇しき戦を為し傷を被ふれりと聞く余寒未た厳しき折から一日も速く健康の

旧に復せむ事をいのる

と御詞を賜ひて御慰問あり。○常侍官日記・庶務課日記・行啓録・日露戦役録・進退録

十七日、新造の軍艦春日及び日進、伊太利国より廻航し、十六日横須賀軍港に到著せるを以て、是の日東宮侍従丸尾錦作を両艦に遣さる。○庶務課日記・行啓録・日露戦役録

三月

大本営附御拝命

六日、大本営附を命ぜらる。是の日天皇御使侍従武官長岡沢精、午後三時十九分沼津停車場著の汽車にて御用邸に参候、聖旨を伝ふ。即ち謁を賜ひて命を承けさせられ、後、精並びに東宮侍従長侯爵木戸孝正・東宮武官長村木雅美に晩餐の陪食を賜ふ。○常侍官日記・行啓録・日露戦役録・侍従職日録

愛国婦人会に金を賜ふ

七日、愛国婦人会に金弐千五百円を賜ふ。会長岩倉久子代理幹事男爵清浦奎吾仮東宮御所に参殿之を拝受す。蓋し同会は明治三十四年北清事変の後に創設せられし処、今や軍国の形勢に伴ひ、戦死者の遺族及び廃兵救護の事業に尽瘁せんとするに拠る。亦十六日には日本赤十字社篤志看護婦人

会に、負傷軍人救護幇助の事業拡張の資として金千円を賜ふ。○庶務課日記・日露戦役録

東京に還啓

九日、午前十時十分妃と倶に沼津御用邸御出門、沼津停車場より軍用列車に御搭乗、新橋停車場に御下車、午後五時十分仮東宮御所に還啓あらせらる。途次、沼津停車場にて陸軍少将古川宣誉・静岡県知事亀井英三郎等奉送し、新橋停車場にては威仁親王以下宮内大臣子爵田中光顕・宮内次官男爵花房義質・留守近衛師団長陸軍中将男爵乃木希典・参謀次長陸軍中将男爵児玉源太郎等奉迎す。還啓の後、東宮大夫斎藤桃太郎を宮城に遣し、海産物を進献あらせらる。○常侍官日記・行啓録・庶務課日記・侍従職日録

御参内

十日、午前十時参内、天皇に五種交魚壱折を進献、天皇牙彫鷹置物・金手釦壱組・御召地壱反を賜ふ。帰途、留守近衛師団司令部に臨み、師団長陸軍中将男爵乃木希典及び司令部員に謁を賜ひ、午後零時二十分還啓あらせらる。○常侍官日記・庶務課日記・侍従職日録・行啓録

是の日、午後威仁親王に対面あらせらる。○常侍官日記

葡国公使御引見

十一日、午後二時敬意を捧ぐる為め参殿せる葡萄牙国特命全権公使ゼー・ビー・ド・フレータス〈José Botalha de Freitas〉並びに妻を御引見、海軍大臣男爵山本権兵衛・海軍軍令部長子爵伊東祐亨に謁を賜ふ。○常侍官日記・庶務課日記・外事録・官報

是の日、枢密院議長侯爵伊藤博文、韓国皇室慰問の為め特派大使を命ぜられ、同国に赴くにより、

金千円を賜ふ。○庶務課日記・日露戦役録

参謀本部に行啓

十二日、午前九時三十分御出門参内の後、海軍省に臨み、午後零時二十分還啓あり。二時三十分再び御出門、参謀本部に行啓、四時還啓あらせらる。是の歳、参謀本部に臨ませらるること、猶ほ五月二日及び九月十一日の両度あり。○常侍官日記・庶務課日記・行啓録

大本営御前会議に御参列

十三日、午前九時御出門参内、始めて大本営御前会議に列席あらせられ、軍令部次長海軍中将伊集院五郎の旅順口海戦に関する情況の奏上を陪聴、十一時三十分還啓あらせらる。爾後、大本営附の御資格を以て会議に御参列、御精励の事屢次に及ばせらる。因に大本営は去る二月十一日宮中に設置せられ、同十三日其の第一回会議を開く。宮中東一の間を以て議場に充て、陸海軍幹部をして凡て之に会せしむ。○常侍官日記・庶務課日記・日露戦役録

葉山に皇后の御機嫌を候せらる

十四日、午前八時二十分御出門、新橋停車場にて汽車に御搭乗、十一時十三分逗子停車場に著かせられ、葉山御用邸に行啓、御滞在中なる皇后の御機嫌を奉伺あらせられ、象牙彫鶚置物・五種野菜等を進献あり。午後二時三十分御用邸御出門、往路を経て六時十分還啓あらせらる。○常侍官日記・庶務課日記・行啓録

是より先、十二日旅順方面の戦況に関し公報到り、我が駆逐隊、敵の駆逐隊に多大の損害を加へ

たるを報ず。仍りて是の日聯合艦隊司令長官海軍中将東郷平八郎に令旨を賜ふ。曰く、

第四回旅順攻撃に令旨を賜ふ

第四回旅順口攻撃ノ捷報ニ接シ聯合艦隊ノ奏効特ニ駆逐隊将卒ノ壮烈ナル行動ヲ欣尚ス

と。十七日平八郎奉答文を進む。曰く、

第四回旅順口攻撃ニ対シ御賞詞ヲ賜ハリ一同感激ニ堪ヘス尚ホ益〻奮励事ニ従ヒ以テ令旨ニ副ハムコトヲ期ス

と。○庶務課日記・日露戦役録・官報

巴華里国勲章御受納

十六日、午前十時三十分独逸国特命全権公使フォン・アルコ・ワルレーを御引見、独逸聯邦巴華里王国摂政親王より贈進せる神聖フベルト勲章を受けさせらる。更に午後零時三十分よりワルレー公使以下公使館一等書記官フォン・エルケルト〈Friedrich Carl von Erckert〉・独逸国海軍少佐トロンムレル〈Trummler〉・同陸軍少佐フォン・エッツェル〈Günther von Etzel〉・同書記訳官チール〈Thiel〉・巴華里王国陸軍砲兵中尉フォン・ステンゲル〈Freiherr von Stengel〉・独逸国外交官補伯爵ハッツフェルト・トラッシエンベルグ〈Graf Alexander von Hatzfeldt-Trachenberg〉・同ボーテン〈Poten〉・同伯爵メッテルニッヒ〈Graf Alfred Wolff-Metternich〉・同訳官見習メヒレンブルグ〈Karl Mechlenburg〉・同ドクトル・フォークト〈Karl Vogt〉並びに宮内大臣子爵田中光

顕・外務大臣男爵小村寿太郎・式部長男爵三宮義胤・東宮大夫斎藤桃太郎・東宮侍従長侯爵木戸孝正・東宮武官長村木雅美に午餐の陪食を賜ふ。○常侍官日記・庶務課日記・外事録・官報

午後二時三十分御出門、有栖川宮邸に行啓、三時四十五分還啓あらせらる。爾後、是の歳同宮邸に行啓のこと屡〻あり。○常侍官日記・行啓録

出征する貞愛親王に物を賜ふ

十八日、第二軍の編制成り、其の所属として近日出征せんとする第一師団長陸軍中将貞愛親王に洋酒及び三種交魚壱折を賜ひ、翌十九日又午餐を会食あらせられ、二十七日出発に当り東宮侍従本多正復を新橋停車場に遣さる。

出征する奥第二軍司令官等に物を賜ふ

是の日、暇乞の為め参殿せる前東宮武官長第二軍司令官陸軍大将男爵奥保鞏・前東宮御用掛第二軍参謀長陸軍少将落合豊三郎に謁を賜ひ、更に保鞏に軍刀料金参百円・酒及び三種交魚壱折を、豊三郎に双眼鏡料金百円及び三種交魚壱折を賜ふ。尋いで翌十九日出征の途に就かんとする第一師団騎兵聯隊及び輜重兵大隊に、又二十二日同師団砲兵聯隊に東宮武官田内三吉を遣し、実況を視察せしめらる。○常侍官日記・庶務課日記・日露戦役録

帝国議会開院式に御列席

二十日、午前十時御正装にて御出門、貴族院に行啓、臨時帝国議会開院式に列し給ひ、十一時四十五分還啓あらせらる。因に開院式に御列席のこと是を以て嚆矢と為す。○常侍官日記・庶務課日記・典式録

二十四日、東宮武官陸軍歩兵少佐伯爵清水谷実英の本職を免じ、歩兵第三十四聯隊附に転補し、歩兵第三十四聯隊附陸軍歩兵少佐尾藤知勝を東宮武官に転補す。後、実英に例の如く賜物あり。〇贈賜録・官報

清国皇族に御答礼

二十五日、清国皇族倫貝勒(4)、亜米利加合衆国セントルイスに於て開催せる万国博覧会に赴く途次来朝、去る二十一日東京に入りしが、是の日参殿す。仍りて答礼の為め午前十時四十五分御出門、其の寓所芝離宮に行啓、御対顔なくして直ちに還啓あらせらる。是より先二十四日、倫貝勒、冬青双耳磁瓶成件・茶青天球磁瓶成件・景泰藍花瓢成件・五色斑古銅罇成件を進献す。即ち二十六日倫貝勒に金蒔絵手匣壱個・天鵞絨壁掛壱巻を贈り給ふ。〇常侍官日記・庶務課日記・外事録・官報

二十九日、午前十時敬意を表する為め参殿せる新任韓国特命全権公使趙民熙(5)・同国陸軍参将李容翊他二名に謁を賜ふ。〇常侍官日記・庶務課日記・外事録・官報

三十日、邦彦王妃俔子分娩、第二女子誕生せるにより、東宮主事心得子爵錦小路在明を久邇宮邸に遣さる。五日信子と命名せるを以て、再び在明を同宮邸に遣し、三種交魚壱折を賜ひて祝賀あらせらる。〇庶務課日記・贈賜録

是より先、聯合艦隊司令長官海軍中将東郷平八郎より第二回旅順口閉塞を決行し、多大の効果を

収めたる戦報あり。仍りて是の日平八郎に令旨を賜ひ、嘉賞あらせらる。

旅順口閉塞により令旨を賜ふ

旅順口閉塞ノ再挙ニ方リ其将卒ノ倍マス勇敢ニシテ沈著ナル動作ヲ欣尚スと。○庶務課日記・日露戦役録

帝国軍人援護会に金を賜ふ

三十一日、帝国軍人援護会に金壱万円を賜ふ。副総裁伯爵井上馨参殿して之を拝受す。蓋し同会は今回の戦時に際し、有志者相謀り、其の資を広く一般の出捐に待ち、出征及び応召軍人をして後顧の憂なからしめんが為、其の家族又は遺族等の困厄を救恤するの目的を以て、新に設立せるものなるを以てなり。○庶務課日記・日露戦役録

四月

神武天皇祭御拝

三日、神武天皇御例祭により、午前九時十分御出門、皇霊殿に御拝あり、十時三十分還啓あらせらる。○常侍官日記・庶務課日記・典式録

四日、皇后葉山御用邸より還啓、午前十一時五十六分新橋停車場に著かせらるるを以て、妃と倶に同停車場に行啓、奉迎あらせらる。○常侍官日記・庶務課日記・官報

守正王仏国より帰朝

五日、曩に仏蘭西国に留学せる陸軍歩兵大尉守正王、昨四日帰朝し、是の日参殿せるを以て対顔

あらせらる。八日又王を召して午餐を御会食あり、東宮侍従長侯爵木戸孝正・東宮侍講三島毅・東宮武官尾藤知勝に陪食を賜ふ。〇常侍官日記・庶務課日記

聯合艦隊及び佐世保海軍病院に東宮武官差遣

十三日、東宮武官黒水公三郎を聯合艦隊及び佐世保海軍病院に遣し、収容せる負傷者を慰問せしめられ、依仁親王・菊麿王・博恭王に御菓子及び葡萄酒を、聯合艦隊司令長官海軍中将東郷平八郎に軍刀壱口を、前東宮御用掛海軍大佐島村速雄・前東宮武官海軍少佐山路一善(6)・同海軍少佐平賀徳太郎に各〻酒肴料金参拾五円を、海軍病院並びに艦隊に在る負傷者・准負傷者に御菓子料を賜ふ。十九日博恭王軍艦三笠より恩を謝する電報を奉る。平八郎よりも亦同じ。〇庶務課日記・日露戦役録・総務課進退録

十七日、午前十時五十分御出門、海軍軍令部に行啓、午後零時十五分還啓あらせらる。九月十四日にもこの事あり。〇常侍官日記・庶務課日記

葡国勲章御受納

十九日、午前十時三十分葡萄牙国特命全権公使ジオゼ・バタリア・デ・フレタスに謁を賜ひ、同国皇帝ドン・カルロス第一世〈Carlos Fernando Luís Maria Victor Miguel Rafael Gabriel Gonzaga Xavier Francisco de Assis José Simão〉贈進のオルドル・ギユ・クリスト及びオルドル・ド・サンペノア・ダウヒス二種合一勲章を受けさせらる。正午フレタス並びに妻及び宮内大臣子爵田中光顕・外務大臣男爵小村寿太郎・式部長男爵三宮義胤並びに其の妻及び東宮大夫斎藤桃太郎・東宮

侍従長侯爵木戸孝正・東宮武官長村木雅美に陪食を賜ふ。○常侍官日記・庶務課日記・外事録

二十四日、午後一時御出門、馬車にて堀端・砲兵工廠前・茗渓橋・小川町・錦町・神田橋・数寄屋橋を経て、浜離宮に臨み御休憩あり、帰途芝公園を過りて四時還啓あらせらる。五月八日又日比谷公園を経て浜離宮に行啓あり。猶ほこの後、馬車にて東京市中御逍遥のこと屢〻あらせらる。○常侍官日記・庶務課日記・行啓録

韓国報聘特派大使に謁を賜ふ

二十七日、韓国報聘特派大使法部大臣陸軍副将李址鎔、随員礼式院副長閔泳璘以下七人を随へて去る二十二日来朝、上野精養軒に館せしが、是の日、本邦駐劄同国特命全権公使趙民熙と共に参殿せるを以て、乃ち妃と倶に午前十一時謁見所に於て謁を賜ふ。是より先、二十五日李址鎔は韓国皇帝李太王熙の贈進にかかる純金彫花巻莨匣・食卓繡縹〈ママ〉花鋪を捧呈せり。蓋し李址鎔の特派は、曩に天皇、侯爵伊藤博文を派せられたるに対し、韓国皇帝親書を奉り、以て謝礼を表し、友誼の益〻敦きを望ませられたるに出づるなり。○常侍官日記・庶務課日記・外事録

五月

一日、九連城占領の捷報到る。曩に朝鮮半島に上陸せる第一軍の諸隊即ち近衛・第二・第十二各

師団は著〻予定の行動を進め、定州を占領し、更に長駆義州に達し、四月下旬鴨緑江口に主力の集結を完了せしが、是の日遂に敵前強行渡河を決行、九連城及び其の附近を占領し、敵軍を玆に掃蕩せるなり。是に於て東宮侍従本多正復を宮城に遣され、天皇・皇后に慶賀を奏啓あらせらる。猶ほ二日には第一軍司令官陸軍大将男爵黒木為楨に、

九連城占領に令旨を賜ふ

画策周到実施適切大ニ敵ヲ撃破セシ我軍ノ勇敢ナル行動ヲ欣尚ス

なる令旨を賜ひて偉功を嘉賞あらせらる。尋いで七日為楨は、

鴨緑江ノ戦捷ニ関シ優渥ナル令旨ヲ賜フ臣等恐懼感激ノ至ニ堪ヘス謹テ奉答ス

と奉答せり。○常侍官日記・庶務課日記・日露戦役録・官報

出征する乃木第三軍司令官に午餐の陪食を賜ふ

十一日、陸軍中将男爵乃木希典第三軍司令官となり近日出征するを以て、是の日午餐の陪食を賜ひ、東宮大夫斎藤桃太郎・東宮武官長村木雅美・東宮武官黒水公三郎・東宮侍講三田守真を陪せしむ。尋いで二十五日希典、第三軍参謀長伊地知幸介を伴ひ参殿せるにより、謁を賜ひ、清酒壱樽及び三種交魚壱折を下賜せらる。○常侍官日記・庶務課日記・日露戦役録

十二日、東宮武官田内三吉を陸軍糧秣廠及び被服廠に遣し、業務の実況を視察せしめらる。○庶務課日記

高輪御殿に行啓

十五日、午後二時御出門、高輪御殿に行啓、御妹昌子・房子両内親王に御対面、物を賜ふこと例の如く、四時二十五分還啓あらせらる。六月十九日亦同様のことあり。○常侍官日記・庶務課日記・行啓録

二十二日、午後一時三十分御出門、新宿御料地に行啓、三時五十分還啓あらせらる。○常侍官日記・庶務課日記・行啓録

二十三日、午後二時三十分より海軍少佐本田親民の旅順港口閉塞の実況に関する講話を聴かせらる。○常侍官日記・庶務課日記

二十六日、午前十時三十分敬意を表する為め参殿せる墨西哥国特命全権公使カールロス・アメーリコ・レーラ〈Carlos Américo Lera〉を引見あらせらる。午後二時三十分妃と倶に、露西亜国より帰朝せる特命全権公使栗野慎一郎及び妻ひて〈ママ〉に亦謁を賜ふ。○常侍官日記・庶務課日記・外事録

南山陥落により令旨を賜ふ

二十九日、是より先、五日第三艦隊掩護の下に遼東半島に上陸せる第二軍諸隊は翌日普蘭店を占拠して敵の旅順連絡を断ち、尋いで十一日には我が第一軍との連絡を了し、二十六日南山の堅塁並びに金州城に猛撃を加へて之を陥入れ、茲に半島の咽喉を全く制握するを得たり。仍りて第二軍司令官陸軍大将男爵奥保鞏に令旨を賜ひて偉勲を嘉せらる。曰く、

非常ノ決心ト精力トヲ以テ防備堅固ナル敵ノ陣地ヲ攻陥シ尚ホ進ミテ金州半島ノ要地ヲ略取シ

タル我第二軍ノ勇敢ナル行動ヲ歎尚ス
と。猶ほ保鞏は三十日、
軍ノ金州附近ニ於ケル戦捷ニ対シ優渥ナル令旨ヲ賜ヒ臣等感謝ノ至リニ堪ヘス益〻奮励シテ最
終ノ成効ヲ期セントス
と奉答せり。○庶務課日記・日露戦役録・官報・明治三十七八年日露戦史

六月

第二軍に東宮武官差遣

一日、大本営・陸軍省・参謀本部・海軍省・海軍軍令部・海軍艦政本部・臨時海軍建築部諸員に慰労の酒肴を賜ふ。是の日出征軍の労を犒はしむる為、東宮武官尾藤知勝を第二軍に遣し、第一師団長陸軍中将貞愛親王を始め第二軍司令官陸軍大将男爵奥保鞏・第三師団長陸軍中将男爵大島義昌・第四師団長陸軍中将男爵小川又次・第二軍参謀長陸軍少将落合豊三郎・陸軍騎兵中佐男爵名和長憲等に洋酒を、又負傷せる佐尉官以下下士卒に至るまで御菓子料を賜ふ。

第一軍に東宮武官差遣

尋いで翌二日東宮武官田内三吉を第一軍及び広島・小倉両予備病院等に遣し、陸軍歩兵大尉邦彦王・陸軍騎兵少尉恒久王を始め第一軍司令官陸軍大将男爵黒木為楨・近衛師団長陸軍中将男爵長谷川好道・第二師団長陸軍

中将男爵西寛二郎・第十二師団長陸軍中将井上光に洋酒を、又負傷せる佐尉官以下下士卒に御菓子料を賜ふこと第二軍に同じ。猶ほ海軍中佐依仁親王・海軍少佐博恭王を始め聯合艦隊司令長官海軍中将東郷平八郎・第二艦隊司令長官海軍中将上村彦之丞・第三艦隊司令長官海軍中将片岡七郎にも亦洋酒を賜へり。○庶務課日記・日露戦役録・総務課進退録

戦利品台覧

四日、第一軍の戦利品を台覧あらせらる。乃ち参内の途次、主馬寮分厩に於ては馬匹を、又還啓後には三吋速射砲・弾薬車・機関砲・機関砲弾薬車・スープ車・患者輸送車・担架・破壊弾薬車・歩兵銃・乗馬歩兵銃・将校軍刀・コサック騎兵用刀・コーカサス人短剣・拳銃・水筒・弾薬帯・氷上蹄鉄・絨靴・背嚢・携帯天幕等凡て二十種を覧給へり。○常侍官日記・庶務課日記

六日、海軍大臣海軍中将男爵山本権兵衛は海軍大将に、参謀次長陸軍中将男爵児玉源太郎は陸軍大将に任ぜられたるを以て、各〻恩を謝し奉る為め参殿す。乃ち謁を賜ふ。○常侍官日記・庶務課日記・官報

七日、歩兵第三十七聯隊曩に汽船鹿児島丸にて戦地に向ひ豊島沖航行の際、檣頭にて捕獲せる鷹五羽を進献せるを以て、是の日之を受納あらせらる。○庶務課日記

十一日、御妹聰子内親王病により、東宮侍従丸尾錦作を麻布御用邸に遣し慰問あらせらる。○常侍官日記・御直宮御養育掛日記・庶務課日記・贈賜録

戦地より帰京せる菊麿王に御対面

十二日、菊麿王戦地より帰京し、午後一時四十三分新橋停車場に著するを以て、東宮武官黒水公三郎を遣さる。翌十三日王参殿せるにより対顔あらせられ、更に二十日午餐御会食あり、東宮大夫斎藤桃太郎・東宮侍従長侯爵木戸孝正・東宮主事心得子爵錦小路在明に陪食を賜ふ。(7)○常侍官日記・庶務課日記・日露戦役録

出征する守正王を晩餐に召す

二十二日、陸軍歩兵大尉守正王の出征に先だち、晩餐に召させられ、東宮大夫斎藤桃太郎・東宮武官長村木雅美・侍講三島毅に陪食を賜ふ。翌二十三日午前九時三十分、王、新橋停車場を発し戦地に赴くに当り、御使東宮侍従子爵有馬純文を遣さる。○常侍官日記・日露戦役録・庶務課日記

近衛師団御視察

二十七日、午後一時三十分御出門、近衛師団司令部及び近衛歩兵第一・第二聯隊に行啓御視察あり、四時十五分還啓あらせらる。又三十日には近衛歩兵第三・第四聯隊に行啓あらせられたり。○常侍官日記・庶務課日記・行啓録

二十九日、威仁親王昨二十八日海軍大将に任ぜられたるにより、三種交魚壱折を賜ひ、貞愛親王亦同日陸軍大将に任ぜられたるを以て、鮮魚料を賜ひ、祝賀あらせらる。○庶務課日記・贈賜録・官報

大正天皇実録　巻三十

明治三十七年　宝算二十六歳

七月

二日、午前九時三十分御出門、有栖川宮邸に臨ませられたる後参内、午後零時二十分還啓あらせらる。○常侍官日記・庶務課日記・行啓録

出征する大山満洲軍総司令官等に午餐の陪食下賜

是の日、満洲軍総司令部の編制既に成り、満洲軍総司令官元帥陸軍大将侯爵大山巌・同総参謀長陸軍大将男爵児玉源太郎近日戦地に赴くを以て、午後零時四十分午餐の陪食を賜ひ、東宮御用掛陸軍少将福島安正・陸軍少将井口省吾・東宮大夫斎藤桃太郎・東宮武官長村木雅美等をも亦陪せしめらる。猶ほ巌に金側時計壱個を、源太郎に馬具料金弐百円を下賜せらる。六日午前十一時巌等出発

するに当り、東宮武官尾藤知勝を新橋停車場に遣さる。是より先、安正も亦出征するを以て、請暇の為め五日参殿す。乃ち謁を賜ひ、軍刀料金弐百円を賜へり。○常侍官日記・庶務課日記・日露戦役録

有栖川宮別邸に行啓

三日、午前十時御出門、巣鴨に在る有栖川宮別邸に行啓、威仁親王と共に鷺猟を行はせられ、御昼餐の後、親王を随へ、午後二時三十分還啓あらせらる。○常侍官日記・庶務課日記・行啓録

出征する野津第四軍司令官に物を賜ふ

是の日、第四軍司令官陸軍大将伯爵野津道貫に、近く出征するを以て清酒壱樽・三種交魚壱折を賜ふ。○庶務課日記・日露戦役録

近衛騎兵聯隊に行啓

四日、午後一時三十分近衛騎兵聯隊に行啓、近衛騎兵聯隊補充中隊及び近衛補充馬廠を御巡視あり、三時四十五分還啓あらせらる。○常侍官日記・庶務課日記

十日、陸軍中央幼年学校予科生徒卒業式を挙行するにより、東宮武官尾藤知勝を遣し優等生三名に銀側時計壱個宛を賜ひ、又卒業せる成久王・鳩彦王・稔彦王に御万那料各五千疋宛を賜ふ。翌十一日三王参殿して恩を謝する処あり、乃ち対顔あらせらる。○庶務課日記・贈賜録・官報

麻布御用邸に行啓

十三日、午後三時三十分御出門、麻布御用邸に行啓、御妹允子・聰子両内親王に御対顔、果物壱籠を賜ひ、四時五十五分還啓あらせらる。○常侍官日記・行啓録・庶務課日記・御直宮御養育掛日記

横須賀軍港に行啓

十六日、横須賀軍港に行啓の為、午前六時五十分御出門、新橋停車場にて汽車に御搭乗、九時四

十三分横須賀停車場に著かせられ、横須賀鎮守府司令長官海軍大将男爵井上良馨・同参謀長海軍少将小倉鋲一郎・東京湾要塞司令官陸軍少将鮫島重雄等の奉迎を受けさせられ、停車場構内より逸見波止場を経て軍艦音羽に臨ませらる。艦長以下諸員に謁を賜ひし後、艤装状況を御覧あり、尋いで官庁前波止場に御上陸、徒歩にて横須賀鎮守府に行啓、諸員に謁を賜ふ。午後一時三十分御出門、再び徒歩にて下士卒家族共励会及び下士卒集会所に臨み、更に海兵団にて又諸員に謁を賜ひ、水兵の操練を御覧あり。二時五十五分横須賀停車場を発し、逗子停車場に御下車、三時四十分葉山御用邸に入らせらる。爾後、御滞留三日、専ら御休養あり、御運動として纔かに御用邸近傍に散策を試みさせられたるのみ。十七日には参邸せる成久王・輝久王に御対面あり。十九日午前七時二十分御用邸御出門、逗子停車場より汽車に御搭乗、十時十分仮東宮御所に還啓あらせらる。正午威仁親王と午餐御会食、東宮侍従長侯爵木戸孝正以下諸員に陪食を賜ふ。○常侍官日記・庶務課日記・行啓録・皇親録・官報

葉山御用邸に御逗留

二十日、横須賀鎮守府司令長官海軍大将男爵井上良馨、露西亜国より捕獲せる機械水雷四個を献ず。○庶務課日記

二十二日、是より先、第一師団長陸軍中将貞愛親王陸軍大将に任じ大本営附に補せられしを以て戦地より帰京し、是の日午後一時四十四分新橋停車場に到著するにより、東宮侍従長侯爵木戸孝正

戦地より帰京せる貞愛親王を晩餐に召す

を遣さる。尋いで二十五日親王を召して晩餐を御会食あり、宮内大臣子爵田中光顕・侯爵中山孝麿・東宮大夫斎藤桃太郎・東宮武官長村木雅美に陪食を賜ふ。○常侍官日記・庶務課日記・日露戦役録・皇親録

大石橋占領により令旨を賜ふ

二十九日、既に南山を陥落せしめたる第二軍は、更に北向して敵を追ひ、得利寺・蓋平等の激戦を経て大石橋に逼りしが、去る二十六日其の附近に於ける優勢なる敵を攻撃して遂に防備堅固なる陣地を陥れ、併せて海運の要地営口を占領せるの捷報到る。是の日乃ち令旨を賜ひて其の功を賞せらる。文に曰く、

　大石橋附近ノ大会戦ニ於テ第二軍将卒ノ能ク万難ヲ排シ偉功ヲ奏シタルヲ欣尚ス

と。八月十二日軍司令官陸軍大将男爵奥保鞏奉答す。曰く、

　大石橋附近ノ戦勝ニ関シ優渥ナル令旨ヲ給ハリ臣等感激ノ至リニ堪ヘス益〻奮励シテ最終ノ戦勝ヲ収メ以テ令旨ニ副ヒ奉ランコトヲ期ス

と。○日露戦役録・官報・明治三十七八年日露戦史

八月

塩原に行啓御滞留

一日、御避暑の為め塩原に行啓あらせらるるを以て、午前八時御出門、上野停車場にて奉送せる

宮内大臣子爵田中光顕以下諸員に謁を賜ひ、汽車に御搭乗、午後一時二十分西那須野停車場に著かせられ、人力車に御移乗、途次、関谷尋常小学校にて御休憩あり、四時十五分子爵三島弥太郎の別邸に入らせらる。栃木県知事白仁武以下諸員に謁を賜ふこと例の如し。爾後、御逗留三十九日に及ぶ。

塩原行啓に至る経緯

抑〻今次の行啓に当りては、始め是の夏正に兵戎の交にあり、専ら将卒遠征の労苦を思召し、且つは親ら大本営附の職務を帯びさせらるるを以て、御保健の事を顧慮し給ふことなく、避著転地の御意向毫もあらせられず。茲に於て東宮大夫斎藤桃太郎、田中宮内大臣・侍医局長岡玄卿と協り、盛夏中御転地ありて、御健康の増進を図り更に軍務に精励あらせらるることの必要を上申すること数次、漸く其の請を容れ給ひしなり。従ひて御淹留中と雖も通常とは異り、御日課表による御学習は之を行はせられず、日々一時間乃至二時間宛御復習あるのみ。只管戦局に意を用ひさせられ、大本営よりの戦報を御熟覧あり、屢〻陸海軍に令旨を賜ひ、更に武官を戦地に遣されたり。

御動静

御運動は略〻例年の如く午前・午後の二回宛御用邸近傍を散策あらせらるるも、九月二日の西那須行啓を除きては御遠行或は御慰等のことなし。八月十七日の如き、箒根村有志川狩を催し御覧に供せんとするや、偶〻前々日戦場にある博恭王負傷のこと等を御懸念あり、遂に之を中止せしめらる。以て御志向の一端を覗ひ奉るに足るべし。又二十四日には侍従長侯爵徳大寺実則を経て時局に軫念あらせらるる天皇に御書を捧呈、天機を候せらる。(1)

天皇に御書捧呈

猶ほ御滞留中、伯爵松方正義の外主なる賜謁者を見ず。この行、供奉を命ぜられたる者は、東宮大夫斎藤桃太郎・東宮武官長村木雅美以下例年の如し。○常侍官日記・庶務課日記・行啓録・日露戦役録

析木城占拠により令旨を賜ふ

五日、曩に大孤山附近に上陸後、岫巌を奪ひ、分水嶺の嶮を突破したる第四軍は、七月三十日を以て析木城附近を固守せる敵に当り、之を海城の方向に撃退し、以て同城を占領せり。乃ち是の日同軍に令旨を賜ふ。曰く、

頑強ニ抵抗セル析木城附近ノ敵ヲ撃破シタル第四軍将卒ノ勇敢ナル行動ヲ嘆尚ス

と。六日軍司令官陸軍大将伯爵野津道貫奉答す。曰く、

析木城附近ノ戦闘ニ関シ優渥ナル令旨ヲ賜ハリ感激ノ至リニ堪ヘス将卒一同ニ代リ謹テ奉答ス

と。又第一軍は既に鴨緑江に於て其の第一目標を確保せる後、鳳凰城・寛甸県等を順次に撃破して第二軍との連絡をとり、更に岫巌の占領に第四軍と協力し、再度に亘る摩天嶺の戦闘を経て、七月三十日より楡樹林子及び様子嶺一帯の嶮に優勢なる敵軍と対戦し、是の月一日之を全く撃攘して、茲に遼陽攻撃の右翼軍として位置するに至れり。是に於て同軍に亦

黒木軍司令官に令旨を賜ふ

頑強ニ抵抗セル楡樹林子及様子嶺一帯ノ敵ヲ撃破シタル第一軍将卒ノ勇敢ナル行動ヲ嘆尚ス

との令旨を賜へり。六日軍司令官陸軍大将男爵黒木為楨の奉答文到る。即ち

楡樹林子及様子嶺附近ノ戦闘ニ関シ優渥ナル令旨ヲ垂レサセ賜フ臣等恐懼感激ノ至リニ堪ヘス

誓テ他日ノ報効ヲ期セントス謹テ奉答ス

と。○日露戦役録・官報・明治三十七八年日露戦史

八日、軍事参議官陸軍大将正三位勲一等功二級男爵山口素臣薨ぜるにより、東宮武官田内三吉を其の邸に遣し、香料金弐拾五円を賜ひ、弔はしめらる。○庶務課日記・行啓録・贈賜録

満洲軍に東宮武官差遣

九日、東宮武官田内三吉を満洲軍総司令部及び第二・第三・第四軍に遣し、労を犒はせらる。九月四日第二軍司令官陸軍大将男爵奥保鞏恩を謝するの電報を奉る。○庶務課日記・日露戦役録

中山慶子の別邸に行啓

十一日、午前九時御旅館子爵三島弥太郎別邸御出門、中山慶子の別邸を過り伯爵真田幸正別邸に行啓、昼餐を摂らせられ、帰途箒川畑下附近にて釣魚の御慰あり、午後五時三十分御旅館に還啓あらせらる。中山慶子別邸には十四日及び九月二日亦御立寄のことあり。○常侍官日記・行啓録

聯合艦隊等に東宮武官差遣

十三日、東宮武官黒水公三郎を聯合艦隊及び佐世保海軍病院・竹敷要港部・竹敷要塞に遣し、労を犒はせらる。二十九日第二艦隊司令長官海軍中将上村彦之丞恩を謝するの電報を奉る。

是より先、第三軍の旅順要塞包囲作戦進捗し、総攻撃の期漸く逼るや、聯合艦隊は敵艦隊の旅順口脱出を監視し、益〻封鎖を厳にせり。是の月十日に及び、敵の主力艦隊遂に出港南下するや、黄海洋中に邀撃して大いに之を破り、旅順口に在る敵艦隊の浦塩斯徳に逃れんとする企図を茲に全く挫折せしむるを得たり。乃ち是の日其の功を賞して令旨を賜ふ。曰く、

旅順艦隊撃破により令旨を賜ふ

聯合艦隊ハ脱出ヲ図リタル敵ノ艦隊ヲ大ニ撃破シ遂ニ之ヲ潰走セシメタルノ報ニ接シ将卒ノ忠勇ヲ欣尚ス

と。十五日聯合艦隊司令長官海軍大将東郷平八郎の奉答文到る。曰く、

旅順ノ敵艦隊ニ対スル戦捷ニ付茲ニ又優渥ナル令旨ヲ賜ハリ感激ニ堪ヘス益〻奮励有終ノ戦果ヲ収メンコトヲ期ス右謹テ奉答ス

と。又我が第二艦隊は敵の旅順艦隊逸脱に呼応して行動を起せる浦塩艦隊に備へて、専ら之が探索行動に従ひしが、十四日未明対馬海峡に於て之を発見し、交戦数時〈ママ〉、敵艦隊に多大の損害を与へ、其の一艦を撃沈せり。依りて十六日其の功を賞し令旨を賜ふ。曰く、

浦塩艦隊撃破により令旨を賜ふ

堅忍不撓遂ニ浦塩艦隊ヲ撃破シ其一艦ヲ沈メタル第二艦隊将卒ノ忠勇ヲ欣尚ス

と。十七日第二艦隊司令長官海軍中将上村彦之丞の奉答文到る。曰く、

大元帥陛下ノ御稜威ニ依リ浦塩艦隊ヲ撃破シタル戦捷ニ対シ特ニ優渥ナル令旨ヲ賜ハリ感激ニ堪ヘス今後更ニ奮励以テ令旨ニ副ヒ奉ランコトヲ期ス謹テ奉答ス

と。○庶務課日記・日露戦役録・官報・明治三十七八年日露戦史

伯爵川村純義の薨去を御弔問

十四日、枢密顧問官海軍大将従一位勲一等伯爵川村純義病にて去る十二日薨去せるにより、是の日東宮主事心得子爵錦小路在明を其の邸に遣し、祭粢料金参千円を賜ひ、遺族にも亦物を賜ふ。十五日送葬に当り、東宮侍従丸尾錦作を斎場に遣し、玉串を供へしめらる。純義、明治三十四年以降勅命を奉じ、裕仁・雍仁両親王御養育に奉仕し麻布の邸内に御座所を設け、純忠至誠以て大任を尽す。蓋し此の恩恵ある所以なり。○庶務課日記・行啓録・贈賜録・官報

博恭王の戦傷を御慰問

十五日、博恭王、去る十日旅順港外海戦に於て指揮中砲弾爆破の為め負傷せるを以て、電報にて慰問あらせらる。其の文に曰く、

御負傷ノ趣承リ痛心致居タルニ御軽傷ノ由御仕合ニ存ス折角御加養速ニ御平癒アラン事ヲ祈ル

と。博恭王乃ち電報を以て恩を謝す。曰く、

負傷ノ趣東宮殿下上聞ニ達シ御親電ヲ賜リ恐懼ノ至リニ堪ヘス謹テ御礼申上度御上申ヲ乞フ

と。既にして二十二日負傷漸く癒えて帰京するにより、東宮侍従子爵大迫貞武を新橋停車場に遣さ

れ、尋いで三種交魚壱折を賜ふ。九月十日に至り博恭王始めて参殿、対顔あらせらる。〇常侍官日記・行啓録・庶務課日記・日露戦役録・皇親録

載仁親王出征するにより東宮武官差遣

十七日、新に第二軍に編入せられたる騎兵第二旅団長陸軍少将載仁親王出征するを以て、東宮侍従丸尾錦作を新橋停車場に遣さる。〇庶務課日記

妃内著帯

二十日、是より先、九日宮中顧問官拝診御用男爵橋本綱常以下侍医等妃の妊娠を診断し奉る。乃ち是の日仮東宮御所に於て内著帯を行はせられ、公爵鷹司熙通御帯を献ず。但し皇太子塩原行啓中により其の儀を略せらる。〇行啓録・光宮御誕生録

旅順第一回総攻撃に令旨を賜ふ

二十八日、南山陥落の後第三軍の旅順要塞攻略の準備作業は著々進行し、予備戦に於て大孤山・小孤山・碾盤溝南方及び小東溝東北高地の攻略を了り、更に敵軍の我が降伏勧告を拒絶せるに及び、茲に戦機漸く熟し、軍は去る十九日払暁より第一回総攻撃を開始し、炎熱を冒して堅塁に果敢なる強襲を試むること数次、盤竜山東西に砲台を占領するを得たり。是の日乃ち令旨を賜ひ、其の功を賞せらる。文に曰く、

連日連夜敵ノ堅塁ヲ攻撃シ不屈不撓遂ニ其一部ヲ奪取シタル第三軍将卒ノ極テ勇敢ナル動作ヲ嘆尚ス

と。軍司令官陸軍大将男爵乃木希典の奉答文に曰く、

旅順要塞本攻撃ノ緒戦ニ於テ僅カニ敵塁一部ノ奪取ニ対シ特ニ優渥ナル令旨ヲ賜ヒ恐懼ニ堪ヘス希典等益〻奮励誓テ軍ノ任務ヲ達成センコトヲ期ス謹テ奉答ス

と。○庶務課日記・日露戦役録・官報・明治三十七八年日露戦史

九月

遼陽攻撃本戦に臨む満洲軍に令旨を賜ふ

三日、曩に遼陽攻略を目標に前進せる第一・第二・第四各軍は八月中敵を目的地に圧して略〻其の準備戦を了し、第一軍は右翼軍、第二軍は中央軍、第四軍は左翼軍として夫〻位置し、満洲軍総司令官元帥陸軍大将侯爵大山巌統率の下に相連繫して、将に遼陽攻撃本戦に臨まんとす。是の日乃ち令旨を巌に賜ひて曰く、

日夜劇戦克ク頑強ナル敵ヲ撃退シ遂ニ之レヲ遼陽ニ圧迫シタル諸軍将卒ノ猛烈果敢ナル行動ヲ嘆尚ス

と。激励し給へば四日巌は奉答文を進め

各方面ニ於ケル頑強ナル敵ヲ撃退シ之ヲ遼陽附近ニ圧迫シ得タルニ対シ優渥ナル令旨ヲ賜ハリ

感激ノ至リニ堪ヘス益〻勇奮一挙全勝ヲ得ンコトヲ期ス謹テ奉答ス

と。決意を披瀝して之に酬い奉れり。〇庶務課日記・日露戦役録・官報・明治三十七八年日露戦史

松方正義の別邸に行啓

四日、午前九時御旅館御出門、西那須野千本松伯爵松方正義別邸に行啓、正義に白縮緬壱疋及び鮮魚料金五拾円を賜ひ、御昼餐の後、午後五時還啓あらせらる。〇常侍官日記・行啓録

遼陽の戦

是の日、我が軍遼陽占拠の報到る。抑〻遼陽の地たるや、露西亜国が南部満洲に於ける軍事的中心として堅固なる要塞を築き、開戦以来漸次南方より退却せる兵力に更に増援軍を加へて陣容を一新し、総指揮官クロパトキン〈Aleksei Nikolaevich Kuropatkin〉統帥の下に我が軍を邀へて、雌雄を決せんと企てし処なり。我が満洲軍は八月下旬来、該地附近の敵軍に対して行動を開始し、奮闘を重ぬること数昼夜、首山堡を筆頭とせる諸堅塁を抜き、四日朝遂に遼陽城及び附近一帯を領有せり。

遼陽占拠を賀せらる

戦捷の報を聞かせらるるや、直に東宮侍従本多正復を帰京せしめ、宮城に遣して、天皇・皇后に祝辞を奏啓せしめられ、参謀総長侯爵山県有朋に祝賀の電報を発せらる。夜に入りて塩原村民提灯行列をなして祝意を表し奉り、御旅館門前に於て万歳を三唱せり。

遼陽占拠に令旨を賜ふ

後、七日満洲軍総司令官元帥陸軍大将侯爵大山巌に令旨を賜ふ。其の文に曰く、

激戦数昼夜ニ亘リ刻苦克ク万難ヲ排シ堅固ナル防禦陣地ヲ拠守セル敵ノ大軍ヲ撃攘シ遂ニ遼陽ヲ占領シタル我将卒ノ忠勇果敢ナル行動ヲ嘆尚ス

と。八日巌奉答して曰く、

天皇陛下ノ御稜威ニ依リ堅固ノ防禦陣地ニ拠ル遼陽附近ノ敵軍ヲ撃破シ得タル我軍ノ勝戦ニ対シ優渥ナル令旨ヲ賜ハリ巌等恐懼ノ至リニ堪ヘス爾後益〻奮励シ終局ノ好果ヲ収メンコトヲ期ス謹テ奉答ス

と。○常侍官日記・行啓録・席務課日記・日露戦役録・官報・明治三十七八年日露戦史

東京に還啓

八日、午前七時四十分子爵三島弥太郎別邸御出門、途中、関谷尋常小学校に御休憩、十時五分西那須野停車場発臨時汽車に御搭乗、上野停車場にて御下車あり、奉迎せる貞愛親王・威仁親王並びに菊麿王に御対面の後、直に参内、天機並びに御機嫌を候はせられ(2)、四時十分仮東宮御所に還啓あらせらる。○常侍官日記・行啓録・庶務課日記・侍従職日録・皇后宮職日記・官報

是の日、妃御調製の木綿巻軸繃帯壱千巻を陸軍負傷者に賜ひ、十日海軍負傷者にも亦之を賜ふ。○庶務課日記・日露戦役録

橘陸軍歩兵少佐の戦死を憫み給ふ

二十一日、元東宮武官陸軍歩兵少佐橘周太遼陽の戦闘に於て戦死せるにより、供物料金七拾五円

を賜ひ、弔はしめらる。又学習院御通学当時同院学生監副監たりし陸軍歩兵少佐中村光議旅順に於て戦死し、二十五日送葬により、二十四日供物料金百円を賜ふ。猶ほ是の歳、元御学友陸軍歩兵中尉松平恒吉・同陸軍騎兵少尉長岡護全の戦死に際し、亦供物料金五拾円を賜へり。○庶務課日記・日露戦役録

東京予備病院に行啓

二十二日、午前八時四十分御出門、東京予備病院に行啓、各病室を御巡覧、傷病兵に御菓子を賜ひ、十時二十分還啓あらせらる。尋いで二十四日には同病院戸山分院に、二十六日には氷川分院に、二十八日渋谷分院に行啓あり。○常侍官日記・庶務課日記・日露戦役録・官報

秋季皇霊祭御拝

二十四日、秋季皇霊祭により、午前十時御出門、皇霊殿・神殿に御拝あり、十一時四十分還啓あらせらる。○常侍官日記・庶務課日記・典式録

高輪御殿に行啓

二十五日、午後二時御出門、高輪御殿に行啓、御妹昌子・房子両内親王に御対面、鯉参口・御菓子壱折を賜ひ、四時四十分還啓あらせらる。○常侍官日記・庶務課日記・行啓録

長谷川韓国駐剳軍司令官等に謁を賜ふ

是の日、近衛師団長より韓国駐剳軍司令官に転補せる陸軍大将男爵長谷川好道及び韓国駐剳軍参謀長陸軍少将落合豊三郎戦地より帰還したるを以て、謁を賜ふ。尋いで十月四日再び両人に謁を賜ひ、好道に軍刀壱振及び三種交魚壱折・清酒壱樽を、豊三郎にブランデー弐打を賜ふ。蓋し近日赴任するを以てなり。猶ほ茲に東京還啓後、九月中の主なる賜謁者を掲ぐれば、伯爵松方正義・逓信

大臣大浦兼武・伯爵土方久元・海軍大臣男爵山本権兵衛等あり。〇常侍官日記・庶務課日記・日露戦役録

独逸国皇族に御答礼

二十六日、独逸国皇族カール・アントン・フォン・ホーヘンツォルレルン〈Karl Anton von Hohenzollern-Sigmaringen〉親王観戦の為め二十五日来航、是の日仮東宮御所に参殿、敬意を表す。乃ち午後三時十分御出門、芝離宮に行啓、御答礼あり、四時十五分還啓あらせらる。凡て御対面なし。後、十月十三日親王と御写真御交換のことあり。〇常侍官日記・庶務課日記・外事録

十月

二日、午前十時御妹允子・房子両内親王に謁を賜ふ。〇常侍官日記・庶務課日記

太子河附近の戦捷に令旨を賜ふ

十五日、遼陽に於て敗戦せる露西亜軍は其の全力を挙げて攻勢に転ぜんとし、渾河を渉りて漸次南下す。是に於て、我が軍は沙河の南方烟台より太子河・本渓湖一帯の線に之を邀撃し、以て其の機先を制せり。乃ち是の日満洲軍総司令官元帥陸軍大将侯爵大山巌に令旨を賜ふ。其の文に曰く、

戦機ノ挽回ヲ期シ大挙南下セル敵ト会戦克ク之ヲ撃破セシ全軍将卒ノ勇敢ナル行動ヲ嘆尚スと。是に於て巌は

新来ノ増援兵ヲ得テ攻勢ニ転シ来リシ敵ノ全軍ヲ撃破シ之ニ多大ノ損害ヲ加ヘ彼ノ企図ヲ全然

挫折シ得タルハ一ニ天皇陛下ノ御稜威ニ依ル然ルニ本日優渥ナル令旨ヲ賜フ巌等恐懼ノ至リニ堪ヘス爾後益〻奮励シ以テ大目的ヲ達セン事ヲ期ス右謹テ奉答ス

と十七日奉答せり。〇庶務課日記・日露戦役録・官報・明治三十七八年日露戦史

学習院に行啓

十六日、午後二時三十分御出門、学習院に行啓、学生運動会に臨み、五時十分還啓あらせらる。猶ほ奨励の為め金百円を賜ふこと例年の如し。〇常侍官日記・庶務課日記・行啓録

神嘗祭御拝

十七日、神嘗祭により、午前九時十分御出門、賢所に御拝あり、十時三十五分還啓あらせらる。〇常侍官日記・庶務課日記・典式録

十八日、午前十一時転任不日帰国すべき伊太利国特命全権公使メレガリー〈Jules Melegari〉を御引見、御写真を賜ふ。猶ほ十一月十一日には其の後任特命全権公使伯爵ウィンチー〈Comte Guilio Cesare Vinci〉に謁を賜ふ。〇常侍官日記・庶務課日記・外事録・官報

西国皇姉の薨去により宮中喪

十九日、西班牙国皇姉ブランセッス・タスチュリー〈Princesa de Asturias〉(3)薨ぜるを以て、是の日より八日間宮中喪により喪を服せらる。〇庶務課日記・外事録

二十一日、新に枢密顧問官に任ぜられたる海軍大将伯爵樺山資紀に謁を賜ふ。猶ほ茲に是の月賜謁者の主なるものを挙ぐれば、伯爵大谷光瑞・農商務大臣男爵清浦奎吾・学習院長男爵菊池大麓・

陸軍大将男爵西寛二郎等あり。〇常侍官日記・庶務課日記

米国に赴く貞愛親王に御対顔

是の日、貞愛親王セント・ルイス万国博覧会に差遣を命ぜられ、亜米利加合衆国に渡航するを以て、御対顔あり、三種交魚壱折・御物料金参百円を賜ふ。二十三日親王出発に当り、東宮侍従子爵有馬純文を新橋停車場に遣さる。〇常侍官日記・庶務課日記・贈賜録

各留守師団長等に謁を賜ふ

二十五日、午後四時三十分上京中の留守第十二師団長陸軍中将勝田四方蔵・同第九師団長陸軍中将沖原光孚・同第四師団長陸軍中将男爵茨木惟昭・同第七師団長陸軍中将塩屋方圀・同第十師団長陸軍中将柴野義広・同第二師団長陸軍中将三好成行・同第五師団長陸軍少将真鍋斌・同第六師団長陸軍少将岡村静彦・同第十一師団長陸軍少将波多野毅・同第八師団長陸軍少将河野通好・同第三師団長陸軍少将高井敬義に謁を賜ひ各〻に賜物あり。〇常侍官日記・庶務課日記・贈賜録

十一月

天長節観兵式御参列

三日、公式鹵簿乙の部にて午前八時四十五分御出門、青山練兵場に行啓(4)、戦時中なるを以て軍装して天長節観兵式に御参列、十時四十五分還啓あり、十一時再び御出門、豊明殿に於ける天長節御宴に御列席のこと昨年の如し、午後一時三十五分還啓あらせらる。是の日、「三十七年天長節観兵

式を陪覧して」と題して和歌の御詠あり、

この頃のいくさをきけは大君の
　みあれ祝ふもいと丶勇まし
大君の御稜威仰きていくさ人
　のりをと丶のへ祝ふけふかな

因に天長節観兵式御参列は今回を以て初度となす。〇常侍官日記・庶務課日記・典式録・官報・侍従職日録・皇親録

川村伯爵等の裕仁・雍仁両親王輔育の労を犒はせらる

五日、裕仁・雍仁両親王の鞠育に鋭意奉仕せる故伯爵川村純義並びに寡婦春子・嗣子鉄太郎以下の労を嘉せられ、天皇・皇后御紋附金盃壱組及び金壱万五千円を賜ひ、皇太子・妃亦鉄太郎に金壱万円、春子に金五千円を、其の他川村花子以下医師・看護婦等に至る迄夫々金員を賜ふ、各々差あり。蓋し来る九日両親王、同邸を出でて沼津御用邸に寒を避け、夫より仮東宮御所に移らんとするを以てなり。(5)尋いで十一日鉄太郎・春子を召して晩餐の陪食を賜ひ、典侍柳原愛子・東宮大夫斎藤桃太郎等をも陪せしめらる。〇庶務課日記・総務課恩賜録・常侍官日記・典式録・皇親録

麻布御用邸に行啓

六日、午後二時御出門、麻布御用邸に行啓、御妹允子・聰子両内親王に御対面あり、御万那料金拾五円を賜ひ、三時四十五分還啓あらせらる。〇常侍官日記・御直宮御養育掛日記・庶務課日記・行啓録

出征する西遼東軍司令官に謁を賜ふ

七日、遼東守備軍司令官と為りて近く出征の途に上る陸軍大将男爵西寛二郎に謁を賜ひ、清酒壱樽・三種交魚壱折を賜ふ。猶ほ茲に是の月の主なる賜謁者を挙ぐれば、伯爵松方正義・枢密顧問官伯爵樺山資紀・元帥侯爵山県有朋等あり。○常侍官日記・庶務課日記・日露戦役録

韓国皇太子妃の薨去を御弔問

八日、韓国皇太子李坧妃閔氏去る五日薨去せしにより、是の日電報を以て「皇太子妃殿下薨去ノ報ニ接シ茲ニ恭ク哀悼ノ意ヲ表ス」と弔意を表し給ふ。○庶務課日記・外事録

満子女王の嫁するを賀し給ふ

九日、故能久親王第一女子満子女王、来る十四日伯爵甘露寺義長嗣子元東宮出仕従五位甘露寺受長に降嫁するを以て、是の日女王に紅白縮緬各壱疋を賜ひ、十三日兄成久王に五種交魚壱折を賜ひ、祝賀あらせらる。○庶務課日記・贈賜録

観菊会に御参列

十一日、午後二時十五分赤坂離宮御苑に行啓、観菊会に御参列あり、萩ノ御茶屋にて天皇・皇后を奉迎の後、扈従して菊花御陪覧、立食に侍し給ひ四時二十五分還啓あらせらる。因に同会御参列のこと今回を以て始めとす。○常侍官日記・庶務課日記・典式録・官報

是の日、東宮侍従長侯爵木戸孝正不在中東宮侍従丸尾錦作を東宮侍従長心得と為す。(6)○総務課進退録

高輪御殿に行啓

十六日、午後一時三十分御出門、高輪御殿に行啓、御妹昌子・房子両内親王に御対面あり。御万那料金拾五円を賜ひ、四時還啓あらせらる。○常侍官日記・庶務課日記・行啓録

戦地より帰京せる依仁親王に御対面

二十八日、軍艦千歳副長海軍中佐依仁親王戦地より帰京し、午後二時新橋停車場に到著するを以て、東宮侍従長心得丸尾錦作を遣さる。翌二十九日親王に御対顔あり、三種交魚壱折を賜ふ。三十日親王並びに博恭王を召して午餐御会食、東宮大夫斎藤桃太郎・東宮武官長村木雅美等に陪食を賜ふ。○常侍官日記・典式録・庶務課日記・贈賜録・依仁親王

帝国議会開院式に御参列

三十日、午前十時御出門、貴族院に行啓、天皇の行幸を玄関にて奉迎あり、帝国議会開院式に御参列、十一時五十分還啓あらせらる。○常侍官日記・庶務課日記・官報・皇親録・典式録

是の日、陸軍中将土屋光春戦地に於て負傷せし趣を聞かせられ、電報を発して問はしめ、後、十二月十四日又御万那料金弐拾五円を賜ふ。○庶務課日記・日露戦役録

十二月

沼津に行啓御淹留

四日、御避寒の為め沼津に行啓あらせらるるを以て昨三日参内、天皇・皇后に請暇を奏啓あり、是の日午前九時三十分御出門、新橋停車場にて枢密院議長侯爵伊藤博文・海軍大臣男爵山本権兵衛・宮内次官男爵花房義質等の奉送を受けさせられ、臨時列車に御搭乗、午後二時三十分沼津停車場に御著、沼津御用邸に入らせらる。尋いで裕仁親王に御対面あり。是より御淹留翌年一月十九日

に及ぶ。

御動静

今御淹留中年内に於ける御動静を伺ひ奉るに、御健康概して良好に渉らせらるるを以て、御学業・御運動ともに順調に御励行あり。即ち御学課は塩原御避暑中と異り、六日より二十八日に至る間御日課表に基づき、本居・三島・三田三侍講及びサラザンに就きて日々約三時間宛国・漢・仏の諸学を履習あらせらる。御運動には、今回御乗馬を日課に加へさせられ、就中、火・金両曜日には御外乗あり。御用邸近傍御散策亦常の如く、十一・十六両日の如き短艇の操作を試み給ふ。猶ほ偶〻沼津滞留中の裕仁・雍仁両親王とは屢〻御対面あり、又参候せる枢密院議長侯爵伊藤博文・宮内大臣子爵田中光顕に各〻謁及び陪食を賜へり。此の行、供奉を命ぜられたる者は、東宮大夫斎藤桃太郎・東宮武官長村木雅美以下例の如し。○常侍官日記・庶務課日記・行啓録・官報・侍従職日録・皇親録

妃著帯

十八日、午前十時仮東宮御所に於て妃著帯を行はせらる。公爵鷹司熙通御帯を奉る。儀凡て前例に拠る。奉告祭典には東宮侍従子爵大迫貞武に御代拝を命じ、東宮大夫斎藤桃太郎をして奉告祝詞を捧読せしむ。又沼津御用邸に於ては供奉諸員の拝賀を受け給ひ、祝膳を供せしめらる。○常侍官日記・庶務課日記・光宮御誕生録

三十日、我が聯合艦隊は既に旅順口に於ける露西亜国艦隊を略〻掃蕩せるを以て、聯合艦隊司令

長官海軍大将東郷平八郎、第二艦隊司令長官海軍中将上村彦之丞・第一艦隊参謀長海軍少将島村速雄等を伴ひ、戦地より帰京し、午前九時三十分新橋停車場に著するにより、東宮武官黒水公三郎を遣され、又酒肴を賜ふ。○庶務課日記・日露戦役録

大正天皇実録　巻三十一

明治三十八年　宝算二十七歳

一月

沼津にて御越年

一日、沼津御用邸に御淹留中なるを以て諸儀を略し、御使東宮侍従丸尾錦作を宮城に遣し、天機並びに御機嫌を候せしめらる。午前十時参賀の為め参殿せる裕仁・雍仁両親王に御対面あり、尋いで両親王を随へ、表謁見所にて供奉諸員の拝賀を受けさせらる。○侍従日記・行啓録・庶務課日記

旅順開城の報到る

二日、旅順開城の報到る。是より先、客年八月第三軍、聯合艦隊と協力し、攻囲本戦開始以来総攻撃の回を重ぬること実に四回、我が将卒の死傷五万九千余人を算し、激戦奮闘を連ねて逐次堅固なる其の外囲防禦線を攻略せしが、就中、去る十一月三十日を以て旅順港内を瞰制する二〇三高地

を強襲之を奪取し、茲に旅順要塞の死命は軍の手中に帰せり。此の間聯合艦隊も亦第三軍と協力し、海上封鎖に努めたり。爾後、敵要塞及び残存艦隊の戦闘力は漸次之を喪失し、守将関東州要塞地区司令官陸軍中将アナトール・ミハイロウヰッチ・ステッセル〈Anatolii Mikhailovich Stoessel〉は遂に其の策の施すべからざるを見、今年一月一日軍使を致して降を請ふ。仍りて翌日第三軍司令官陸軍大将男爵乃木希典は水師営に於て開城規約を商議調印せしめ、半歳に亘れる旅順包囲戦は是を以て全く終結す。捷報到るや、直に天皇・皇后に祝賀の電報を奉り、更に東宮侍従丸尾錦作を宮城に遣し、慶賀を奏啓せしめらる。六日乃木第三軍司令官に令旨を賜ひ、其の功を賞せらる。文に曰く、

第三軍に令旨を賜ふ

勇敢無比猛烈不撓ノ攻撃ニ依リテ旅順要塞ノ鉄塁ヲ破リ堅艦ヲ砕キ遂ニ守将ヲシテ城ヲ開キ降ヲ乞フニ至ラシメタル第三軍ノ偉大ナル奏効ヲ嘆尚ス

と。七日希典電報にて奉答す。曰く、

旅順要塞ノ攻陥ニ対シ特ニ優渥ナル令旨ヲ賜ハリ臣希典等感激ニ堪ヘス謹テ奉答ス

と。又聯合艦隊司令長官海軍大将東郷平八郎に令旨を賜ふ。曰く、

聯合艦隊に令旨を賜ふ

封鎖数月ニ亘リ万難ヲ排シテ能ク其任務ヲ遂行シ攻囲軍ト協力シテ遂ニ旅順方面敵艦隊ヲ全滅

シタル聯合艦隊ノ偉大ナル奏効ヲ嘆尚ス

と。七日平八郎奉答す。曰く、

大元帥陛下ノ洪大ナル御威徳ニ拠リ攻囲軍ト協力シテ旅順ノ敵艦隊ヲ撃滅スルニ至レル犬馬ノ労ニ対シ茲ニ又優渥ナル令旨ヲ賜ハリ感激ノ至ニ堪ヘス尚ホ愈〻精励奮勉シテ作戦終局ノ目的ヲ達センコトヲ期ス右謹テ奉答ス

と。○行啓録・庶務課日記・日露戦役録・官報・明治三十七八年日露戦史

沼津御淹留中の御動静

是の日、午後二時十分御出門、伯爵川村鉄太郎の別邸に行啓、裕仁・雍仁両親王に御対面あり、帰途、別邸附近御逍遥の後、四時五分還啓あらせらる。爾後、沼津御滞留中、四日には中山慶子の寓所に行啓あり、十五日には金岡村大中寺に臨み、境内梅林御覧のことあり。其の他御動静として御用邸近傍御散策のことは概ね例年の如く、又屢〻乗馬を行はせらる。御学問も十日より御日課表により、日々履習あらせらる。猶ほ裕仁・雍仁両親王には数次御対面あり、又御機嫌を奉伺せる御妹昌子・房子両内親王御使御用掛加賀美光賢・伯爵井上良馨・子爵曾我祐準に謁を賜ふ。○侍従日記・行啓録

元始祭御代拝

三日、元始祭により、午前十時御遥拝あり、東宮侍従丸尾錦作に御代拝を命ぜらる。是の歳、宮中各祭典に御代拝を遣さるる事左表の如し。○侍従日記・典式録・行啓録・官報

月　日	御祭典	御代拝
一月　十一日	英照皇太后御例祭	東宮侍従長　侯爵　木戸孝正
同　三十日	孝明天皇御例祭	東宮侍従　丸尾錦作
二月　十一日	紀元節御祭典	東宮侍従長　侯爵　木戸孝正
同　二十一日	仁孝天皇御例祭	東宮侍従　丸尾錦作
同　二十三日	賢所仮殿渡御	同　同
三月　二十一日	春季皇霊祭並神殿祭	東宮侍従長　侯爵　木戸孝正
四月　三日	神武天皇御例祭	同　同
十一月　三日	天長節御祭典	東宮侍従　有馬純文
十二月　十二日	光格天皇御例祭	東宮侍従長　侯爵　木戸孝正
同　十五日	賢所御神楽	同　同

親王誕生

是の日、午後七時二十八分仮東宮御所御産所に於て妃御分娩、第三男子誕生す。報到るや、供奉諸員の拝賀を受けさせられ、祝酒を賜ふ。尋いで翌日、皇后、御使皇后宮亮山内勝明を沼津御用邸に遣し、親王誕生の御祝詞を賜へるにより、謁を賜ふ。又天皇・皇后五種交魚壱折宛を賜ふ。後、東宮侍従長侯爵木戸孝正を宮城に遣し、天皇・皇后に五種交魚壱折宛を進献せしめ、恩を謝し奉らしめらる。○行啓録・庶務課日記・侍従日記・光宮御誕生録・侍従職日録・皇后宮職日記・官報

天皇誕生の親王に御剣を賜ふ

四日、午後一時天皇、勅使侍従子爵北条氏恭を仮東宮御所に遣し、御剣壱振を誕生の親王に賜ふ。其の儀一に雍仁親王誕生の際に同じ。但し今回は皇太子沼津御滞留中に属し、東宮大夫斎藤桃太郎之に供奉するを以て、東宮侍従長侯爵木戸孝正をして拝領せしむ。尋いで斎藤東宮大夫を宮城に遣し、恩を謝し奉らしめらる。○行啓録・庶務課日記・侍従日記・光宮御誕生録・侍従職日録・皇后宮職日記・官報

御講書始の儀

八日、午前十時表謁見所に於て御講書始を行はせらる。東宮侍講本居豊穎をして「天祐に就て」を、同三島毅をして「老吾老以及人之老幼吾幼以及人之幼天下可運於掌」を、同三田守真をして「アテーヌ人、仏将モロー・ダッサーの美談」を進講せしむ。○侍従日記・行啓録

天皇名記を賜ふ

九日、去る三日誕生の親王御命名式を行はせらる。午前九時四十分勅使侍従長侯爵徳大寺実則勅語及び宸筆の名記を奉じて参殿す。十時東宮大夫代理東宮侍従長心得東宮侍従丸尾錦作をして表謁見所に於て、実則より勅語及び名記を受けしめ、尋いで之を御手づから受けさせらる。親王名を宣仁と賜ひ、光宮と称せらる。名及び称号は文事秘書官股野琢勅を奉じて選進する処、宣字は詩経に、「四国于蕃、四方于宣」(1)とあるにより、光字は易経に、「謙尊而光、剛建篤実輝光日新其徳」、書経

宣仁と命名光宮と称す

に「惟公徳明光于上下勤施于四方」、詩経に「楽只君子邦家之光」とあるに拠る。次に電報を以て御命名の令旨を東京に在らせらるる妃に伝へしめ、又東宮大夫斎藤桃太郎を宮城に遣し、御命名に関する恩を謝し奉らしめらる。儀了りたる後、勅使徳大寺侍従長に謁を賜ひ、供奉諸員の拝賀を受けさせられ、午後五時諸員に立食を賜ふ。

宮中三殿命名奉告祭

是より先、賢所・皇霊殿・神殿に於て午前十時命名奉告の祭典あり、天皇御代拝侍従日野西資博・皇太子御代拝東宮侍従原恒太郎・妃御代拝東宮主事子爵錦小路在明たり。

胞衣埋納の儀及び親王浴湯の儀

是の日又仮東宮御所に於て胞衣埋納の儀並びに浴湯の儀あり、東宮主事桂潜太郎をして胞衣を埋めしめ、東宮侍講本居豊穎をして読書に、伯爵島津忠亮・子爵本多正憲をして鳴弦に候せしむ。其の諸儀一に雍仁親王誕生の例に拠る。○侍従日記・行啓録・庶務課日記・光宮御誕生録・官報・祭祀録・侍従職日録

東郷聯合艦隊司令長官等に賜謁

十一日、午前十一時三十分曩に召命を奉じて帰還せる聯合艦隊司令長官海軍大将東郷平八郎・第二艦隊司令長官海軍中将上村彦之丞・第一艦隊司令官海軍中将出羽重遠以下九名参殿す。乃ち謁見所に於て先づ平八郎に謁を賜ひ、聯合艦隊の戦況を聴かせらる。午後零時二十五分彦之丞・重遠以下諸員に謁を賜ひ、尋いで立食を賜ふ。御紋附銀巻莨入各壱個を平八郎・彦之丞に、裕仁・雍仁両親王御写真各壱枚を平八郎・彦之丞・重遠に御下賜のことあり。三時三十分平八郎等退出す。○侍従日

記・行啓録・日露戦役録

十六日、貞愛親王亜米利加合衆国より帰朝し、午後八時三十六分新橋停車場に到著するにより、東宮侍従子爵大迫貞武を遣し之を迎へしめらる。○庶務課日記・貞愛親王事蹟

歌御会始に御詠進

十九日、歌御会始により詠進あらせらる。御歌左の如し。○官報

新 年 山

あらたまの年のはじめにあふけ人

君かみいつのいや高のやま

東京に還啓

二十日、午前九時三十分沼津御用邸御出門、沼津停車場より汽車にて新橋停車場に御著、貞愛親王・博恭王及び宮内大臣子爵田中光顕以下諸員の奉迎を受け、午後二時五十分仮東宮御所に還啓あらせらる。○侍従日記・庶務課日記・行啓録・官報

是の日、東宮武官長村木雅美を出征中の満洲軍・遼東守備軍・韓国駐劄軍及び聯合艦隊に遣さる。○庶務課日記・日露戦役録

参内天機を候せらる

二十一日、午前十時御出門参内、天機並びに御機嫌を候せられ、午後零時三十分還啓あらせらる。午後参候せる威仁・依仁両親王並びに守正王妃伊都子に御対面、公爵徳川家達・同徳川慶喜・元帥

侯爵山県有朋に謁を賜ふ。○侍従日記・庶務課日記

沼津に御淹留

二十二日、午前九時三十分御出門、新橋停車場にて汽車に御搭乗、午後二時三十分沼津停車場に御著、沼津御用邸に行啓あらせらる。是より三月十六日まで御淹留五旬余に亘らせらる。○侍従日記・行啓録・庶務課日記・官報

東宮大夫の更迭

二十三日、東宮大夫従四位勲二等斎藤桃太郎の本官を免じ帝室会計審査局長に任じ、帝室会計審査局長正三位勲二等侯爵中山孝麿を以て之に代ふ。桃太郎、明治三十四年十一月以降四年余其の職に任じたるの勤労を犒はせられ、金千五百円及び御紋附金時計壱個・銀巻莨箱壱個を賜ふ。○官報・総務課進退録・贈賜録

恒久王凱旋

二十五日、陸軍騎兵少尉恒久王戦地より凱旋、午前九時三十分新橋停車場に到著するを以て、御使東宮侍従本多正復を遣し、三種交魚壱折を賜ひて労を犒はせらる。○庶務課日記・行啓録・日露戦役録

依仁親王再度出征

二十七日、軍艦千代田艦長海軍大佐依仁親王再度出征の途次、午後九時四十八分沼津停車場を通過するにより、東宮主事桂潜太郎を遣して之を送らしめ、紙巻莨拾缶・果物参籠を賜ふ。○行啓録・日露戦役録・依仁親王

三十日、午後二時二十五分沼津御用邸御出門、東海道筋黒瀬橋附近にある日枝神社境内に臨み、

源頼朝富士の巻狩に使用せしと伝ふる陣釜を御覧、四時還啓あらせらる。

沼津御滞留中の御動静

茲に今次沼津御滞在中に於ける御動静に就きて概略を叙し奉れば、今年は御健康愈〻順調に渉らせられ、随ひて日常の御動作も略〻一定し、午前中御学習、午後御運動を行はせ給ふこと例の如し。御運動は御散策を主とし、近郊、就中、門池・江ノ浦・静浦・楊原神社・大中寺等に臨ませられ、偶〻沼津に滞在中なる裕仁・雍仁両親王の旅館伯爵川村鉄太郎の別邸及び中山慶子の寓所に行啓のこと亦屢次に及ぶ。三月に入りてよりは、月・水・金の三曜日御乗馬を行はせらる。又時に江ノ浦に御舟遊を試みさせ給ふ。就中、三月五日の如き午前十時御出門、馬車にて江ノ浦に到り、尋いで端艇に御移乗、重寺に御渡航あり、加藤三郎左衛門の別邸に臨みて、昼餐を摂らせ給ひ、更に医源寺を過り、端艇にて淡島を御一周あり、烏賊網・海鼠の漁猟を御覧、江ノ浦より御上陸、午後四時五分還啓あらせらる。○常侍官日記・行啓録

江ノ浦に御舟遊

三十一日、鴨緑江軍司令官陸軍大将男爵川村景明再度出征の途に上らんとするを以て、酒肴料金五拾円を賜ふ。○庶務課日記・日露戦役録

(2)

是の日、陸軍電信教導大隊下士卒学生終業式を挙行するを以て、東宮武官尾藤知勝を遣さる。是の歳、猶ほ東宮武官差遣を掲ぐれば略〻左表の如し。○総務課進退録・重要雑録・官報・庶務課日記・行啓録

東宮武官差遣

月日	差遣先	差遣武官
一月三十一日	留守近衛師団諸兵連合演習	尾藤知勝
三月三十日	陸軍士官学校卒業式	黒水公三郎
同三十一日	海軍機関学校卒業式	同
五月六日	靖国神社例祭	田内三吉
七月十日	陸軍中央幼年学校予科卒業式	同
同十五日	駆逐艦神風進水式	黒水公三郎
同二十七日	横須賀軍港碇泊軍艦朝日・壱岐及海軍病院	同
八月二日	陸軍騎兵実施学校内中央馬廠	田内三吉
十月六日	靖国神社例祭	同
十一月二十五日	陸軍士官学校卒業式	尾藤知勝
同	名古屋衛戍病院静岡分院	田内三吉
同二十八日	海軍兵学校卒業式	尾藤知勝

六日、聯合艦隊司令長官海軍大将東郷平八郎再び出征の途に上り、午後九時四十八分沼津停車場を通過するを以て、東宮武官黒水公三郎を遣し、紙巻莨五百本・果物弐籠を賜ふ。○侍従日記・行啓録・日露戦役録

皇后の感冒を御存問

十五日、皇后感冒にて御仮床の趣を聴かせられ、電報を以て御機嫌を候せらる。後、十九日癒え給ふ。○行啓録・皇后宮職日記

片岡第三艦隊司令長官等に賜謁

十六日、第三艦隊司令長官海軍中将片岡七郎召命を奉じ、戦地より還り、是の日入京せるを以て、三鞭酒壱打を賜ふ。尋いで二十一日七郎、幕僚海軍少将山田彦八以下六名を伴ひ、御用邸に参候す。即ち謁を賜ひ、午後零時二十分立食を賜ふ。○侍従日記・庶務課日記・行啓録・日露戦役録

十八日、第一師団長陸軍中将松村務本旅順方面の戦地に於て病死し、十九日送葬により、是の日東宮武官尾藤知勝を其の邸に遣し、祭粢料金七千疋を賜ふ。○庶務課日記・日露戦役録

菊麿王第三男子の誕生を御祝賀

二十六日、菊麿王妃常子昨二十五日分娩、第三男子誕生により、是の日東宮主事子爵錦小路在明を山階宮邸に遣さる。三月三日藤麿と命名により、在明を再び同宮邸に遣し、三種交魚壱折を賜ひて之を賀せらる。○庶務課日記・贈賜録

三月

奉天占領の報到る

十日、奉天・撫順附近占領の報到る。是より先、我が満洲軍は客年十月沙河会戦以後、専ら鋭を蓄へて妄に動かず、今年に入り僅かに一月中黒溝台の激戦ありしに止まる。然れども此の間、総司令官元帥陸軍大将侯爵大山巌は解氷期に先だちて奉天方面の敵軍と決戦を交へんと欲し、著々其の作戦計画を策定し、之に適応せしむる為め各軍の戦闘序列を変更し、更に鴨緑江軍との間に作戦行動上の協定を了り、敵軍に対する繞回包囲運動を徐々に進行せしめたり。既にして露国軍又沙河及び渾河の線に堅固なる陣地を構築して我に対す。二月二十日大山総司令官は全線に攻撃開始の令を発し、鴨緑江軍司令官陸軍大将男爵川村景明亦之に策応して敵軍牽制行動を起し、漸次之を包囲圧迫して三月十日遂に敵の主力を撃破し、其の牙城奉天及び附近を攻略す。之に先だち九日奉天附近の敵軍悉く退却を開始し、我が軍進撃中の公報到るや、直に天皇・皇后に祝賀の電報を奉られしが、更に十日奉天城及び撫順城占領の報に接し、再び電報を御発送あり。翌十一日御使東宮侍従丸尾錦作を宮城に遣して之を賀し給ひ、又御用邸に於ては午後五時三十分より戦捷祝賀の内宴を開かせられ、東宮侍従長侯爵木戸孝正以下供奉諸員に立食を謁へり。尋いで十四日大山満洲軍総司令官に令

奉天城占領を賀せらる

大山満洲軍総司令官に令旨を賜ふ

旨を賜ひ、其の功を賞せらる。文に曰く、

持重機ヲ見テ動キ奉天附近ノ総攻撃ニ大捷シタル満洲軍ノ偉大ナル奏功ヲ嘆尚ス

と。同日巖奉答文を奉る。曰く、

天皇陛下ノ御稜威ニ因リ奉天附近ノ会戦ニ敵軍ヲ撃破シ彼ニ一大打撃ヲ加ヘタル我軍ニ対シ優渥ナル令旨ヲ賜フ巖等感激ノ至リニ堪ヘス爾後益々奮励シ最終ノ目的ヲ達成センコトヲ期ス右謹テ奉答ス

川村鴨緑江軍司令官に令旨を賜ふ

と。又川村鴨緑江軍司令官に令旨を賜ふ。曰く、

満洲軍ト協力シ奉天附近ノ会戦ニ於テ撫順方面ノ大捷ヲ得タル鴨緑江軍ノ偉功ヲ嘆尚ス

と。十五日景明奉答文を奉る。曰く、

撫順方面ノ戦闘ニ対シ特ニ優渥ナル令旨ヲ賜フ景明等感激ニ堪ヘス爾後益々奮励シ誓テ令旨ニ副ハンコトヲ期ス右謹テ奉答ス

と。○侍従日記・行啓録・庶務課日記・官報・日露戦役録・明治三十七八年日露戦史

威仁親王の渡欧を賀せらる

十九日、威仁親王並びに妃慰子独逸国皇太子フレデリック・ウィルヘルム〈Friedrich Wilhelm Victor August Ernst〉親王結婚式参列及び英吉利国帝室訪問の命を奉じ、欧羅巴に赴くを以て、

是の日親王を召し、晩餐を会食あらせられ、独逸国に留学する侍医池辺棟三郎及び威仁親王附武官海軍中佐大沢喜七郎・東宮大夫侯爵中山孝麿・東宮武官長村木雅美に陪食を賜ふ。又御使東宮主事子爵錦小路在明を有栖川宮邸に遣し、威仁親王に御物料金千円を賜ふ。四月一日親王並びに妃午前十時新橋停車場を発し、横浜港より独逸国汽船プリンツ・ハインリッヒに乗じ渡航するに当り、在明を同港に遣さる。猶ほ帝室会計審査局長斎藤桃太郎及び東宮侍従丸尾錦作威仁親王の随行を命ぜられたるにより、桃太郎に御物料金弐百円を、錦作に御物料金五百円及び金千円を賜へり。○常侍官日記・庶務課日記・威仁親王行実・贈賜録

二十八日、依仁親王戦地より帰京せるを以て、三種交魚壱折を賜ふ。尋いで四月十五日親王三度戦地に赴かんとするにより、三種交魚料金拾五円・清酒料金弐拾円を賜へり。○贈賜録・庶務課日記・日露戦役録

四月

三日、曩に旅順口の戦闘に於て戦死せる陸軍少将山本信行に供物料金弐拾五円を賜ふ。四日又曩に奉天附近の戦闘に於て重傷を負ひ、終に卒せる陸軍中将前田隆礼に亦供物料金弐拾五円を賜ふ。○庶務課日記・日露戦役録

韓国特派大使義陽君物を献る

六日、韓国特派大使義陽君李載覚、同国皇帝李㷩より贈進の銀製燭台壱対を献る。初め大使仮東宮御所に参候すべき予定なりしも、皇太子並びに妃、沼津行啓中なるを以て之を停む。〇官報・外事録

天皇の感冒を御存問

二十三日、天皇十八日以来感冒に罹らせられ、昨二十二日御体温上騰の為め遂に御仮床に就かせ給へるを以て、東宮侍従子爵大迫貞武を宮城に遣し、天機を候せしめらる。〇行啓録・拝診録・侍従職日録

沼津より葉山に行啓御滞留

是の日、午前九時二十分妃と倶に宣仁親王を随へ、沼津御用邸御出門、沼津停車場より汽車に御搭乗、逗子停車場にて御下車、午後二時葉山御用邸に著かせられ、恒久王に御対面、横須賀鎮守府司令長官海軍大将男爵井上良馨・横須賀海軍工廠長海軍少将伊東義五郎等に謁を賜ふ。因に妃は宣仁親王を伴ひ、去る二十二日沼津に行啓あり、是より御滞留十一日、其の間日々午前中一時間乃至二時間学課御復習、午後近傍御散策あり、然る後再び御復習のことも屢〻あり、御動静概ね例の如し。二十七日伺候せる京都在住華族総代男爵相楽綱直に謁を賜ひ、二十九日故能久親王妃富子に対面あらせらる。〇侍従日記・行啓録・官報

載仁親王凱旋

二十五日、載仁親王戦地より凱旋、午前九時三十分新橋停車場に到著するにより、東宮武官尾藤知勝を遣され、三種交魚壱折を賜ふ。〇庶務課日記・行啓録・日露戦役録

五月

皇后の感冒を御存問

二日、皇后客月二十九日来感冒に罹り御仮床にあらせらるるを以て、是の日東宮侍従原恒太郎を宮城に遣し、御機嫌を候せしめらる。〇侍従日記・行啓録・皇后宮職日記

東京に還啓

四日、午後二時十分妃と倶に葉山御用邸御出門、逗子停車場にて汽車に御搭乗、新橋停車場にて裕仁親王の奉迎を受け、四時四十五分仮東宮御所に還啓あり。載仁親王に対面あらせらる。是の日東宮大夫侯爵中山孝麿を宮城に遣し、天機を候せしめらる。〇侍従日記・行啓録・庶務課日記・侍従職日録・官報

靖国神社に行啓

五日、別格官幣社靖国神社臨時大祭により、午前十時二十分御出門、同神社に詣でさせられ、鏡餅弐台・清酒十樽を賜ふ。〇侍従日記・庶務課日記・典式録・官報

参内独国カール・アントン親王を午餐に召す

独逸国皇族カール・アントン・フォン・ホーヘンツォルレルン親王不日帰国するを以て、是の日靖国神社行啓の後、直に参内、叡旨により妃と倶に親王を午餐に召させらる。餐に先だち、鳳凰間に於て御対面あり、午後零時三十分より豊明殿に御会食、載仁親王・同妃智恵子・菊麿王・守正王妃伊都子之に陪し、独逸国特命全権公使伯爵フォン・アルコ・ワルライ・公使館附武官海軍少佐トロムレル・カール・アントン親王の随員陸軍少佐ブロンサルト・フォン・セルレンドルフ〈Friedrich Bronstadt von Schellendorf〉・公使館書記官兼訳官チール及び妻並びに枢密院議長侯爵伊藤博文・内閣総理大臣伯爵桂太郎・参謀総長元帥陸軍大将侯爵山県有朋・侍従長兼内大臣侯爵徳大寺実則・海軍大臣男爵山本権兵衛・外務大臣男爵小村寿太郎・陸軍大臣寺内正毅・海軍軍令部長子爵伊東祐亨・皇后宮大夫子爵香川敬三・宮内次官男爵花房義質・式部長男爵三宮義胤・式部次長伯爵戸田氏共・外務次官珍田捨巳・海軍次官斎藤実・東宮大夫侯爵中山孝麿・陸軍次官石本新六・参謀次長長岡外史・東宮侍従長侯爵木戸孝正・東宮武官長村木雅美等に陪食を賜ふ。了りて千種間に於て御歓談あり、少時にしてカール・アントン親王退出す。尋いで三時二十五分親王を芝離宮に訪ひ、答礼あらせらる。因にカール・アントン親王初め戦地満洲より上京するや、天皇・皇后共に御仮床にあらせられ、之を引見したまふこと能はず。更に日を延べられしも猶ほ御違和癒ゆることなく、カール・アントン親王帰国の期も逼りしを以て、桂内閣総理大臣及び小村外務大臣の奏請を容れ、遂に是の日皇太子をして、代りて延招せしめ給へるなり。猶ほカール・アントン親王十七日長崎港出帆、帰国の途に就くに当り、滞京中、懇篤なる待遇を蒙りたるを謝し、電報を寄せて曰く、

カール・アントン親王を御訪問

日本ヲ去ルニ際シ皇太子同妃両殿下ニ対シ予カ満腔ノ恭敬ト感謝ノ意ヲ表ス予ハ皇室ヨリ受ケタル懇篤ナル友愛ノ情ト軍人同情ノ友誼ハ将来決シテ忘ルル事勿ルヘシ

と。因りて御返答の電報を発送あらせらる。

殿下ノ懇切ナル電信ヲ謹謝シ予及ビ妃ハ殿下ノ良好ナル旅行ヲ祈ル

と。○侍従日記・庶務課日記・外事録・典式録・侍従職日録・皇后宮職日記・官報

葉山に行啓

是の日、カール・アントン親王を芝離宮に訪はせられたる後、直に新橋停車場に臨み、午後三時五十分妃と倶に汽車に御搭乗、逗子停車場にて御下車、五時五十分葉山御用邸に行啓あり、爾後五日間御滞泊、其の間の御起居概ね恒の如く、特記し奉るべきことを拝せず。十日午後二時十分葉山御用邸御出門、往路を経て、四時四十五分仮東宮御所に還啓あらせらる。○常侍官日記・行啓録・庶務課日記・官報

東京に還啓

博恭王韓国に赴くを賀せらる

十二日、博恭王勅命を奉じ、親書を齎して韓国皇室を訪問するを以て、是の日王を召し、午餐を会食あらせられ、東宮大夫侯爵中山孝麿・東宮武官長村木雅美・東宮武官黒水公三郎及び博恭王附武官関野謙吉に陪食を賜ふ。十四日王東京を出発するに際し、東宮侍従原恒太郎を新橋停車場に遣さる。後、六月十六日博恭王韓国より帰朝に当り、公三郎を亦同停車場に遣し、三種交魚壱折を賜ふ。○侍従日記・庶務課日記・典式録

十四日、午後一時三十分御出門、南豊島御料地の内字新宿に行啓、野菜類数種を採らせられ、四時二十五分還啓あり。○侍従日記・庶務課日記

凱旋せる載仁親王・恒久王を晩餐に召す

十六日、載仁親王・恒久王戦地より凱旋せるを以て、晩餐御会食あり、侍従武官長岡沢精・東宮大夫侯爵中山孝麿・東宮武官長村木雅美・載仁親王附武官陸軍騎兵少佐中島操・恒久王附武官陸軍騎兵中尉上原寿造に陪食を賜ふ。○侍従日記・庶務課日記・日露戦役録

十八日、陸軍少将中村覚戦地にて蒙れる負傷全癒せるを以て、参候す。仍りて謁を賜ひ、正午東宮大夫侯爵中山孝麿・侍講三田守真等と倶に陪食を賜ふ。尋いで覚並びに偶〻参候せる陸軍少将竹内正策に御紋附銀巻莨入壱個を下賜あり。○侍従日記・庶務課日記

妃葉山より還啓

二十日、葉山に御淹留中の妃、宣仁親王を伴ひ、午後二時十分御用邸御出門、横須賀鎮守府司令長官海軍大将男爵井上良馨等の奉送を受け、汽車に御搭乗、新橋停車場にて御下車、四時五十分仮東宮御所に還啓あらせらる。○行啓録・侍従日記・庶務課日記・官報

博恭王第三男子の誕生を賀せらる

二十二日、博恭王妃經子分娩、第三男子誕生により、東宮主事子爵錦小路在明を伏見宮邸に遣し、祝詞を述べしめらる。二十八日博信と命名により、再び錦小路主事を遣し、三種交魚壱折を賜ふ。○贈賜録・庶務課日記

感冒にて御仮床

二十三日、鼻咽喉加答児に罹らせられ、御仮床あり、爾後、十日間に及ぶ。但し御容態極めて御軽症にして六月二日に全癒、仮床を撤せらる。○侍従日記・庶務課日記・拝診録・御容体日誌

二十四日、遼東守備軍司令官陸軍大将男爵西寛二郎、去る九日教育総監に補せられ、是の日戦地より帰京せるを以て、清酒壱樽・三種交魚壱折を賜ふ。〇庶務課日記・日露戦役録・官報

二十五日、曩に旧御学友陸軍騎兵中尉伯爵南部利祥戦死せしにより、祭粢料金五拾円を賜ふ。(3)〇庶務課日記・日露戦役録

日本海海戦の捷報到る

二十九日、日本海海戦大捷の報到る。是より先、露西亜国第二太平洋艦隊は客年十月本国を発し、阿弗利加洲を迂回して東漸す。我が聯合艦隊は茲に於て本年一月旅順口陥落以後専ら戦闘力の恢復を図り、敵艦隊の南洋に出現するや、予め之を近海に迎撃するの計画を定め、朝鮮海峡に全力を集中して徐々に敵の北上を待つ。既にして敵は一時安南沿岸に寄泊したる後、第三太平洋艦隊と合して漸く我が近海に切逼するを以て、南方警哨に備ふる処ありしが、二十七日早暁我が哨艦は敵艦隊の対馬水道に向ふを発見す。即ち司令長官東郷平八郎は各部隊に令して、部署に準じて対敵行動を開始せしむ。同日午後より彼我主力艦隊は遂に猛烈なる砲火を交ふるに至り、忽ちにして敵艦の火災を起し、沈没するもの相継ぎ、敵艦隊の陣形全く混乱す。夜に入りて我が駆逐隊・水雷艇隊亦襲撃を決行す。二十八日更に我が主力は残敵に対して追撃を続行し、殆ど之を殲滅す。我が艦隊の損害極めて僅少なり。二十九日捷報到るや、先づ御使東宮侍従子爵大迫貞武を宮城に遣し、祝賀せし

大捷を賀せらる

聯合艦隊に令旨を賜ふ

められ、翌三十日大本営・参謀本部・陸軍省・海軍省等に酒肴を賜ひて祝せらる。三十一日聯合艦隊司令長官海軍大将東郷平八郎に令旨を賜ひ、功を賞せらる。文に曰く、

日本海ノ大海戦ニ於テ敵ノ艦隊ヲ殲滅シ曠古ノ大捷ヲ奏シタル聯合艦隊ノ偉功ヲ嘆尚ス

と。同日平八郎奉答文を奉る。曰く、

日本海ノ戦捷ハ一ニ天皇陛下御稜威ノ致ストコロ然ルニ特ニ優渥ナル令旨ヲ賜ハリ誠ニ感激ノ至リナリ尚愈〻奮励令旨ニ副ヒ奉ランコトヲ期ス

と。尋いで六月九日祝勝の為め東宮職諸員に立食を賜ふ。○侍従日記・庶務課日記・日露戦役録・官報・明治三十七八年日露戦史

六月

ベルツの労を犒はせらる

六日、宮内省傭独逸人勲一等ドクトル・エルウィン・フォン・ベルツ不日帰国するにより、多年侍医の商議に与り、御健康の増進に尽瘁せるの労を思召し、是の日午餐の陪食を賜ひ、東宮大夫侯爵中山孝麿・侍医局長岡玄卿・東宮御用掛男爵橋本綱常等を亦陪せしめらる。尋いでベルツに総梨子地金御紋附料紙文庫硯箱壱組及び金千円を賜ふ。○侍従日記・庶務課日記・典式録・贈賜録

宣仁親王箸始の儀

九日、宣仁親王箸始の儀を行ふを以て、天皇・皇后に五種交魚壱折宛を進献、親王に五種交魚壱

折・御台人形弐箱を賜ひ、祝賀あらせらる。〇侍従日記・庶務課日記・光宮御誕生録

十日、裕仁・雍仁・宣仁三親王に御対面あり。是の月猶ほ皇族に御対面のこと、十六日守正王妃伊都子・邦彦王妃俔子、十七日依仁親王妃周子、二十一日允子・聰子両内親王、二十四日貞愛親王等あり。〇侍従日記・庶務課日記

大本営会議に御参列

十二日、午前九時四十五分御出門参内、大本営会議に御参列あり、日本海海戦に関する聯合艦隊司令長官の報告を御陪聴、午後一時還啓あらせらる。〇侍従日記・庶務課日記・侍従職日録

昌子・房子両内親王と午餐御会食

十七日、御妹昌子・房子両内親王に御対面、午餐御会食あり、東宮大夫侯爵中山孝麿・東宮武官長村木雅美・常宮周宮御用掛伯爵園基祥・常宮周宮御養育主任伯爵佐佐木高行妻貞子等に陪食を賜ふ。〇侍従日記・庶務課日記

日本海海戦の講演を聴かせらる

十八日、午前十時第一艦隊参謀海軍大尉鳥巣玉樹(4)を召し、日本海海戦状況に関する講演を聴かせらる。〇侍従日記・庶務課日記

是の日、午後一時御出門、浜離宮に行啓、三時十五分還啓あらせらる。〇侍従日記・庶務課日記・行啓録

貞愛親王・博恭王を午餐に召す

十九日、貞愛親王並びに韓国より帰朝せる博恭王と午餐御会食、東宮大夫侯爵中山孝麿・貞愛親王附武官陸軍歩兵少佐三原三郎・博恭王附武官海軍中佐関野謙吉に陪食を賜ふ。〇侍従日記・庶務課日記・典式録

皇后葉山に行啓を御奉送

二十日、皇后葉山御用邸に行啓により、午前八時四十分御出門、妃と倶に新橋停車場に行啓、御奉送あり、九時五十五分還啓あらせらる。○侍従日記・庶務課日記・行啓録・官報

二十一日、皇后御使皇后宮亮山内勝明に謁を賜ふ。是の月猶ほ主なる賜謁者を挙ぐれば、公爵鷹司熙通・参謀総長元帥陸軍大将侯爵山県有朋・宮内大臣子爵田中光顕・陸軍中将原口兼済等あり。○侍従日記・庶務課日記

高輪御殿に行啓

二十四日、午後二時御出門、高輪御殿に行啓、昌子・房子両内親王に御対面、御万那料金弐拾円を賜ひ、五時十五分還啓あらせらる。○侍従日記・行啓録

大正天皇実録　巻三十二

明治三十八年　宝算二十七歳

七月

二日、午後二時三十分御出門、芝離宮に行啓、四時五十分還啓あらせらる。○侍従日記・庶務課日記・行啓録

東宮御所御造営所御覧

六日、午後一時四十分より手馭車にて東宮御所御造営所に臨み、工事の実況を御視察、技監片山東熊の先導にて各室を御巡覧あり、三時三十分御徒歩にて還啓あらせらる。翌七日東宮御所御造営局長男爵堤正誼以下諸員に酒肴を賜ひ、労を犒はせらる。○侍従日記・庶務課日記

九日、午後三時御出門、南豊島御料地之内字代々木に行啓、四時五十分還啓あらせらる。○侍従日記・庶務課日記・行啓録

十二日、参謀総長元帥侯爵山県有朋命を奉じ、近日戦地に赴き満洲軍に使するを以て、謁を賜ひ、御紋附金巻莨入壱個及び酒肴を賜ふ。○侍従日記・庶務課日記・日露戦役録

戦利品御覧

十五日、午前十時御出門参内あり、尋いで吹上御苑観瀑亭に臨み、戦利品を御覧あらせらる。駐春閣に於て御昼餐の後、主馬寮赤坂分厩に御立寄、戦利の乗馬を御覧あり、午後二時三十分還啓あらせらる。○侍従日記・庶務課日記・行啓録

二十日、午後三時御出門、麻布御用邸に行啓、御妹允子内親王・聰子内親王に御対面、御万那料金弐拾円を賜ひ、五時五分還啓あらせらる。○侍従日記・庶務課日記・行啓録・御直宮御養育掛日記

葉山に皇后の御機嫌を候はせらる

二十三日、午前七時五十分御出門、新橋停車場発の汽車にて葉山御用邸に行啓、皇后の御機嫌を候はせられ、午後四時御用邸御出門、六時五十分還啓あらせらる。○侍従日記・庶務課日記・行啓録・官報

米国陸軍長官に賜謁

二十六日、亜米利加合衆国陸軍長官ウィリアム・エッチ・タフト〈William Howard Taft〉国賓として帝室の優遇を享くるにより、敬意を表する為、午後三時四十分陸軍少将ブリス〈Bliss〉・陸軍大佐エドワード〈Edwards〉・軍医エディ〈Edie〉・長官副官トムソン〈Thompson〉(1)等を伴ひ仮東宮御所に参候す。因りて中殿にてタフト以下諸員に謁を賜ふ。○侍従日記・庶務課日記・外事録・官報

高輪南町御用邸に行啓

三十日、午前十時三十分御出門、高輪南町御用邸(2)に行啓、御昼餐を召し、午後四時還啓あらせら

る。〇侍従日記・庶務課日記

八月

四日、曩に六月独立第十三師団を以て樺太軍を編制し、北遣艦隊擁護の下に南北両方面より樺太島に上陸せしが、爾後、軍は各地に転戦、敵駐屯軍を撃攘し、遂に客月三十一日樺太島軍務知事兼樺太軍長官陸軍中将リヤプノフ〈Mikhail Nikolaevich Lyapunov〉以下敵の大半を投降せしむるに至り、樺太全島を平定せり。捷報到るや、是の日東宮侍従原恒太郎を宮城に遣し、天皇・皇后に祝賀を奏啓せしめらる。又樺太軍及び北遣艦隊に令旨を賜ひ、其の功を賞せらる。樺太軍に賜へる令旨に曰く、

樺太軍に令旨を賜ふ

敏活ナル行動ヲ以テ敵ヲ掃蕩シ其首将ヲシテ降ヲ乞フニ至ラシメタル樺太軍ノ偉功ヲ嘆尚ス

と。十一日樺太軍司令官第十三師団長陸軍中将原口兼済の奉答文到る。曰く、

樺太島占領ニ対シ優渥ナル令旨ヲ賜ハリ臣等感激ノ至ニ堪ヘス謹テ奉答ス

と。又北遣艦隊に賜へる令旨に曰く、

北遣艦隊に令旨を賜ふ

天候ノ障碍ヲ排シ陸軍ト策応シ樺太ノ占領ヲ迅速ナラシメタル北遣艦隊将卒ノ忠勇ナル行動ヲ

嘆尚ス

と。六日北遣艦隊司令長官海軍中将片岡七郎の奉答文到る。曰く、

天皇陛下ノ御威徳ニヨリ北遣艦隊カ樺太ニ於ケル作戦ノ目的ヲ達成シ得タルニ対シ特ニ優渥ナル令旨ヲ賜ハリ感激ノ至ニ堪ヘス尚ホ愈〻勇奮努力令旨ニ副ヒ奉ランコトヲ期ス

と。更に五日東宮武官黒水公三郎を北遣艦隊並びに大湊水雷団・津軽海峡防禦司令部等に遣し、艦隊傷病者に御菓子料を賜ひ、又十六日東宮武官田内三吉を樺太軍及び函館要塞・青森病院に遣し、傷病者に御菓子料を賜ふ。○行啓録・庶務課日記・日露戦役録・官報・明治三十七八年日露戦史

六日、午後一時三十分御出門、浜離宮に行啓、四時二十分還啓あらせらる。○侍従日記・庶務課日記・行啓録

塩原に御避暑

十日、御避暑の為め塩原に行啓あらせらる。即ち九日参内、請暇を奏啓あり、是の日午前八時御出門、上野停車場にて汽車に御搭乗、午後一時二十分西那須野停車場に著かせられ、人力車に御移乗、関谷を経て、四時十分塩原御用邸（3）に入らせらる。上野停車場にて輝久王・宮内大臣子爵田中光顕・陸軍大将子爵佐久間左馬太等の奉送を受けさせらる。是より九月一日まで御滝留二旬余に及ぶ。此の間の御動静を拝し奉るに、御健康極めて良好に渉らせられ、更に御異状を認めず。随ひて十三日より午前中一二時間御学問の復習を行ひ、午後少時御用邸近傍を運動あらせらるること例年に同

じ。今回は御滞在期間も短き為、三十日畑下なる中山慶子の別邸に行啓ありし外は、遠行等の御試みもなし。謁を賜へる者も、伯爵土方久元・宮内大臣子爵田中光顕・枢密顧問官男爵高崎正風等のみなり。

供奉員

猶ほ此の行、供奉を命ぜられたる者は、東宮大夫侯爵中山孝麿・東宮武官長村木雅美・東宮侍従子爵大迫貞武・同有馬純文・東宮侍従原恒太郎・同本多正復・東宮武官田内三吉・同黒水公三郎・同尾藤知勝・侍医片山芳林・同西郷吉義・同伊勢錠五郎なり。○侍従日記・庶務課日記・行啓録・官報

守正王の病を御慰問

十二日、守正王戦地に於て病めるを以て、電報を発し慰問あらせらる。文に曰く、

御病気ノ趣深ク痛心ス残暑酷烈ノ候厚ク御療養速ニ御全快アラン事ヲ祈ル

と。○行啓録

三宮義胤薨ず

十八日、故式部長従二位勲一等男爵三宮義胤の送葬により、東宮主事子爵錦小路在明を其の邸に遣し、白絹弐疋及び祭粢料金弐百円を賜ひ、弔問せしめらる。

因に皇太子、義胤を知り給ふ事既に年あり。就中、其の日光含満淵の別荘は屢〻行啓の際御立寄あり、時には

一瀉華厳水　奔来乱石間　別荘風景好　庭上自然山

の詩を賦して其の景を賞し給へり。○庶務課日記・贈賜録・行啓録

九月

塩原より還啓

二日、塩原より東京に還啓あらせらる。是の日午前八時人力車にて御用邸御出門、途次、関谷尋常小学校に御休憩あり、十時三十五分西那須野停車場より汽車に御搭乗、上野停車場にて御下車、威仁親王・恒久王を始め宮内大臣子爵田中光顕・陸軍大将子爵佐久間左馬太等の奉迎を受けさせらる。停車場より直に参内、天機並びに御機嫌を候はせられ、午後四時五十分仮東宮御所に還啓あらせらる。○侍従日記・行啓録・庶務課日記・官報・侍従職日録

東京市民騒擾

五日、東京市民の間に、曩に締結せられたる日露講和条約を以て国民の屈辱なりとし、之が破棄を論じ、国民の公憤に愬へんと策動するものあり。対露同志会を其の主唱者となし、漸次都下の各団体を糾合し、講和問題同志聯合会を組織するに至り、是の日遂に国民大会を日比谷公園に開き、和約破棄の示威運動を行はんとす。政府は之が阻止を図りしが、其の干渉圧迫に市民の多数は憤懣激昂し、遂に警察官・憲兵と衝突を惹起し、内務大臣官邸其の他を襲ひて火を放つ。市中の秩序全く乱れ、騒擾劇甚を加ふ。東宮大夫侯爵中山孝麿邸附近亦火災起りたるを以て、物を賜ひ存問あら

東宮侍従を宮城に遣さる

せらる。午後九時東宮侍従本多正復を宮城に遣し、天機並びに御機嫌を候はせらる。猶ほ東京衛戍総督の命令により仮東宮御所の警備に任じたる近衛歩兵第四聯隊に亦物を賜ひ労を犒はせらる。○庶務課日記・贈賜録・官報

凱旋せる片岡北遣艦隊司令長官に賜謁

十二日、凱旋せる北遣艦隊司令長官海軍中将片岡七郎以下幕僚に謁を賜ふ。尋いで十四日凱旋せる聯合艦隊司令長官海軍大将東郷平八郎に謁を賜ひ、酒肴を賜ふ。○侍従日記・庶務課日記・日露戦役録

東宮武官を満洲軍等に遣さる

二十日、東宮武官尾藤知勝を満洲軍及び韓国駐劄軍に遣し、邦彦王・守正王・満洲軍総司令官元帥陸軍大将侯爵大山巌以下各軍司令官・師団長及び傷病者等に物を賜ひ、慰問あらせらる。○庶務課日記・日露戦役録

二十三日、午前九時御出門、有栖川宮邸を過りて参内、十一時三十分還啓あらせらる。○侍従日記・庶務課日記・行啓録

秋季皇霊祭御拝

二十四日、秋季皇霊祭により午前九時御出門、皇霊殿並びに神殿に御拝あり、十一時三十分還啓あらせらる。○侍従日記・庶務課日記・典式録

中山慶子邸に行啓

二十五日、午前十時三十分御出門、中山慶子邸に行啓、慶子・愛子・栄子に謁を賜ひ、慶子に金百円を、愛子に白羽二重壱疋・葡萄酒壱打を、栄子に白羽二重壱疋・御万那料金参千疋を賜ふ。

二十六日、東宮侍従丸尾錦作を宮中顧問官に任じ、皇孫御養育掛長仰付けらる。(4)仍りて金千円を賜ふ。錦作、明治二十二年以来側近に奉仕すること十有六年、其の功績顕著なるを以てなり。○侍従日記・庶務課日記・行啓録

二十七日、守正王病を別府温泉に養ふにより、昨二十六日電報を以て御機嫌を候す。是の日即ち電報を発し、慰問あらせらる。○庶務課日記 ○進退録・官報・贈賜録

凱旋せる原口樺太軍司令官等に賜謁

二十九日、凱旋せる樺太軍司令官独立第十三師団長陸軍中将原口兼済・歩兵第二十五旅団長陸軍少将竹内正策・歩兵第二十三旅団長陸軍少将内藤正明以下幕僚に謁を賜ひ、兼済に酒肴を賜ふ。○侍従日記・庶務課日記・日露戦役録

十月

葉山に皇后の御機嫌を候はせらる

九日、午前八時御出門、新橋停車場より汽車に御搭乗、逗子停車場にて御下車、十一時五分葉山御用邸に御著、皇后に御対面、御機嫌を候はせらる。午後三時御用邸御出門、有栖川宮別邸に臨み、威仁親王に御対面の後、逗子停車場より再び汽車にて往路の如く六時四十五分仮東宮御所に還啓あ

らせらる。○侍従日記・庶務課日記・行啓録・皇親録・官報

東宮主事一人増員

十一日、是より先、裕仁親王・雍仁親王、伯爵川村鉄太郎の邸より皇孫仮御殿に帰還あり、東宮御所内に於て御養育の事に御治定ありしを以て、東宮主事の定員を増加し、両親王に関する庶務会計を掌理せしむる必要に迫り、是の日東宮職官制中東宮主事二人を三人に改めらる。依りて桑野鋭を東宮職御用掛と為し、東宮主事心得を仰付けらる。○省達録・進退録・官報

学習院に行啓

十五日、午後二時御出門、学習院に行啓、秋季運動会場に臨み、四時二十分還啓あらせらる。同院に金弐百円を賜ふ。○侍従日記・庶務課日記・行啓録

十六日、午前十一時三十分妃と倶に内謁見所に於て新任亜爾然丁国代理公使ドン・バルドメロ・ガルシア・サガスツーメ〈Don Baldomere Garcia Sagstume〉夫妻に謁を賜ふ。○侍従日記・庶務課日記・官報・外事録

神嘗祭御拝

十七日、神嘗祭により、午前九時十分御出門、賢所御拝あり、十一時三十五分還啓あらせらる。○侍従日記・庶務課日記・典式録

参内平和克復の賀詞を奏せらる

是の日、日露講和条約の批准終れるを以て、午後三時御出門参内、御座所に於て天皇に謁し、平和克復の賀詞を奏せらる。帰途、有栖川宮邸に臨み、五時五十五分還啓あり。十九日正午東宮大夫侯爵中山孝麿以下東宮職諸員に立食を賜ひ、平和克復を祝せらる。○侍従日記・庶務課日記・侍従職日録・行啓録

皇后の還啓を新橋駅に奉迎

二十一日、皇后、葉山御用邸より宮城に還啓あらせらるるを以て、午後三時五十分御出門、妃と倶に新橋停車場に行啓、奉迎あり、四時五十分還啓あらせらる。○侍従日記・庶務課日記・行啓録・官報

聯合艦隊司令長官凱旋式に御参列

二十二日、聯合艦隊司令長官凱旋式に参列あらせらる。是の日午前十時聯合艦隊司令長官海軍大将東郷平八郎各司令長官及び幕僚を随へて凱旋入京す。乃ち東宮武官黒水公三郎を新橋停車場に遣し、之を迎へしめらる。午前十時御出門参内、天皇に扈従し千種間に臨み、凱旋上奏式に御参列あり、平八郎海戦の経過を奏するを陪聴あらせらる。其の辞に曰く、

客歳二月上旬聯合艦隊カ大命ヲ奉シテ出征シタル以来茲ニ一年有半其間海陸ノ交戦皇軍勝利ヲ獲サルコトナク今日復タヒ和平ノ秋ニ遇ヒ臣等犬馬ノ労ヲ了ヘテ大纛ノ下ニ凱旋スルヲ得タリ是レ一ツニ大元帥陛下御威徳ノ然ラシムルモノニシテ臣等ノ終始感激措ク能ハサル所ナリ

初メ聯合艦隊ノ海上ニ第一期作戦ヲ開始スルヤ臣ハ大命ニ基キ海陸ノ形勢ト陸戦ノ方向ヲ考察シ敵艦隊ノ主力ヲ旅順方面ニ拘束シ之ヲシテ浦塩ノ要地ニ拠ラシメサルヲ以テ戦略ノ主旨トシ先ツ旅順仁川ニ敵ヲ迅撃シ更ニ数次ノ攻襲ヲ重ネ以テ漸次ニ其勢力ヲ減殺シ又屢〻冒険ナル敵港ノ閉塞及敵前ノ水雷沈置等ヲ試ミ以テ敵ノ出動範囲ヲ縮少スルニ力メ尚麾下艦隊ノ一部ヲ常ニ朝鮮海峡ニ駐メテ海上ノ要害ヲ扼シ以テ浦塩ノ敵ヲ監視スルト同時ニ旅順ノ敵ニ封スル第二

戦線タラシメタリ此作戦ノ前期中敵ハ終始地利ニ拠リテ退嬰ヲ事トシ我軍連続ノ攻撃モ容易ニ其成果ヲ収ムル能ハサリシカ八月中旬敵艦隊主力ノ旅順ヨリ浦塩ニ逃レントスルニ及ヒテ黄海及蔚山沖ノ海戦ヲ見ルニ至リ期セスシテ全ク敵ノ戦略的企図ヲ摧破シ我作戦目的ノ過半ヲ達成スルヲ得タリ其後陸戦漸ク歩武ヲ進メ旅順ノ背面ニ対スル我攻囲軍不撓ノ追撃ハ海上ニ於ケル耐久ノ封鎖ト相須テ遂ニ敵艦隊ノ主力ヲ其要塞ノ下ニ殲滅スルニ到レリ惟フニ此期ノ作戦ハ戦勢ノ自然ニ伴ヒテ漸進微功ヲ積ミ攻戦約十箇月ニ亘リ我将卒ノ心力ヲ傾注シ智勇ヲ発揮シタルコト本戦役中ニ冠絶シ忠死ノ士殉難ノ艦亦少カラサリシト雖モ戦局ノ大勢ハ茲ニ初テ定リ爾後日本海ニ於ケル決勝ノ機運モ此間ニ萌芽シタルヲ覚ユ今春年改マルト共ニ第二期ノ作戦ニ移リ我艦隊ハ更ニ兵力ヲ整頓シテ敵ノ第二艦隊ニ備ヘ傍ラ露領沿海州ヲ包鎖シテ敵国軍資ノ輸入ヲ遮断シ時ニ支隊ヲ南洋ニ分遣シテ敵ノ航路ヲ威嚇スルニ勉メ其間対馬津軽宗谷国後等ノ諸水道附近ニ於テ捕獲シタル船舶三十余隻ヲ算ス初夏五月ニ入リ敵ノ第二艦隊近海ニ出現スルニ及ヒテ予メ我全力ヲ朝鮮海峡ニ集中シ逸ヲ以テ労ニ乗スルノ策ヲ執リシカ我将卒ノ勇敢ナル動作ハ神明ノ加護ニ由リ著々其功ヲ奏シ日本海海戦ノ一挙敵影ヲ海上ヨリ掃蕩シ以テ此期ノ作戦ヲ終結スルヲ得タリ

明治三十八年十月

爾来海洋ハ名実共ニ我艦隊ノ制圧ニ帰シ作戦第三期ニ入リシモ負担ノ任務ハ大ニ軽減シ或ハ陸軍ト与ニ樺太ノ攻略ニ従事シ殆ト一兵ヲ損セスシテ協同ノ任務ヲ果シ或ハ時々北韓方面ニ作動シテ敵ヲ脅威シ且ツ依然露領ノ包鎖ヲ続行シテ休戦復和ノ終局ニ至ル迄確実ニ之ヲ維持セリ

之ヲ要スルニ聯合艦隊ノ作戦ハ其第一期ニ於テ戦勢ヲ定メ第二期ニ移リテ戦勝ヲ決シ第三期ニ入リテ戦果ヲ収メントシタルモノニシテ其間緩急難易ノ差異アリシト雖モ全局ニ亘ル一貫ノ攻戦ハ其始ヨリ順当ニ経過[5]シ終ニ今日アルヲ見ルニ到レリ今ヤ凱旋シテ東京湾ニ集合セル帝国艦船大小百七十余隻固ヨリ戦役ニ亡失シタルモノアリト雖モ更ニ戦利トシテ獲得シタルモノヲ加ヘ尚能ク戦前ニ劣ラサル武力ヲ保有スルヲ得タルハ臣等ノ誠ニ光栄トスル所ナリ終ニ臨ミ臣ハ聯合艦隊ハ満韓ニ於ケル陸戦ノ効果ニ依リ其余利ヲ蒙リタルコト少カラス又海軍大小諸機関ノ整備活動其他諸官衙ノ支助協力ニ依リ海上ノ作戦遺憾無ク進捗シタルコトヲ感喜ス茲ニ謹テ海上作戦ノ経過ヲ奉告シ大命ニ対スル責務ノ結了ヲ奏聞ス

と。尋いで天皇勅語[6]を賜ひ、其の功を嘉せらる。式畢り午後零時三十分還啓あらせらる。○侍従日記・庶務課日記・日露戦役録・官報・侍従職日録

東郷司令長官以下に物を賜ふ

聯合艦隊司令長官海軍大将東郷平八郎以下第二艦隊司令長官海軍中将上村彦之丞・第三艦隊司令

長官海軍中将片岡七郎・第四艦隊司令長官海軍中将出羽重遠等に各〻清酒壱樽・五種交魚壱折宛を賜ふ。後、二十四日平八郎、海軍軍令部長海軍大将子爵伊東祐亨と倶に参殿、恩を謝するにより乃ち謁を賜ひ、二十五日には彦之丞・七郎・重遠等各〻幕僚を随へ参殿せるにより、亦謁を賜へり。○庶務課日記・日露戦役録・侍従日記

御召艦浅間に御陪乗

二十三日、聯合艦隊参謀の職務を以て横浜港沖に於ける聯合艦隊凱旋観艦式に参列あらせらる。是の日午前七時三十分御出門、新橋停車場より御発車、八時五十三分横浜停車場に著かせられ、聯合艦隊司令長官海軍大将東郷平八郎以下諸員の奉迎を受け、楼上に御休憩あり、九時三十分天皇の横浜停車場著御を奉迎あらせられ、直に鹵簿の後より、東郷聯合艦隊司令長官の幕僚として之に続き、人力車にて横浜税関に臨み、再び御休憩あり、十時汽艇を以て天皇の御召艦浅間に陪乗あらせらる。十時二十五分抜錨、式場に進み、御親閲に扈従あらせらる。式場は東西五海里・南北二海里に亘り、参列艦艇百六十五隻に及ぶ。正午過る頃浅間錨地に投錨し、天皇、東郷聯合艦隊司令長官以下諸員を召して勅語を賜ふ。即ち御陪席あり。畢りて昼餐を摂らせられ、更に潜航艇の運動を台覧あり、午後二時五十分上陸し給ひ、横浜停車場に天皇を奉送の後、四時十分汽車に御搭乗、六時十分仮東宮御所に還啓あらせらる。○侍従日記・庶務課日記・典式録・皇親録・官報

御神体遷座により賢所三殿御拝

二十五日、賢所・皇霊殿・神殿修理成れるを以て、是の日午前十時御神体を仮殿より遷座す。仍りて御日拝所に於て遥拝あらせらる。尋いで賢所・皇霊殿・神殿御親祭並びに御神楽を行はせらるるにより、午後四時十分御出門、御拝あり、五時五十分還啓あらせらる。○侍従日記・庶務課日記・典式録・官報

下志津原に行啓

二十七日、陸軍士官学校生徒戦闘射撃演習実況御視察の為、千葉県下下志津原に行啓あらせらる。是の日午前七時十分御出門、総武鉄道株式会社両国停車場より汽車に御搭乗、九時三十分四街道停車場に著かせられ、陸軍士官学校長陸軍少将南部辰丙以下諸員の奉迎を受け、人力車に御移乗、陸軍野戦砲兵射撃学校に入らせらる。御少憩の後、南部校長の御先導にて演習場に臨み、大日山附近に於て戦闘射撃演習を御視察あり、午後零時十分帰路に就かせられ、再び陸軍野戦砲兵射撃学校に到りて午餐を召し、陸軍士官学校教官諸員に謁を賜ふ。一時四十分同校御出門、四街道停車場にて汽車に御搭乗、両国停車場にて御下車、四時二十五分仮東宮御所に還啓あらせらる。猶ほ千葉停車場にて千葉県知事石原健三・両国停車場にて教育総監陸軍大将男爵西寛二郎等奉送迎せり。○侍従日記・庶務課日記・行啓録・皇親録・官報

凱旋せる海軍将校を浜離宮に召す

二十八日、戦地より凱旋せる海軍将校を浜離宮に召させらる。是の日午前十時御出門参内の後、正午浜離宮に行啓、海軍将校庭園に列立奉迎せる前を御通過あり、午後零時三十分立食場にて貞愛

酒盃を賜ふ

親王・威仁親王・載仁親王・依仁親王・菊麿王・博恭王と御会食、侯爵伊藤博文・内閣総理大臣伯爵桂太郎並びに大本営幕僚・聯合艦隊将校・各鎮守府代表者等に立食を賜ふ。一時将官及び感状を受けたるもの各艦隊司令長官幕僚等に順次に酒盃を賜ふ。二時離宮御出門、還啓あらせらる。○侍従日記・庶務課日記・日露戦役録・官報

是の日、午後五時三十分御出門、華頂宮邸に行啓、博恭王に御万那料金弐拾五円を賜ひ、七時三十七分還啓あらせらる。○侍従日記・庶務課日記・行啓録

二十九日、聯合艦隊司令長官海軍大将東郷平八郎青山墓地に於て明治三十七八年戦役戦歿者弔祭を挙行するを以て、東宮武官黒水公三郎を遣し、祭粢料金弐拾五円を賜ふ。○庶務課日記・贈賜録

十一月

二日、威仁親王と午餐を御会食、東宮侍従長侯爵木戸孝正等に陪食を賜ふ。○侍従日記・庶務課日記・典式録

陸海軍少将に御陞任

三日、陸軍少将・海軍少将に陞任せしめられ、午前十時勅使侍従長公爵徳大寺実則官記を奉じて参殿せるを以て、陸軍大佐の御正装にて内謁見所に出で、之を受けさせらる。十一時公式鹵簿乙の部にて御出門、宮城正門より参内、陞任の恩を謝し、尋いで天長節宴会に御参列あり、午後一時三

十五分還啓あらせらる。夕刻妃と倶に表謁見所に於て陞任の祝宴を開かせ給ひ、公爵九条道実・東宮侍従長侯爵木戸孝正以下東宮職職員に陪食を賜ふ。〇侍従日記・庶務課日記・典式録・皇親録・侍従職日録・官報

御陞任の祝宴

四日、華族会館に於て出征華族戦歿者の弔祭を執行するにより、御菓子壱台を賜ふ。〇贈賜録・庶務課日記

五日、内閣総理大臣伯爵桂太郎・外務大臣男爵小村寿太郎・海軍大将東郷平八郎・陸軍少将東条英教・海軍少将松本和・諸陵頭足立正声及び宮中顧問官子爵高辻修長相次いで参殿せるを以て、謁を賜ふ。〇侍従日記・庶務課日記

是の日、午後六時三十分凱旋せる依仁親王を召して晩餐御会食あり、東宮武官長村木雅美等に陪食を賜ふ。〇庶務課日記・侍従日記・典式録

凱旋せる依仁親王を晩餐に召す

七日、凱旋入京せる後備第二師団長陸軍中将三好成行以下将校二十八名に謁を賜ふ。二十四日亦凱旋せる近衛後備混成旅団長陸軍少将梅沢道治に謁を賜ひ、清酒壱樽・三種交魚壱折を賜ふ。〇侍従日記・庶務課日記・日露戦役録

十二日、宣仁親王午前十時仮東宮御所御出門、皇孫仮御殿に移居す。因りて御養育掛長丸尾錦作以下皇孫仮御殿職員に酒肴を賜ふ。〇侍従日記・庶務課日記・贈賜録

宣仁親王皇孫仮御殿に移居

十四日、平和克復により天皇神宮親謁の為め午前十時十分発輦し給ふにより、新橋停車場に行啓、

発輦を新橋停車場に奉送

奉送あらせらる。午後三時五十分静岡御用邸著御に当り、電報にて天機を候せらる。十五日宇治山田行在所著御に際し、十七日神宮親謁に当り、亦此の事あり。十九日に至りて還幸し給ふ。即ち再び新橋停車場に行啓奉迎あり、尋いで参内あらせらる。○侍従日記・庶務課日記・侍従職日録・行啓録・重要雑録・官報

羅馬法王使節に賜謁

二十一日、午前十時三十分今般本邦に来航せる羅馬法王使節ポートランド僧正ダブルユー・エッチ・オー・コンネル〈William Henry O'Connell〉及び随員書記官チャールス・ダブルユー・コリンス〈Charles W. Collins〉・神学博士ピー・ジエー・サツプル〈P. J. Supple〉に妃と倶に謁を賜ふ。(7) ○侍従日記・庶務課日記・外事録・官報

宇治山田町に行啓

二十二日、午前九時御出門、有栖川宮邸を過りて参内、午後零時十五分還啓あり。来る二十五日神宮に謁せらるる為め三重県宇治山田町に行啓あるを以てなり。○侍従日記・庶務課日記・侍従職日録・行啓録

是の日、午後御妹昌子內親王・房子內親王及び依仁親王に対面あらせらる。二十三日威仁親王に、二十四日載仁親王に亦御対面あり。○侍従日記・庶務課日記

二十五日、平和克復により、神宮に謁せらるるを以て、三重県宇治山田町に行啓あり。是の日午前十時公式鹵簿乙の部にて御出門、新橋停車場にて依仁親王・菊麿王・恒久王・内閣総理大臣伯爵桂太郎等諸員の奉送を受け、汽車に御搭乗、侍従職幹事公爵岩倉具定・東宮侍従長侯爵木戸孝正・

東宮武官長村木雅美・東宮主事桂潜太郎・同子爵錦小路在明・東宮武官田内三吉・同黒水公三郎・東宮侍従子爵有馬純文・東宮侍従本多正復・侍医西郷吉義供奉す。午後三時四十五分静岡停車場に御著、静岡御用邸に入らせられ、静岡県知事亀井英三郎・陸軍少将竹内正策に謁を賜ふ。夜に入りて市民の献上せる花火を御覧あらせらる。○侍従日記・庶務課日記・皇親録・行啓録・官報

静岡御著

二十六日、午前七時五十分静岡御用邸御出門、静岡停車場より汽車に御搭乗、午後四時四十五分山田停車場に御著、御旅館神宮司庁に入らせらる。三重県知事有松英義以下諸員に謁を賜ふ。二十七日午前八時三十分御沐浴の後、十時御出門、外宮御拝あり、尋いで御休所にて神宮祭主邦憲王に御対面、小宮司以下に謁を賜ひ、十一時四十分神宮司庁に還啓あらせらる。二十八日亦御沐浴の後、十時御出門、内宮に御拝あり、邦憲王に御対面のこと前日の如く、十一時還啓あらせらる。○侍従日記・行啓録・官報

静岡御発

宇治山田に御著

外宮御拝

内宮御拝

二十九日、東京還啓の途に就かせらる。是の日午前九時五十分神宮司庁御出門、山田停車場にて邦憲王以下諸員の奉送を受け、汽車に御搭乗、午後二時三十二分名古屋停車場に御著、愛知県知事深野一三・留守第三師団長陸軍少将高井敬義等の奉迎を受け、名古屋離宮に入らせらる。一三・敬義並びに岐阜県知事川路利恭・名古屋控訴院長藤田隆三等に謁を賜ふこと例の如し。敬義、軍事に

還啓の途に就かせらる

名古屋に御著

関する説話を為すを聴かせらる。又故陸軍歩兵中佐橘周太の嗣子一郎左衛門を特に召して謁を賜ひ、懐中時計壱個及び白縮緬壱疋を賜ふ。尋いで離宮内に設けられたる商品陳列場にて愛知県商品を御一覧、深野知事の説明を聴かせらる。三十日午前七時五十分離宮御出門、名古屋停車場より御発車、沼津停車場御通過に際し、裕仁親王・雍仁親王・宣仁親王に御対面あり、午後五時四十五分新橋停車場に御著、貞愛親王・載仁親王・依仁親王並びに菊麿王以下諸員の奉迎を受け、六時十分仮東宮御所に還啓あらせらる。翌十二月一日午前十時御出門参内、天機並びに御機嫌を候はせらる。○侍従日記・行啓録・庶務課日記・官報・侍従職日録

名古屋御発

仮東宮御所に還啓

十二月

三日、近衛師団長陸軍中将浅田信興凱旋し、午後一時十一分新橋停車場に著するを以て、東宮武官田内三吉を遣して之を迎へしめ、五種交魚壱折・清酒壱樽を賜ふ。五日信興幕僚を率ゐて参候せるにより、謁を賜ふ。又近衛歩兵第二旅団長陸軍少将谷山隆英凱旋、六日参候せるを以て謁を賜ひ、三種交魚壱折・清酒壱樽を賜ふ。○侍従日記・庶務課日記・日露戦役録

凱旋せる浅田近衛師団長に賜謁

六日、後桃園天皇御例祭により、午前九時十分妃と倶に御出門、皇霊殿に御拝あり、十一時二十

後桃園天皇例祭御拝

分還啓あらせらる。〇侍従日記・庶務課日記・典式録

満洲軍総司令官凱旋式に御参列

七日、午前九時四十五分御出門参内、明八日呉軍港に行啓あらせらるるを以て、天皇・皇后に請暇を奏啓あり。偶〻満洲軍総司令官凱旋式あり。仍りて十一時天皇に扈従し式場千種間に臨み、総司令官元帥陸軍大将侯爵大山巌作戦の経過を復命するを陪聴あらせらる。復命書に曰く、

客歳六月満洲軍総司令官タルノ大命ヲ奉シ爾来遼陽ニ敵ノ戦略要地ヲ奪ヒ沙河ニ其南進ノ鋭鋒ヲ挫キ旅順ニ堅城ヲ陥レ黒溝台ニ敵ノ大企図ヲ摧キ奉天ニ大軍ヲ撃砕シ其他大小交戦数十回一トシテ戦捷ヲ博セサル無ク以テ開戦当初ノ目的ヲ達スルヲ得タルハ偏ニ陛下ノ御稜威ト将卒ノ忠勇ニ依ラスンハアラス尚国民ノ忠愛ナル後援ハ有形無形上将卒ノ志気ヲ鼓舞シ海軍ノ偉大ナル戦捷ハ沿海ノ作戦ニ大ナル効果ヲ及ホシ殊ニ軍の大動脈タル海上ノ連絡線ヲ鞏固ニシ内外当局官憲ノ熱誠ナル努力ハ中外ノ事情ヲ明瞭ニシ諸般ノ補給ヲ確実ニシ衛生ノ効果ヲ全フシ以テ作戦ノ指導ニ一大援助ヲ与ヘタリ是レ臣等ノ常ニ感喜スル所ナリ而シテ生命ヲ犠牲ニ供シタル幾多将卒ノ為メニハ哀悼ノ情ヲ禁スル能ハス今ヤ平和克復シ閫外ノ任全ク畢リ天顔ニ咫尺スルノ光栄ヲ得感激ノ至リニ堪ヘス各軍ニ於ケル作戦ノ概況ハ其凱旋ニ応シ当該軍司令官ヲシテ奏上セシム右謹テ復命以聞ス

と。尋いで天皇勅語を賜ひ、其の功を嘉せらる。式畢り午後零時三十五分還啓あらせらる。○侍従日記・庶務課日記・侍従職日録・日露戦役録・官報(9)

凱旋せる大山満洲軍司令官に賜謁

午後二時二十五分満洲軍総司令官元帥陸軍大将侯爵大山巌・満洲軍総参謀長陸軍大将男爵児玉源太郎以下幕僚二十五名を率ゐ参候せるを以て謁を賜ひ、巌に鍔散し金蒔絵手匣壱個を、源太郎に近江八景金蒔絵手匣壱個を、又両人に清酒壱樽・五種交魚壱折宛を賜ふ。九日陸軍歩兵少佐邦彦王及び第一軍司令官陸軍大将男爵黒木為楨凱旋す。因りて東宮武官田内三吉を新橋停車場に遣し、邦彦王を迎へしめ、王に三種交魚壱折を、為楨に清酒壱樽・五種交魚壱折を賜ふ。尋いで為楨幕僚を率ゐ、仮東宮御所に伺候せり。○侍従日記・庶務課日記・日露戦役録・官報

呉軍港に行啓

横浜港御解纜

供奉員

八日、軍艦筑波進水式に臨場の為め呉軍港に行啓あらせらる。是の日午前七時三十分御出門、威仁親王以下文武諸員奉送裡に新橋停車場にて汽車に御搭乗、菊麿王及び海軍大将東郷平八郎扈従す。八時四十五分横浜停車場に御著、税関波止場より汽艇にて軍艦磐手に乗り給ふ。午前十時横浜港解纜、一路舞子に嚮ひて航行あらせらる。菊麿王は供奉艦笠置に搭乗、平八郎は磐手に陪乗す。猶ほ供奉を命ぜられたる者には、東宮大夫侯爵中山孝麿・東宮侍従長侯爵木戸孝正・東宮武官長村木雅美・東宮侍従子爵有馬純文・同原恒太郎・同本多正復・東宮武官黒水公三郎・同尾藤知勝・侍医相

磯慥・同伊勢錠五郎・東宮主事子爵錦小路在明等あり。

舞子に御著

舞子御発

粟島沖に御仮泊

呉軍港に御著

翌九日、午後三時三十分御乗艦磐手兵庫県下舞子沖に投錨す。乃ち汽艇にて有栖川宮別邸前海岸に御上陸、徒歩にて同邸に入らせられ、守正王に御対面、留守第十師団長陸軍中将柴野義広等に謁を賜ふ。四時四十五分より明石町・山田村附近を御逍遥、五時五十分還啓あり。十日午前九時三十分有栖川宮別邸御出門、汽艇にて軍艦磐手に御搭乗、十一時解纜、午後五時香川県下粟島沖に著かせられ、直に御上陸、箱浦を御散歩あり、明神社境内にて御小休の後、御帰艦仮泊あらせらる。十一日午前六時三十分粟島沖を解纜、午後二時三十分呉軍港に著かせられ、呉鎮守府司令長官海軍中将有馬新一以下幕僚並びに海軍大臣男爵山本権兵衛等に謁を賜ふ。是の夜亦軍港内に仮泊あらせらる。〇侍従日記・庶務課日記・行啓録・皇親録・官報

軍艦筑波進水式に御臨場

故障の為め進水を中止す

呉海軍工廠御覧

依仁親王・菊麿王と御会食

十二日、午前八時四十分水雷艇にて呉海軍工廠造船部前面桟橋より御上陸、軍艦筑波進水式場に臨ませらる。然るに前夜来の風浪及び高潮の為め水中滑走船台に故障を生じたるを以て、予定の式を行ふこと能はず、来る二十六日に延期するの止むを得ざるに至る。因りて呉海軍工廠長海軍中将山内万寿治に先導せしめ、工廠内各工場を巡覧あらせらる。午後零時三十分呉鎮守府司令長官官舎に臨み、依仁親王・菊麿王と午餐御会食あり、海軍大臣男爵山本権兵衛・英吉利国特命全権大使[10]

サー・クロード・マックスェル・マクドナルド〈Sir Claude Maxwell MacDonald〉・海軍軍令部長海軍大将子爵伊東祐亨・海軍大将東郷平八郎・横須賀鎮守府司令長官海軍大将男爵井上良馨・呉鎮守府司令長官海軍中将有馬新一・呉海軍工廠長海軍中将山内万寿治・横須賀海軍工廠長海軍中将伊東義五郎・第三艦隊司令官海軍少将山田彦八・第二艦隊司令官海軍少将島村速雄・留守第五師団長陸軍中将真鍋斌・呉鎮守府参謀長海軍少将新島一郎・広島県知事山田春三等に陪食を賜ふ。午後二時三十分工務部桟橋より汽艇にて御帰艦あり、尋いで菊麿王を随へ音戸の瀬戸に臨み、岬に御上陸、暫時御遊歩の後、五時二十分御帰艦、仮泊あらせらる。是の日東宮武官黒水公三郎を呉海軍病院に遣さる。

呉軍港御解纜宇品に御立寄

十三日は午前七時呉軍港御解纜、八時宇品港に著かせられ、汽艇にて御上陸、陸軍運輸本部に臨み、楼上に於て御少憩、真鍋留守第五師団長等に謁を賜ふ。九時三十分同所を出で御帰艦あり、尋いで宇品港を抜錨、江田島沖に到り、午後一時十五分海軍兵学校に行啓あらせらる。

江田島なる海軍兵学校に行啓

校長海軍少将富岡定恭以下諸員に謁を賜ひたる後、富岡校長に先導せしめ、生徒館内寝室・温習所・講堂等御巡覧あり、尋いで生徒の柔道・各個教練・野砲及び中隊操練・砲台操練・撃剣及び棒倒運動等を台覧、畢りて本館楼上に於て御休憩、富岡校長に御言葉を賜ふ。曰く、

本校生徒ハ将来ニ於ケル海軍ノ楨幹国家ノ干城タラサルヘカラス今日親シク茲ニ臨ミ学術ノ進

脩良好ナルヲ見ル而シテ今回ノ戦役ニ従ヘル将校ノ多数ハ本校ノ出身ニシテ其行動軍人ノ亀鑑タルヘキモノ鮮ナカラサルハ校長始メ校員等ノ教訓其宜シキヲ得ルノ致ス所卿等益々奨励以テ忠良ノ養成ニ勖メヨ

と。将校集会所に金百円を賜ひ、又偶〻在学中の栽仁王に物を賜ふ。夫より栽仁王を随へ、御帰艦あり、三時二十分江田島沖を発し、四時三十分厳島沖に著かせられ、栽仁王と晩餐御会食、東郷海軍大将に陪食を賜ふ。○侍従日記・庶務課日記・皇親録・行啓録・官報

厳島沖に御仮泊

十四日、叡旨により来る二十六日に延期したる軍艦筑波進水式に再び臨場あらせらるるに決し、其の期に及ぶ迄暫く駕を有栖川宮の舞子別邸に駐めさせられんとす。因りて午前七時厳島沖御解纜あり、午後四時四十分香川県下小豆島内海湾に著かせらる。汽艇にて三都村蒲野に御上陸、御運動あり、尋いで御帰艦、香川県知事小野田元凞に謁を賜ふ。是の夜は内海湾に御仮泊あり、翌十五日午前六時三十分抜錨、十時兵庫県下明石沖に著かせられ、直に舞子海岸に御上陸、有栖川宮別邸に入らせらる。参候せる菊麿王・守正王に御対面あり。是より御滞留九日、其の間、日々午前中は御読書・邸内御散策に費し、午後は明石町・垂水村等に御逍遥あり、就中、二十日には旧城址なる明石御料地にて、二十一日には垂水村山野にて御遊猟を試みさせられ、二十三日には須磨なる賀陽宮

小豆島内海湾に御仮泊

舞子に御著御滞泊

別邸に館せる守正王を訪はせらる。猶ほ二十二日には参候せる博恭王に御対面、午餐御会食あり、二十三日には邦憲王・多嘉王に御対面のことありたり。又東京御発程以来扈従せる菊麿王には、十六日請暇を啓し同日帰京せり。○侍従日記・皇親録・行啓録・官報

舞子御発

鞆港に御仮泊

呉軍港に御著

二十四日、午前九時舞子有栖川宮別邸御出門、汽艇にて大蔵谷沖に碇泊せる軍艦磐手に御搭乗、九時三十分解纜、午後四時三十分鞆港に著かせられ、御仮泊あり。二十五日午前八時同港を発し、午後二時十五分呉軍港に著かせられ、海軍大将東郷平八郎・呉鎮守府司令長官海軍中将有馬新一以下幕僚・呉海軍工廠長海軍中将山内万寿治及び広島県知事山田春三等に謁を賜ふ。是の夜亦磐手に御仮泊あり。○侍従日記・庶務課日記・皇親録・行啓録・官報

軍艦筑波進水式に御臨場

呉軍港御発

二十六日、午前八時四十分汽艇に乗じ、呉海軍工廠造船部第二船渠北側仮桟橋より御上陸、有馬司令長官以下諸員奉迎裡に徒歩にて軍艦筑波進水式場に臨ませらる。九時有馬司令長官進水準備の整頓を報告し、海軍大臣代理有馬呉鎮守府司令長官進水命令書を朗読し、尋いで山内呉海軍工廠長に命じて艦を進水せしむ。船体進行を始むるとき、軍楽隊は奏楽をなし、奏楽畢るの時を以て、進水式結了を告ぐ。夫より汽艇に乗じ、鎮守府司令長官官舎に臨み、海軍次官斎藤実等に謁を賜ひ、昼餐を摂らせ給へる後、同所御出門、午後一時呉停車場より汽車に御搭乗、一路東京に嚮はせらる。

途次、沿線各停車場に於て文武諸員の奉迎送を受けさせられ、翌二十七日午後一時四十分威仁親王及び各皇族以下の奉迎裡に新橋停車場に御著、二時仮東宮御所に還啓あらせらる。尋いで山本海軍大臣・東郷海軍大将・宮内大臣子爵田中光顕等に謁を賜ひ、立食の陪食を賜ふ。是の日御著京後直に参内、天機を候せらるべきなりしも、偶〻ペスト流行地を御通過ありし為、之を止めさせらる。〇侍従日記・庶務課日記・皇親録・行啓録・官報

東京に還啓

二十八日、午前十時十分公式鹵簿乙の部にて御出門、貴族院に行啓、帝国議会開院式に御参列あり、十一時五十分還啓あらせらる。〇侍従日記・庶務課日記・典式録・皇親録・行啓録・官報

帝国議会開院式に御参列

午後三時御出門、有栖川宮邸に行啓、威仁親王に御対面の後参内、天機を候し、呉行啓の状況を奏し、六時四十分還啓あらせらる。〇侍従日記・庶務課日記・行啓録

二十九日、不日帰国する和蘭国及び瑞典国特命全権公使ドランダス〈Baron Sweerts de Landas Wyborgh〉午後一時三十分参候せるにより謁を賜ふ。〇侍従日記・庶務課日記・官報・外事録

大正天皇実録　巻三十三

明治三十九年　宝算二十八歳

一月

参内年賀を奏啓

一日、午前九時妃と倶に御出門、公式鹵簿乙の部にて参内、天皇・皇后に新年の賀を奏啓あり、尋いで天皇に従ひ正殿に臨み、文武諸官拝賀の式に参列あらせられ、午後三時四十分還啓あり。二日も同じく参内、新年拝賀の式に参列あらせらる。○常侍官日記・庶務課日記・侍従職日録

三日、元始祭により、午前九時十分御出門、賢所・皇霊殿・神殿御拝、十一時十五分還啓あらせらる。○常侍官日記・庶務課日記

公爵九条道孝邸に行啓

四日、麝香間祗候従一位大勲位公爵九条道孝病篤きにより、午前九時御出門、其の邸に行啓、親

しく病床に臨み、存問し給ひ、九時三十五分還啓あらせらる。尋いで道孝薨ず。即ち東宮侍従子爵大迫貞武を其の邸に遣し、弔問せしめらる。因に道孝三日既に薨ぜしが、秘して喪を発せず、是の日始めて喪を発す。仍りて此のことありしなり。道孝は妃の御父なるを以て、妃は直に喪を服せらる。五日貞愛親王・載仁親王・邦彦王・同妃俔子・守正王妃伊都子・英吉利国特命全権大使サー・クロード・マックスウェル・マクドナルド・白耳義国特命全権公使男爵アルベール・ダヌタン・独逸国公使ワルレー及び宮内大臣子爵田中光顕等参殿、妃の御機嫌を奉伺す。十日道孝の葬儀を執行するを以て、午前九時三十分御使大迫東宮侍従・妃御使東宮女官吉見光子を其の邸及び式場青松寺に遣され、祭粢料金壱万円並びに供物を賜ふ。○常侍官日記・庶務課日記・官報

道孝の薨去を御弔問

五日、新年宴会なるも参列の事なし。妃の御父公爵九条道孝薨ぜるを以てなり。○庶務課日記・儀式録・典式録

七日、午後二時三十分御出門、有栖川宮邸に行啓、四時三十五分還啓あらせらる。○常侍官日記・庶務課日記・行啓録

八日、皇后沼津御用邸に行啓により、午前九時五十分御出門、新橋停車場にて奉送あらせらる。帰途参内、午後零時十五分還啓あり。○常侍官日記・庶務課日記・重要雑録・行啓録・官報

皇后の沼津行啓を御奉送

九日、英吉利国特命全権大使サー・クロード・マックスウェル・マクドナルド今般大使に陞任せ

る為め参候、敬意を表せんとするを以て、午前十時謁を賜ふ。(1)○常侍官日記・庶務課日記・外事録・官報

葉山に行啓御淹留

是の日、御避寒の為め午後零時四十分御出門、新橋停車場より汽車に御搭乗、三時七分葉山御用邸に行啓あらせらる。是より御淹留五週間余に亘らせらる。○常侍官日記・庶務課日記・行啓録・官報

十日、陸軍大将伯爵桂太郎今般内閣総理大臣を辞任したるにより伺候せるを以て、謁を賜ふ。○常侍官日記

葉山有栖川宮別邸に行啓

是の日、午前十時五十五分御出門、有栖川宮の葉山別邸に行啓、威仁親王に御対面あり、十一時四十五分還啓あらせらる。此の後、葉山御滞留中屢〻同別邸に臨ませらる。猶ほ二月一日威仁親王を召して晩餐を会食あらせらる。○行啓録・常侍官日記

英照皇太后御例祭代拝

十一日、英照皇太后御例祭により、東宮侍従長侯爵木戸孝正に御代拝を命ぜらる。因に是の歳、宮中各祭典に御代拝を遣さるる事左表の如し。○庶務課日記・官報・典式録

月日	御祭典	御代拝
一月 三十日	孝明天皇御例祭	東宮侍従長 侯爵 木戸孝正
二月 十一日	紀元節御祭典	同 同
同 二十一日	仁孝天皇御例祭	同 同

月日	御祭典	御代拝
三月二十一日	春季皇霊祭並神殿祭	東宮侍従長　侯爵　木戸孝正
四月三日	神武天皇御例祭	東宮侍従　子爵　有馬純文
六月八日	三品薫子内親王尊三十年御式年祭	同　大迫貞武
十月十七日	神嘗祭	東宮侍従長　侯爵　木戸孝正
十一月三日	天長節御祭典	東宮侍従　本多正復
十二月十二日	光格天皇御例祭	東宮侍従長　侯爵　木戸孝正
同　十五日	賢所御神楽	同　同

十二日、午前十時近日韓国方面に渡航する第二艦隊司令官海軍少将中尾雄に謁を賜ふ。○行啓録・常侍官日記

是の日、陸軍歩兵少佐守正王戦地より凱旋し、仮東宮御所に伺候す。仍りて三種交魚壱折を賜ふ。

凱旋せる守正王と御会食

十六日守正王葉山御用邸に参殿、御機嫌を候す。乃ち午餐を会食あらせらる。

凱旋せる奥第二軍司令官に賜謁

第二軍司令官陸軍大将男爵奥保鞏亦凱旋し、幕僚二十六名を率ゐて仮東宮御所に伺候せるを以て、五種交魚壱折・清酒壱樽を賜ふ。十七日保鞏、葉山御用邸に参候せるを以て謁を賜ひ、戦況に関す

る談話を聴かせらる。午前十一時保鞏及び幕僚等に陪食を賜ふ。猶ほ保鞏に御紋附金巻莨入壱個・金蒔絵手匣壱個を賜ふ。○庶務課日記・行啓録・日露戦役録・常侍官日記・贈賜録・皇親録

依仁親王に御対面

十四日、依仁親王に対面あらせらる。後、十七日親王の寓所公爵岩倉具定別邸に行啓、親王に御対面あり。三十一日及び二月十三日にも亦此のことあり。猶ほ二十二日・二月四日・十四日には親王を召し、晩餐を会食あらせらる。○行啓録・常侍官日記

凱旋せる乃木第三軍司令官及び野津第四軍司令官に賜謁

是の日、午前十時三十分第三軍司令官陸軍大将男爵乃木希典戦地より凱旋するを以て、東宮武官黒水公三郎を新橋停車場に遣し、之を迎へしめらる。午後二時希典第三軍幕僚四十八名を率ゐて仮東宮御所に伺候す。十七日には第四軍司令官陸軍大将伯爵野津道貫亦凱旋せるにより、東宮武官尾藤知勝を新橋停車場に遣さる。道貫幕僚を率ゐて仮東宮御所に伺候す。猶ほ両司令官には伺候の日五種交魚壱折・清酒壱樽を賜へり。

後、二十九日道貫及び希典各〻幕僚を率ゐ、葉山御用邸に伺候せるを以て謁を賜ふ。尋いで立食を賜ひ、親しく場に臨ませらる。道貫曩に教育総監の職に在りたるを以て、御紋附銀巻莨入壱個・金蒔絵手匣壱個を賜ひ、希典出征中二児を失ひたるを以て哀悼の思召あり、御紋附銀巻莨入壱個及び特に金弐百円を賜ふ。○常侍官日記・行啓録・日露戦役録・庶務課日記

御講書始の儀

十六日、午前十時内謁見所に於て御講書始の儀を行はせらる。東宮侍講本居豊穎は「陛下の御文徳」を、同三島毅は「文明」を、同三田守真は「西班牙国王アルフォンソ第十三世」を進講し、大夫・主事・侍従・武官等陪聴す。○行啓録・常侍官日記

凱旋せる川村鴨緑江軍司令官に賜謁

二十日、鴨緑江軍司令官陸軍大将男爵川村景明凱旋し、午後一時三十分仮東宮御所に伺候す。仍りて五種交魚壱折・清酒壱樽を賜ふ。尋いで二十五日葉山御用邸に参殿、御機嫌を奉伺せるを以て、謁を賜ひ、又御紋附銀巻莨入壱個を賜ふ。○常侍官日記・庶務課日記・贈賜録・行啓録・日露戦役録

二十一日、恒久王に対面あらせらる。○行啓録・常侍官日記

鎌倉御用邸に行啓

是の日、正午手馭車にて御出門、有栖川宮別邸を経て、鎌倉御用邸に行啓、偶〻避寒滞在中の御妹允子内親王・聰子内親王に御対面あり、午後二時三十分御用邸を出で、由井ヶ〈ママ〉浜辺を御逍遥、雪ノ下を経て四時十分還啓あらせらる。後、三十日両内親王葉山御用邸に伺候す。仍りて亦御対面あり、倶に海岸を御散策あらせらる。○常侍官日記・行啓録・御直宮御養育掛日記

東宮武官差遣

二十三日、近衛歩兵第一聯隊軍旗祭施行により、東宮武官田内三吉を遣し、金百円を賜ふ。是の歳、恒例の東宮武官差遣のこと左表の如し。○庶務課日記・総務課進退録・贈賜録・官報

月日	差遣先	差遣武官
一月二十四日	海軍砲術練習所卒業式	東宮武官　黒水公三郎
同　二十五日	海軍水雷術練習所卒業式	同　同
同　三十一日	陸軍電信教導大隊修業式	同　田内三吉
三月二十四日	海軍機関学校卒業式	同　黒水公三郎
五月六日	靖国神社例祭	同　尾藤知勝
同　三十日	陸軍中央幼年学校卒業式	同　同
六月十二日	海軍砲術練習所卒業式	同　黒水公三郎
同　二十三日	海軍機関術練習所卒業式	同　秋沢芳馬
七月六日	海軍大学校卒業式	同　黒水公三郎
同　十日	陸軍中央幼年学校予科卒業式	同　田内三吉
同　十二日	海軍水雷術練習所卒業式	同　秋沢芳馬
八月六日	横須賀軍港著ノ英国製造軍艦鹿島並同港著ノ練習艦須磨・明石	同　黒水公三郎

月日	差遣先	差遣武官
八月九日	佐世保軍港軍艦三笠浮揚実況	東宮武官　黒水公三郎
同　十七日	横須賀軍港著ノ英国製造軍艦香取	同　同
同　二十八日	横須賀軍港帰著ノ練習艦厳島外二艦	同　秋沢芳馬
九月二十七日	陸軍大学校参謀演習旅行	同　尾藤知勝
十月十三日	陸軍戸山学校修業式	同　田内三吉
同　十六日	特別工兵演習	同　同
同　二十九日	陸軍騎兵実施学校終業式	同　尾藤知勝
同　三十一日	第一艦隊小演習	同　秋沢芳馬
十一月六日	靖国神社例祭	同　黒水公三郎
同　十九日	海軍兵学校卒業式	同　同
同　二十八日	陸軍大学校卒業式	同　尾藤知勝
十二月二十日(2)	海軍砲術練習所卒業式	同　秋沢芳馬
同　二十一日	陸軍砲工学校卒業式	同　田内三吉

同	二十七日	陸軍軍医学校解散式	同	尾藤知勝

二十六日、海軍造船大技士本原耿介に謁を賜ひ、海軍大将男爵井上良馨献ずる処の潜航艇の模型に就きて講話せしめらる。〇行啓録・常侍官日記

中山愛子の薨去を御弔問

二十七日、是より先、中山愛子病篤き趣を聞かせられ、物を賜ひ、存問あらせられしが、是の日遂に薨ず。即ち東宮女官正親町鍾子を其の邸に遣し、弔問せしめらる。(3) 二十九日更に東宮主事子爵錦小路在明を遣し、祭粢料金七百円を賜ひ、喪を服する東宮大夫侯爵中山孝麿・中山慶子及び栄子に御菓子壱折宛を賜ふ。愛子は故従一位侯爵中山忠能の妻にして明宮の御養育に奉仕すること篤し。此の賜ある所以なり。〇行啓録・庶務課日記・贈賜録

大島関東総督に賜謁

三十一日、関東総督男爵大島義昌午後零時二十分幕僚を率ゐて伺候せるを以て、謁を賜ひ、又午餐の陪食を賜ふ。猶ほ義昌に御紋附銀巻莨入壱個を御下賜あり。〇常侍官日記・行啓録

二月

一日、丁抹国王クリスチヤン第九世〈Christian IX. Christian Frederik Franz Michael Carl

Valdemar Georg〉崩御の報ありたるにより、弔慰の電報を同国新王フレデリック第八世〈Frederik Ⅷ. Christian Frederik Vilhelm Carl〉に発せらる。○外事録

沼津に皇后の御機嫌を候せらる

五日、皇后の御機嫌を候はせらるる為、沼津に行啓あり。是の日午前十時五十分葉山御用邸御出門、逗子停車場にて威仁親王・依仁親王の奉送を受け、汽車に御搭乗、午後二時三十分沼津停車場に御著、直に沼津御用邸に入らせらる。皇后に謁し、小鴨弐拾羽・御菓子弐箱・果物壱籠等を進献あり、又裕仁親王・雍仁親王に対顔あらせらる。五時三十分附属邸に入り、御一泊あり。即ち翌六日は海岸を御散策の後、午前十一時三十分御用邸に到り、皇后の午餐に陪し、皇后より御手提重・金鉛筆・袴地壱反等を拝領あり、三時より西附属邸に臨み裕仁親王・雍仁親王に御対面あり。七日又御用邸に於て皇后に謁し、午後零時三十分両親王と倶に御用邸御出門、沼津停車場にて汽車に御搭乗、四時五分逗子停車場に御著、手駁車にて有栖川宮別邸に臨み、威仁親王に御対面、五時三十分葉山御用邸に還啓あらせらる。○常侍官日記・行啓録・皇后宮職行啓録

歌御会始に御詠進

七日、宮中に於て歌御会始を行はせらるるにより、詠進あらせらる。○官報

新　年　河

たひらかに年浪かへる五十鈴河

妃葉山に行啓

かみのめくみのふかさをそくむ

十日、妃午後四時五十分仮東宮御所御出門、新橋停車場より汽車にて葉山御用邸に行啓あらせらる。淹留二月余に亘り、四月十一日還啓あり。○行啓録・庶務課日記・皇親録

伊藤統監に賜謁

十三日、侯爵伊藤博文統監に任ぜられ、近日韓国京城に赴任するを以て、請暇の為め参候す。因りて謁を賜ひ、同時に伺候せる主馬頭子爵藤波言忠と共に午餐の陪食を賜ふ。○行啓録・常侍官日記

東京に還啓

十六日、英吉利国皇甥アーサー・オブ・コンノート〈Arthur William Patrick Albert, Duke of Connaught〉親王来朝の期近きを以て、午前十一時二十五分葉山御用邸御出門、逗子停車場より汽車に御搭乗、新橋停車場にて邦彦王・恒久王・海軍大将東郷平八郎・海軍中将伊集院五郎等の奉迎を受け、午後二時二十五分仮東宮御所に還啓あらせらる。翌十七日午前十時十分御出門参内、天機を候し、三種交魚壱折を進献あらせらるること例の如し。○常侍官日記・行啓録・皇親録・庶務課日記・侍従職日録・官報

十八日、午後二時御出門、有栖川宮邸に行啓、五時二十五分還啓あらせらる。二十三日又行啓のことあり。○常侍官日記・庶務課日記・行啓録

是の日、彰仁親王三週年祭挙行により、東宮侍従子爵大迫貞武を霊前並びに墓所に遣し、玉串を供へしめ且つ盛菓子壱台を賜ふ。○贈賜録・庶務課日記

英国コンノート親王を御迎

ガーター勲章捧呈式に御参列

十九日、英吉利国皇帝エドワード第七世〈Edward VII Albert Edward〉、日本国との親善を維持増進するの意を表せんが為、同国最高ガーター勲章を天皇に贈進せんとし、皇甥アーサー・オブ・コンノート親王を名代として派遣す。是の日午前七時三十分コンノート親王横浜港に上陸し、臨時列車にて上京す。因りて御正装にて御出門、新橋停車場に親王を迎へさせられ、親王及び威仁親王と御料儀装車に御同乗、親王を旅館霞関離宮に送らせ給ひ、午後零時十五分還啓あり。二十日午前九時三十分御出門参内、ガーター勲章捧呈式に参列あらせらる。即ち十時五十分各皇族と倶に天皇に扈従して正殿に入り、玉座西方の壇下に南面して侍立あらせらる。既にしてコンノート親王随員を随へ、式部次長伊藤勇吉の先導にて式場に進み、齎す処の皇帝の親書及び勲章持参の委任状を捧呈す。尋いで親王使節の趣旨を奏し、天皇之に勅答あらせられたる後、親王勲章を天皇に佩し奉る。十一時十五分式畢り、再び天皇に扈従し、正殿を退出、十一時五十五分還啓あらせらる。午後三時コンノート親王仮東宮御所を訪問、御対顔なくして退出す。

コンノート親王御訪問

豊明殿に於ける晩餐に御列席

午後五時二十分御出門、コンノート親王に答礼の為め霞関離宮に行啓、親王に御対面なくして直に参内あり、六時三十分親王の参内を御車寄に迎へ、之を誘引して鳳凰間に入らせられ、六時五十分豊明殿に於ける晩餐に御列席あり、天皇、皇族以下諸臣に陪食を賜ふ。八時正殿に出でて、コン

コンノート親王を芝離宮に御招待

ノート親王と倶に舞楽を陪覧あり、尋いで西溜間に移り、立食の卓に列せらる。畢りて親王を御車寄に送り、十時還啓あらせらる。二十一日にはコンノート親王を芝離宮に御招待あり。午後六時十分御出門、同離宮に行啓、七時親王及び威仁親王と晩餐御会食あり、コンノート親王随員ロード・リーヅデール〈Lord Redesdale〉・海軍元帥サー・エドワード・シーモア〈Sir Edward Seymour〉・陸軍大将サー・トーマス・ケリーケンニイ〈Sir Thomas kelly-kenny〉・陸軍大佐アーサー・ダビッドソン〈Arthur Davidson〉・陸軍大尉ウインダム〈Wyndham〉・使節書記官エム・ダブルユー・ラムプソン〈M. W. Lampson〉・英吉利国特命全権大使サー・クロード・マックスウェル・マクドナルド・大使館参事官ジー・エッチ・バークレー〈G. H. Barclay〉・大使館附武官陸軍砲兵中佐シー・ヴィー・ヒューム〈C.V.Hume〉・同海軍大佐ティー・ヂャクソン〈Thomas Jackson〉及び元帥伯爵野津道貫・陸軍大将伯爵桂太郎・海軍中将子爵榎本武揚・子爵芳川顕正・伯爵板垣退助・海軍大将男爵井上良馨・陸軍大将男爵黒木為楨・同児玉源太郎・海軍大将東郷平八郎・陸軍大将男爵西寛二郎・同乃木希典・侍従職幹事公爵岩倉具定・海軍中将片岡七郎・同出羽重遠・特命全権公使高平小五郎・陸軍次官陸軍中将石本新六・海軍中将伊集院五郎・宮中顧問官長崎省吾・東宮侍従長侯爵木戸孝正・東宮武官長村木雅美等に陪食を賜ふ。更に二十三日午後七時御出門、英吉利国大使館に行

英国大使館に行啓

啓、コンノート親王来朝の為めに開く処の晩餐会に御列席あり、十時七分還啓あらせらる。是の日親王に御署名ある御写真を贈らせらる。親王亦写真を呈す。○常侍官日記・庶務課日記・外事録・外賓参内録・官報

馬匹を御覧

二十二日、午前十時貞愛親王に御対面あり、尋いで親王を伴ひ、主馬寮赤坂分厩に臨み、戦利の馬匹・陸軍大臣寺内正毅の献馬・陸軍大将男爵乃木希典の乗馬・露西亜国陸軍中将ステッセルの乗馬等を御覧あり、午後零時三十分還啓、親王と午餐を会食あらせらる。○常侍官日記・庶務課日記

外国使臣御引見

二十三日、午前十一時三十分近日解任帰国の途に上る独逸国特命全権公使伯爵フォン・アルコー・ワルライに、午後三時三十分新任露西亜国臨時代理公使グリゴリー・カザコーフ〈Grigorii A. Kozakov〉に謁を賜ふ。是の歳本邦駐劄外国使臣に謁を賜ふこと、猶ほ四月十九日和蘭国特命全権公使ヨンクヘール・ジョン・ラウドン〈Jonkéer John Loudon〉並びに妻、同二十日露西亜国特命全権公使ユーリー・バフメチェフ〈Georgii P. Bakhmetev〉、五月十四日瑞西国特命全権公使ポール・リッテル〈Paul Ritter〉、同二十五日独逸国特命全権大使ドクトル・ムム・フォン・シュワルツェンシュタイン〈Dr. Mumm Von Schwarzenstein〉、同三十一日亜米利加合衆国特命全権大使リューク・イー・ライト〈Luke E. Wright〉、六月十一日仏蘭西国特命全権公使ジュール・アルマン、白耳義国特命全権公使アルベール・ダヌタン等あり。○常侍官日記・庶務課日記・外事録・官報

葉山に行啓
御淹留

二十四日、葉山に行啓あらせらる。是の日午前十時御出門参内、天皇に請暇を奏し、午後零時三十分還啓あり、一時三十分再び御出門、新橋停車場にて威仁親王・陸軍大将子爵佐久間左馬太・宮内次官男爵花房義質等の奉送を受け、汽車に御搭乗、逗子停車場にて御下車、四時十分葉山御用邸に入らせらる。是より十日間御滞留あり。供奉を命ぜられたる者概ね前回の行啓の際に同じ。○常侍官日記・庶務課日記・行啓録・侍従職日録・官報

鎌倉御用邸
に行啓

二十五日、午後一時御出門、手駆車にて鎌倉御用邸に行啓、御妹允子内親王・聰子内親王に御対面、御菓子を賜ふ。帰途、由井ヶ〈ママ〉浜を御逍遥あり、四時二十五分葉山御用邸に還啓あらせらる。○常侍官日記・行啓録・御直宮御養育掛日記

二十七日、去る二十一日誕生せる載仁親王第四女子、寛子と命名せるを以て、御使東宮侍従原恒太郎を閑院宮邸に遣し、鮮魚料金拾五円を賜ふ。○行啓録・皇親録・庶務課日記

三月

三崎に行啓

四日、午前九時五十五分手駆車にて御出門、中途より徒歩にて、午後零時三十分三崎町東京帝国大学理科大学臨海実験所寄宿舎(4)に行啓、御昼餐の後、臨海実験室前広場に於て引網を御覧あり、二

時同所を出で、四時十五分葉山御用邸に還啓あらせらる。○行啓録・常侍官日記

沼津に皇后の御機嫌を候せらる

五日、皇后の御機嫌を候せらるる為め沼津に行啓あり。是の日午前十時三十分妃と倶に葉山御用邸御出門、逗子停車場にて汽車に御搭乗、午後二時十分沼津停車場に御著、沼津御用邸附属邸に入らせらる。参殿の裕仁親王・雍仁親王・宣仁親王に御対面の後、妃並びに三親王と倶に御用邸に行啓、皇后に謁し、御機嫌を候はせられ、鮮魚其の他を進献あり。五時五分附属邸に入り、三泊あらせらる。六日午前十一時十五分妃と倶に御用邸に行啓、皇后の午餐に陪し、午後二時西御用邸に臨み、裕仁親王・雍仁親王・宣仁親王に御対面、五時五十分還啓あり。七日同じく御用邸に於て皇后に謁せらる。妃は是の日午後二時附属邸御出門、六時二十分葉山御用邸に還啓あらせらる。八日午

皇后に従ひ田子ノ浦に行啓

前十時亦御用邸に到り、皇后に謁して後、皇后の御馬車に陪乗し田子ノ浦に行啓、展望所にて御休憩あり、尋いで元吉原村なる堀内半三郎別邸(5)に臨み、御昼餐に陪し、午後四時三十分御用邸に還啓、

葉山に還啓

明日葉山に還啓の請暇を啓し、西御用邸を経て附属邸に入らせらる。九日即ち午後二時附属邸御出門、逗子停車場にて裕仁親王・雍仁親王の奉送を受け、汽車に御搭乗、六時二十五分葉山御用邸に還啓あらせらる。○常侍官日記・行啓録・皇親録・官報・皇后宮職行啓録

十日、偕行社に於て催す陸軍記念祝賀会に臨ませらる。是の日午前七時三十五分葉山御用邸御出

東京に還啓

門、逗子停車場にて汽車に御搭乗、十時三十五分仮東宮御所に還啓あり、午後二時二十分御出門、

偕行社に行啓陸軍記念祝賀会に御臨場

偕行社に行啓、記念式に臨み、又余興を御覧、軍事御奨励の思召を以て金参百円を賜ひ、四時三十分還啓あらせらる。蓋し第一回陸軍記念日に当り、且つ偕行社創立記念を兼ねたるを以て此の行啓ありしなり。○常侍官日記・庶務課日記・行啓録・皇親録・官報

十一日、午前十時御出門参内、天機を候し、正午還啓あらせらる。尋いで公爵九条道実に謁を賜ひ、午餐の陪食を賜ふ。○常侍官日記・庶務課日記

再び葉山に行啓

是の日、午後一時四十分仮東宮御所御出門、新橋停車場より汽車に御搭乗、再び葉山御用邸に行啓、是より御淹留二週日に及ばせらる。○常侍官日記・庶務課日記・行啓録・官報

十三日、午前十時宮内大臣子爵田中光顕・伯爵土方久元に謁を賜ひ、更に午餐の陪食を賜ふ。今次御滞留中主なる賜謁者には、猶ほ陸軍大将男爵小川又次・枢密顧問官男爵高崎正風あり。○行啓録・常侍官日記

三崎に行啓

十八日、午前九時三十分葉山御用邸御出門、手駁車にて三崎に行啓あらせらる。途次、初声村字堀ノ内に御小休あり、十一時二十五分三崎町北端にて御下車、徒歩にて海岸御休憩所に臨み、昼餐を摂らせられ、三崎町及び本瑞寺境内にある源頼朝の山荘桜の御所址等を御覧、午後三時御用邸に

還啓あらせらる。○行啓録・常侍官日記

鎌倉御用邸に行啓

二十日、午後零時四十分御用邸御出門、手駁車にて鎌倉御用邸に行啓、御妹允子内親王・聰子内親王に御対顔、御万那料金拾五円御贈進あり。二時四十分同御用邸を出で、極楽寺坂より七里ヶ浜附近御逍遥あり、四時四十分還啓あらせらる。○常侍官日記・行啓録・御直宮御養育掛日記

二十四日、午後一時三十分威仁親王に対面あらせらる。○行啓録・常侍官日記

是の日、式部官正五位高辻宜麿をして東宮侍従を兼任せしむ。翌二十五日宜麿仮東宮御所に始めて参候せるを以て、謁を賜ふ。○進退録・官報・常侍官日記

葉山より還啓

二十五日、午後二時三十分葉山御用邸御出門、逗子停車場より汽車に御搭乗、新橋停車場にて貞愛親王・威仁親王・守正王・恒久王の奉迎を受けさせられ、四時五十分仮東宮御所に還啓あり。○常侍官日記・行啓録・皇親録・庶務課日記・官報

参内天機を候せらる

二十六日、午前十時御出門参内、天機を候し、十一時還啓あり、午後二時再び御出門、有栖川宮邸に行啓、三時三十五分還啓あらせらる。二十九日又同宮邸に行啓のことあり。○常侍官日記・庶務課日記・行啓録

是の日、菊麿王に御対面あり、宮内大臣子爵田中光顕・海軍大臣斎藤実に謁を賜ふ。是の月猶ほ主馬頭子爵藤波言忠・帝室会計審査局長斎藤桃太郎・公爵徳川慶喜・公爵徳川家達・伯爵松方正義

にも謁を賜へり。〇常侍官日記・庶務課日記

高輪御殿に行啓

二十八日、午後二時二十分御出門、高輪御殿に行啓、御妹昌子内親王・房子内親王に御対面あり、両内親王に御万那料金拾五円を賜ひ、四時四十分還啓あらせらる。〇常侍官日記・庶務課日記・行啓録

戦役関係首脳部諸員に晩餐を賜ふ

二十九日、是の日及び翌三十日の両日に亘り、晩餐を催し、明治三十七八年戦役関係の陸海軍主脳部諸員を召させらる。即ち是の日午後七時軍事参議官陸軍大将貞愛親王・陸軍歩兵少佐邦彦王・同守正王・陸軍騎兵中尉恒久王と御会食、元帥侯爵山県有朋・陸軍大臣寺内正毅・元帥子爵伊東祐亨・軍事参議官陸軍大将伯爵桂太郎・陸軍大将子爵佐久間左馬太・軍事参議官海軍大将男爵井上良馨・侍従武官長男爵岡沢精・教育総監陸軍大将男爵西寛二郎以下諸員に陪食を賜ふ。又三十日には午後七時軍事参議官海軍大将威仁親王・第一師団長陸軍中将載仁親王・海軍中佐菊麿王と御会食、元帥侯爵大山巌・海軍大臣斎藤実・元帥伯爵野津道貫・軍事参議官陸軍大将男爵黒木為楨・台湾総督陸軍大将男爵児玉源太郎・海軍軍令部長海軍大将東郷平八郎・軍事参議官陸軍大将男爵乃木希典・同川村景明以下諸員に陪食を賜ふ。〇常侍官日記・庶務課日記・典式録

朝香宮・竹田宮の創立を賀し給ふ

三十一日、故朝彦親王第八男子鳩彦王に朝香宮、又、故能久親王第一男子恒久王に竹田宮の称号を賜はりたるを以て、東宮侍従高辻宜麿を朝香宮邸並びに竹田宮邸に遣し、五種交魚壱折宛を賜ひ、

之を賀せしめらる。○贈賜録・行啓録・庶務課日記

四月

呉軍港に行啓
東京御発途
舞子有栖川宮別邸に御著御五泊

一日、軍艦生駒進水式に臨場の為め呉軍港に行啓あらせらる。即ち昨三十一日午前十時御出門参内、請暇を奏し、是の日午後五時御出門、新橋停車場にて威仁親王・菊麿王以下諸員の奉送を受け、汽車に御搭乗、翌二日午前九時四十五分舞子停車場に著かせられ、御徒歩にて舞子公園を過り、有栖川宮別邸に入らせられ、尋いで陸軍中将安東貞美・同高井敬義・陸軍少将岡崎生三等に謁を賜ふ。

供奉員

此の行、供奉を命ぜられたる者、東宮侍従長侯爵木戸孝正・東宮武官長村木雅美・東宮主事桂潜太郎・東宮武官田内三吉・同黒水公三郎・東宮侍従子爵大迫貞武・東宮侍従原恒太郎・同本多正復・侍医西郷吉義・同片山芳林等なり。

御動静

是より御滞泊五日に亘り、其の間、四日は午前十時御出門、須磨村なる賀陽宮別邸に行啓、御昼餐の後、午後三時十分還啓あり、五日には明石町、権現山に御散策、御休憩のことあり、六日又明石御料地に行啓、巡邏官舎に於て御休憩の後、兵庫県農事試験場園芸場御覧あり。其の他屢〻御旅館近傍を逍遥あらせられ、又参候せる京都華族総代子爵清岡長言・海軍軍令部長海軍大将東郷平八

郎に謁を賜ふ。〇常侍官日記・庶務課日記・行啓録・官報・侍従職日録

舞子御解纜

鞆沖に御仮泊

呉軍港に御著

七日、午前九時舞子有栖川宮別邸御出門、仮桟橋より汽艇にて軍艦磐手に御搭乗、海軍軍令部長海軍大将東郷平八郎を陪乗せしめらる。艦長海軍大佐山下源太郎以下乗組諸員に謁を賜ふ。十時解纜、呉軍港に嚮はせらる。明石沖に於て御乗艦舵機に損傷を生じたる為、約一時間進行を止む。午後五時三十分鞆沖に著かせられ、御仮泊あり。八日午前六時再び御解纜、午後二時呉軍港に入らせらる。尋いで磐手に伺候せる横須賀鎮守府司令長官海軍中将上村彦之丞・第一艦隊司令長官海軍中将片岡七郎・呉鎮守府司令長官海軍中将山内万寿治・同参謀長海軍少将吉松茂太郎・呉海軍工廠長海軍少将北古賀竹一郎・第一艦隊司令官海軍少将山田彦八以下在港各艦長・艇隊司令等に謁を賜ふ。午後六時栽仁王と御会食、東郷海軍軍令部長に陪食を賜ふ。〇常侍官日記・行啓録・官報

軍艦生駒進水式に御臨場

九日、午前八時四十分汽艇を以て呉海軍工廠造船部第二船渠北側桟橋に御上陸、直に軍艦生駒進水式場に臨ませらる。九時呉鎮守府司令長官海軍中将山内万寿治進水準備の整備を報告し、海軍大臣斎藤実進水命令書を朗読の後、之を山内鎮守府司令長官に授け、山内司令長官は呉海軍工廠長海軍少将北古賀竹一郎に命じて艦を進水せしむ。其の儀略〻旧臘軍艦筑波進水式に同じ。式畢り、桟橋より再び汽艇にて軍艦磐手に還啓あり、斎藤海軍大臣・東郷海軍軍令部長・山内鎮守府司令長

呉軍港御解纜

官・片岡第一艦隊司令長官以下諸員に午餐の陪食を賜ふ。午後二時四十分呉軍港御解纜、四時五分厳島沖に御著、御上陸あり、千畳閣・紅葉谷を御逍遥（6）、旅館岩惣に御休憩の後、五時四十分軍艦磐手に還啓あり。

厳島沖に御仮泊

是の夜厳島沖に仮泊あらせらる。十日午前五時三十分御解纜、艦中にて兵の撃剣・角力を御覧あり、午後三時十五分小豆島内海湾に入り、西村に御上陸、海浜を御散策の後、阿弥陀寺に臨みて、湾内の風光を御瞰望あり、更に汽艇にて沿岸御巡航、明治天皇御寄泊記念碑を御覧あり、五時十五分帰艦あらせらる。

小豆島に御仮泊

舞子有栖川宮別邸に御一泊

十一日午前六時内海湾御解纜、十時十分舞子沖に御著、汽艇にて仮桟橋に御上陸、十一時五分舞子有栖川宮別邸に入り御一泊あり。

静岡御用邸に御一泊

十二日午前七時四十分同邸御出門、舞子停車場にて汽車に御搭乗、途次、京都停車場に於て邦憲王に御対面あり、京都府知事大森鍾一・公爵九条道実に謁を賜ひ、午後七時静岡停車場に御著、静岡御用邸に入らせらる。

東京に還啓

十三日静岡県知事李家隆介・陸軍少将竹内正策に謁を賜ひたる後、午前十時十五分御用邸御出門、静岡停車場より汽車に御搭乗、途次、沼津停車場に於て皇后宮大夫子爵香川敬三に謁を賜ひ、三時四十五分菊麿王・守正王・恒久王以下諸員奉迎裡に新橋停車場に御著、四時十分仮東宮御所に還啓あらせらる。○常侍官日記・行啓録・庶務課日記・皇親録・官報

参内呉軍港行啓の覆奏

十四日、午前十時御出門参内、天機を候し、呉軍港行啓軍艦生駒進水式臨場のことを覆奏し、午

後零時二十分還啓あらせらる。〇常侍官日記・庶務課日記・行啓録

是の日、海軍大臣斎藤実伺候して軍艦生駒進水式御臨場の恩を謝するを以て、謁を賜ふ。茲に是の月猶ほ謁を賜へるものを掲ぐれば、陸軍大将男爵長谷川好道・関東総督男爵大島義昌・陸軍中将鮫島重雄・海軍中将出羽重遠・海軍中将片岡七郎・伯爵松浦詮・呉鎮守府司令長官海軍中将山内万寿治・皇后宮大夫子爵香川敬三・統監侯爵伊藤博文等あり。〇常侍官日記・庶務課日記

十五日、載仁親王に対面あらせらる。是の月猶ほ皇族御対面のこと、十七日文秀女王、十九日威仁親王妃慰子・裕仁親王・雍仁親王・宣仁親王・御妹昌子内親王・房子内親王、二十二日守正王妃伊都子、二十三日恒久王、二十五日載仁親王妃智惠子、二十九日依仁親王・同妃周子等あり。〇常侍官日記・庶務課日記

高輪南町御用邸に行啓

是の日、午後零時二十五分御出門、高輪南町御用邸に行啓、四時二十分還啓あり。爾後、同御用邸に行啓のこと屢〻あり。〇常侍官日記・庶務課日記・行啓録

皇后沼津より還啓を御奉迎

十八日、皇后沼津より還啓あらせらるるを以て、午後二時御出門、新橋停車場に行啓、奉迎あり、三時還啓あらせらる。〇常侍官日記・庶務課日記・行啓録

観桜会に御参列

二十日、午後二時十五分御出門、浜離宮に行啓、観桜会に御参列、五時二十分還啓あらせらる。

其の儀一に前例に準ず。〇常侍官日記・庶務課日記・典式録・官報

萩麿王の命名を賀し給ふ

二十一日、菊麿王妃常子分娩、第四男子誕生せるを以て、東宮主事桂潜太郎を山階宮邸に遣し、賀せしめらる。後、二十七日萩麿と命名せるにより、再び潜太郎を同宮邸に遣し、三種交魚壱折を賜ふ。〇皇親録・贈賜録・庶務課日記

韓国義親王に御対面

二十八日、是より先、韓国皇帝[7]、陸軍副将義親王堈を遣して我が凱旋観兵式に参列せしめんとす。義親王乃ち去る二十六日入京し、貴族院議長官舎に館し、是の日午後二時四十分参候せるを以て、御対面あり、義親王辞去したる後、午後三時御出門、義親王を旅舎に御訪問、帰路、皇孫仮御殿に臨み、四時四十分還啓あらせらる。因に義親王入京に当り、豹皮三領・繍屏次弐拾幅を進献す。仍りて金梨地秋草蒔絵手匣壱個・朧銀塗銀地花鳥象嵌巻莨箱壱個を賜ふ。〇常侍官日記・外事録・官報

凱旋観兵式に御参列

三十日、午前七時三十分御出門参内、八時三十分天皇に従ひ、青山練兵場に行啓、明治三十七八年戦役陸軍凱旋観兵式に参列あらせらる。元満洲軍総司令官元帥陸軍大将侯爵大山巌をして諸兵を指揮せしめ、元満洲軍総参謀長陸軍大将子爵児玉源太郎に諸兵参謀長を命ぜらる。参加総員三万一千二百余人・砲二百八十門に達す。天皇閲兵式に臨ませ給ひ、親閲凡そ三十分、其の間、皇太子皇族以下諸員と倶に馬車に駕して扈従あらせらる。便殿に於て御少憩の後、十時十分再び馬車にて分

列式に御参列あり、儀一時間四十分に及ぶ。尋いで天皇勅語を賜ひ、大山諸兵指揮官奉答す。式畢りて再び参内、午後一時三十分還啓あらせらる。○常侍官日記・庶務課日記・行啓録・日露戦役録・臨時儀式録・侍従職日録・官報

五月

凱旋観兵式に参列せる陸軍将校等に宴を賜ふ

二日、午後三時五十分御出門、新宿御苑に行啓、貞愛親王・載仁親王・依仁親王・博恭王・菊麿王・邦彦王・守正王・恒久王以下陸軍凱旋観兵式に参列せる陸軍将校及び同相当官五千二百名・在京陸軍文官八十四名・大本営会議に列したる海軍文武官六十九名・大本営会議に列したる元老三名・宮内省並びに東宮職関係諸員を召して宴を賜ひ、記念陶盃壱個宛を下賜、五時三十分還啓あらせらる。猶ほ爾後、新宿御苑に行啓のこと屢〻あり。○常侍官日記・庶務課日記・日露戦役録・官報

靖国神社に行啓

四日、別格官幣社靖国神社臨時大祭挙行により、午前九時四十分御出門、同社に行啓、十時三十五分還啓あらせらる。○常侍官日記・庶務課日記・行啓録・日露戦役録・官報

日本競馬会春季大会に御臨場

五日、叡旨により日本競馬会春季大会に行啓あり。午前十時御出門、新橋停車場より汽車に御搭乗、横浜停車場にて御下車、午後零時十分根岸競馬場に著かせらる。日本競馬会長英吉利国特命全権大使サー・クロード・マックスウェル・マクドナルド・露西亜国特命全権公使ユーリー・バフメ

チェフ・白耳義国特命全権公使男爵アルベール・ダヌタン・和蘭国特命全権公使ヨンクヘール・ジョン・ラウドン及び神奈川県知事周布公平等に謁を賜ひ、午後一時より競馬を七回に渉り台覧あり、四時二十分競馬場を出でさせられ、横浜停車場にて汽車に御搭乗、新橋停車場にて御下車、六時十分還啓あらせらる。○常侍官日記・庶務課日記・行啓録・皇親録・官報

凱旋せる旧東宮武官等に晩餐の陪食を賜ふ

是の日、午後七時凱旋せる陸軍大将男爵奥保鞏・陸軍中将中村覚・陸軍少将遠山規方・同松居吉統・同渋谷在明・同竹内正策・同村田惇以下十二名を召し、晩餐の陪食を賜ひ、東宮大夫侯爵中山孝麿及び東宮武官長村木雅美を之に陪せしめ給ふ。蓋し是等の諸員は旧明宮附武官或は旧東宮武官たりしの故を以てなり。○常侍官日記・庶務課日記・日露戦役録

暹国皇子ナコンチアイシーに御対面

七日、暹羅国皇子陸軍総督陸軍中将ナコンチアイシー〈H. R. H. Prince Nakon Chaisi〉来朝、芝離宮に館し、是の日午後三時随員を伴ひ参候せるを以て、御対面あり。午後四時御出門、芝離宮にナコンチアイシーを訪ひ、答礼あらせられ、五時十分還啓あり。翌八日互に御写真の交換を行はせらる。○常侍官日記・庶務課日記・外事録・官報

十二日、侍医西郷吉義独逸国に留学を命ぜられ、不日出発するを以て、謁を賜ひ、金参百円を賜ふ。猶ほ是の月主なる賜謁者を掲ぐれば、元帥伯爵野津道貫・皇后宮大夫子爵香川敬三・台湾総督

子爵佐久間左馬太・伯爵松浦詮・統監侯爵伊藤博文・爵位局長公爵岩倉具定等あり。〇常侍官日記・庶務課日記・贈賜録

東伏見宮邸に行啓

是の日、午後一時十分御出門、東伏見宮邸に行啓、依仁親王に御対面、五種果物壱籠を賜ひ、三時五十五分還啓あり。〇常侍官日記・庶務課日記・行啓録

麻布御用邸に行啓

十三日、午後二時御出門、麻布御用邸に行啓、御妹允子内親王・聰子内親王に御対面、三種交魚壱折を賜ひ、午後四時還啓あらせらる。後、六月二十一日にも亦行啓のことあり。〇常侍官日記・庶務課日記・行啓録・御直宮御養育掛日記

十六日、陸軍少将落合豊三郎の東宮御用掛を免じ、陸軍少将松川敏胤を以て之に代ふ。翌十七日敏胤始めて伺候せるを以て、乃ち謁を賜ひ、二十四日豊三郎に御物料金百円を賜ふ。〇常侍官日記・進退録・贈賜録

日本美術協会美術展覧会に行啓

十七日、午後一時三十分御出門、上野公園内日本美術協会第三十九回美術展覧会場に行啓、会頭伯爵土方久元・副会頭男爵細川潤次郎・幹事平山成信等に謁を賜ひたる後、土方会頭に先導せしめ列品御巡覧、理事副長塩田真の説明を聴かせらる。同協会に金五拾円を賜ひ、四時三十五分還啓あらせらる。〇常侍官日記・庶務課日記・行啓録

皇宮警察署撃剣大会に御臨場

十九日、午前九時五十分御出門参内あり、尋いで済寧館に行啓、皇宮警察署の催せる撃剣大会に臨み、試芸を御覧、帰路、日比谷公園を経て午後三時四十分還啓あらせらる。剣士等に竹刀料金五拾円を賜ふこと例の如し。○常侍官日記・庶務課日記・行啓録

二十一日、依仁親王・同妃周子に御対面、尋いで晩餐を会食あらせらる。是の月猶ほ翌二十二日依仁親王・同妃周子に、二十六日威仁親王に、三十一日允子内親王・聰子内親王に御対面のことあり。○常侍官日記・庶務課日記・典式録

水交社に行啓海軍記念日祝賀会に御臨場

二十七日、午後一時御出門、水交社に行啓、明治三十七八年戦役海軍記念日第一回祝賀会に臨ませらる。便殿に於て水交社長海軍大臣斎藤実外現役海軍大将及び在職海軍中将・同相当官に謁を賜ひ、戦利品陳列場を経て、模造軍艦デッキ上に出で余興を御覧、更に立食場に臨み給ふ。軍事奨励の為め水交社に金参百円を賜ひ、四時二十分還啓あらせらる。○常侍官日記・庶務課日記・行啓録

六月

三日、午前九時守正王参候、御対面あり。○常侍官日記・庶務課日記

華族会館に行啓

是の日、午後一時御出門、華族会館に行啓、打毬会並びに弓術会に臨み、競技を御覧あり、前者

に金百円を、後者に金弐拾五円を賜ひ、四時十分還啓あり。○常侍官日記・庶務課日記・行啓録

鎌倉御用邸に行啓御一泊

九日、午前十時御出門参内、午後零時十五分還啓あり。二時五十分再び御出門、新橋停車場にて汽車に御搭乗、五時一分鎌倉停車場に著かせられ、徒歩滑川に沿ひ由井《〈ママ〉》ヶ浜を経て、六時十分鎌倉御用邸に入らせらる。翌十日午前中御復習あり、午後一時三十分御用邸御出門、鎌倉停車場御発、往路の如く、四時十分仮東宮御所に還啓あらせらる。○常侍官日記・庶務課日記・行啓録・官報

十日、午後六時三十分邦彦王・鳩彦王を召し、晩餐の御催あり、東宮武官長村木雅美・陸軍少将岡崎生三・宮中顧問官子爵高辻修長・皇孫御養育掛長丸尾錦作等に陪食を賜ふ。○常侍官日記・庶務課日記

学習院に行啓

十一日、午前七時三十分御出門、学習院に行啓、生徒の授業状況を御視察あり、八時四十分還啓あらせらる。○常侍官日記・庶務課日記・行啓録

選書展覧会に行啓

十四日、午後二時御出門、上野公園内第五号館に行啓、大日本選書奨励会第十六回選書展覧会を台覧あり、金弐拾五円を賜ひ、四時三十分還啓あらせらる。○常侍官日記・庶務課日記・行啓録

十五日、近く韓国に帰任せんとする統監侯爵伊藤博文に謁を賜ふ。○常侍官日記・庶務課日記

十六日、午前十時御出門、神奈川県下二子に行啓、船にて多摩川に於ける鮎漁の状を御覧あり、昼餐を摂らせ給ふ。午後四時四十五分還啓あらせらる。○常侍官日記・庶務課日記・行啓録

二十八日、午後七時軍事参議官海軍大将男爵山本権兵衛・海軍軍令部次長海軍中将伊集院五郎・東京湾要塞司令官陸軍少将伊地知幸介・海軍少将加藤友三郎外五名を召し、晩餐の陪食を賜ふ。○常侍官日記・庶務課日記・典式録

三十日、御妹昌子内親王・房子内親王と午餐を会食あらせらる。○常侍官日記・庶務課日記

大正天皇実録　巻三十四

明治三十九年　宝算二十八歳

七月

埼玉県寄居町に行啓

一日、埼玉県寄居町に行啓あらせらる。午前七時二十五分御出門、上野停車場より汽車に御搭乗、十時三十五分寄居停車場に御著車、直に徒歩にて荒川畔子持瀬渡場に到り、船に乗らせ給ひ、鮎漁の御慰あり。船中にて御昼餐を召し、午後四時子持瀬渡場に御上陸、寄居停車場より汽車に御搭乗、上野停車場にて御下車、埼玉県知事大久保利武・日本鉄道株式会社社長子爵曾我祐準に謁を賜ひ、七時二十五分仮東宮御所に還啓あり。猶ほ上野停車場より東宮侍従本多正復を宮城に遣し、獲させ給へる鮎八十尾を進献あらせらる。○常侍官日記・行啓録・庶務課日記・行幸啓記録（埼玉県庁）

賜謁者

二日、侍従長侯爵徳大寺実則に謁を賜ふ。是の月猶ほ謁を賜へる者には、陸軍大臣寺内正毅・第十二師団長陸軍中将浅田信興・帝室会計審査局長斎藤桃太郎・英吉利国駐劄特命全権大使男爵小村寿太郎・関東都督男爵大島義昌・公爵徳川慶喜・枢密顧問官伯爵松方正義・麝香間祗候伯爵松浦詮・陸軍大将男爵小川又次・横須賀鎮守府司令長官海軍中将上村彦之丞(1)・元帥侯爵山県有朋・陸軍少将榊原昇造・伯爵土方久元等なり。○常侍官日記・庶務課日記

東京高等工業高校に行啓

三日、午後一時二十分御出門、東京高等工業学校に行啓、応用化学科・機械分科・色染分科・窯場・窯業科・機械科・仕上工場・鍛工場・水力試験室・電気機械分科等御巡覧、五時三十分還啓あらせらる。此の行初め文部大臣牧野伸顕行幸を奏請せるに、聖旨によりて代覧せしめられ給ひしなり。仍りて翌四日参内、天皇に謁し、復命あらせらる。○常侍官日記・行啓録・庶務課日記

有栖川宮邸に行啓

四日、午前九時十五分御出門、有栖川宮邸を過りて参内、午後二時三十分還啓あらせらる。是の後同宮邸行啓のこと屢〻あり。○常侍官日記・庶務課日記・行啓録

高輪南町御用邸に行啓

五日、午後一時三十分御出門、高輪南町御用邸に行啓、四時三十分還啓あり。爾後、同御用邸に行啓のこと屢〻あり。○常侍官日記・庶務課日記・行啓録

六日、午前十時近日帰国する白耳義国特命全権公使男爵アルベール・ダヌタンに謁を賜ふ。後、

十六日同人に御写真を賜へり。〇常侍官日記・庶務課日記・外事録・官報

允子・聰子両内親王に御対面

七日、御妹允子内親王・聰子内親王参候せるを以て、御対面あり、尋いで妃並びに両内親王と午餐御会食、富美宮泰宮御養育主任子爵林友幸等に陪食を賜ふ。是の月猶ほ皇族に御対顔のこと屢〻あり。即ち八日裕仁親王・雍仁親王、九日威仁親王、十六日守正王、二十一日威仁親王・同妃慰子・菊麿王・同妃常子・栽仁王、二十三日宣仁親王・貞愛親王・恒久王・博恭王・同妃經子・邦彦王、二十四日守正王・同妃伊都子・依仁親王妃周子、二十八日御妹昌子内親王・房子内親王等なり。〇常侍官日記・庶務課日記・御直宮御養育掛日記

十二日、学習院卒業式挙行により、東宮侍従原恒太郎を遣され、優等卒業生二名に賞を賜ふ。〇庶務課日記・重要雑録

梨本宮邸に行啓

十五日、午後二時御出門、梨本宮邸に行啓、守正王に御対面あり、果物壱籠を賜ひ、五時還啓あらせらる。〇常侍官日記・庶務課日記・行啓録

浜離宮に行啓

十八日、午後一時三十分御出門、浜離宮に行啓、水泳御覧、四時三十分還啓あり。爾後、同離宮に行啓のこと屢〻あり。〇常侍官日記・庶務課日記・行啓録

十九日、栽仁王嚢に江田島より帰京し、守正王不日欧羅巴に赴くを以て、午後七時威仁親王・栽

仁王・守正王を晩餐に召し、第十二師団長陸軍中将浅田信興・東宮武官長村木雅美等に陪食を賜ふ。

葉山に行啓

○常侍官日記・庶務課日記・典式録・皇親録

二十二日、午前六時三十分御出門、新橋停車場にて汽車に御搭乗、八時四十分逗子停車場に御著、尋いで葉山御用邸に入らせらる。午前十時裕仁親王・雍仁親王を随へて御散歩あり、午後一時南御用邸附属邸に臨ませられたる後、海岸に沿ひて汐見御茶屋に到り御休憩あり、二時より御用邸裏海岸にて両親王の海水浴を御覧あらせらる。四時十五分徒歩にて御出門、森戸橋辺に至るまで御散歩の後、逗子停車場より汽車に御搭乗、往路を経て、七時三十分仮東宮御所に還啓あらせらる。

○常侍官日記・行啓録・庶務課日記・皇親録・官報

児玉参謀総長の薨去を御弔問

二十四日、参謀総長陸軍大将正二位勲一等功一級子爵児玉源太郎俄に病みて薨ず。昨二十三日病篤き趣を聴かせらるるや、御菓子壱折を賜ひて存問ありしが、是の日薨ずるに及び、東宮武官尾藤知勝を其の邸に遣して弔問せしめ、二十七日復、東宮侍従子爵有馬純文を遣し、祭粢料金参百円を賜ふ。尋いで二十八日送葬に際し、東宮侍従原恒太郎を其の邸に遣し、玉串を供へしめらる。猶ほ天皇、明治四十年十月一日源太郎の功を思召し、嗣子秀雄を伯爵に陞し給へり。(2)

○贈賜録・庶務課日記・授爵録

八月

一日、午後二時参候せる守正王に対面あらせらる。○常侍官日記

三日、清国より帰朝せる陸軍少将神尾光臣に謁を賜ふ。猶ほ是の月仮東宮御所に於て謁を賜へる者に、陸軍大臣寺内正毅・枢密顧問官男爵高崎正風等あり。○常侍官日記・庶務課日記

塩原に御避暑

五日、御避暑の為め塩原に行啓あらせらる。乃ち昨四日参内、天皇・皇后に請暇を奏啓あり、是の日午前七時四十分御出門、上野停車場にて汽車に御搭乗、午後零時二十分西那須野停車場に著かせられ、元帥侯爵大山巌・子爵大田原一清等の奉迎を受け、人力車に御移乗、午後一時二十分栃木県西那須野村なる枢密顧問官伯爵松方正義の別邸に行啓あり、正義並びに妻満佐子に謁を賜ひ、赤葡萄酒壱打・果物壱籠を賜ひたる後、庭前に於て馬匹及び綿羊を御覧あり。是の夜は同邸に滞泊あらせらる。六日午前六時正義の別邸御出門、途中、御展望所にて御休憩あり、八時塩原御用邸に入らせられ、栃木県知事白仁武に謁を賜ふ。

松方正義の別邸に行啓

塩原御用邸に御著

御動静

爾後、御淹留十八日の間、頗る御壮健に渉らせられ、日々午前・午後の二回学課の御復習あり、御運動も亦例年の如く、御散策を主とせらるるも、今次は特に十日より屢〻弓術を試み、御体力の

増進に資し給へり。又十三日及び二十一日中山慶子の別邸に行啓あらせられたる外に、御遠行のことも屢〻あり。即ち十五日には、午前九時二十五分徒歩にて御出門、大網附近より人力車に乗じ、塩谷郡箒根村関谷なる矢坂街道にて御下車、再び徒歩にて箒川梅ヶ淵に臨ませられ、捕鮎の状を御覧、御展望所に於て午餐を摂り給ひ、往路を経て午後四時五十分還啓あり。又十九日には午前十時御出門、徒歩にて中塩原なる伯爵真田幸正の別邸に行啓、御昼餐の後、八幡神社前河原に於て在郷軍人軍友会員の催せる川干による捕魚を御覧、四時還啓あらせられたり。

真田幸正別邸に行啓

賜謁者

猶ほ御滞留中謁を賜へる者は、伯爵松方正義・元栃木県知事白仁武(3)・新任同県知事久保田政周・日光輪王寺門跡権大僧正彦坂諶照・子爵三島弥太郎等なり。又供奉を命ぜられたる者は、東宮大夫侯爵中山孝麿・東宮武官長村木雅美・東宮侍従長侯爵木戸孝正・東宮主事桂潜太郎・東宮侍従子爵大迫貞武・同子爵有馬純文・同高辻宜麿・同原恒太郎・同本多正復・東宮武官田内三吉・同黒水公三郎・同秋沢芳馬・同尾藤知勝・侍医相磯慥・同池辺棟三郎等なり。○常侍官日記・庶務課日記・行啓録・侍従職日録・皇后宮職日記・皇親録・官報

供奉員

塩原より日光に御移居

二十三日、塩原御用邸より日光田母沢御用邸に移らせらる。是の日午前八時御出門、途次、関谷尋常小学校に御休憩あり、十時十分西那須野なる元帥侯爵大山巌の別邸に臨み、巌に謁を賜ひたる

後、巌の先導にて邸内開墾地を御覧あり、晩餐に際しては、巌及び妻捨松に陪食を賜ひ、尋いで西幸吉をして薩摩琵琶を弾奏せしめらる。翌二十四日午前八時同邸御出門、西那須野停車場より汽車に御搭乗、日光停車場にて御下車、十一時二十五分田母沢御用邸に入らせられ、栃木県知事久保田政周以下諸員に謁を賜ふ。

御動静

是より御淹留二週日の間、専ら御健康の増進に力めさせられ、日々午前・午後の両度に亘り、御用邸近傍を御運動あり、屢〻東照宮境内・日光公園・東京帝国大学理科大学附属高山植物園等に臨ませらる。(4) 就中、九月三日の如き、午前十一時御出門、徒歩にて小倉山に御登臨あり、御料局日光出張所技手戸田義雄の官舎に於て昼餐を摂らせられたる後、霧降滝に臨み、午後四時三十分に至りて還啓あり。

輪王寺に行啓

又六日には午後東照宮境内御散策に際し、偶〻降雨あり、因りて之を避けて輪王寺に臨み、門跡彦坂諶照に謁を賜ひ、同寺什宝たる後櫻町天皇僧正天海に賜へる宸翰及び御硯箱を御覧あらせらる。妃は八月八日午前七時四十分仮東宮御所御出門、午後一時十五分田母沢御用邸に御著、

賜謁者

爾後、滞留あらせられたり。猶ほ主なる賜謁者には元帥侯爵大山巌・公爵九条道実及び御誕辰に当りて伺候せる宮内大臣子爵田中光顕等あり。此の行供奉を命ぜられたる者は、曩に塩原行啓に供奉せる者と同様なり。〇常侍官日記・行啓録・皇親録・官報

九月

日光より還啓

天機並びに御機嫌を候せらる

七日、午前七時四十分妃と倶に日光田母沢御用邸御出門、日光停車場にて汽車に御搭乗、上野停車場にて御下車、午後零時五十分仮東宮御所に還啓あらせらる。翌八日午前十時参内、天機並びに御機嫌を候し、天皇に日光より齎し給へる盆栽壱鉢・竜透彫額縁壱個・竜彫盆栽台壱個を、皇后に盆栽壱鉢・料紙硯箱壱揃等を進献あり。○常侍官日記・行啓録・庶務課日記・侍従職日録・皇后宮職日記・官報

智子女王命名御祝賀

是の日、去る一日誕生の邦彦王第三女子、智子と命名せるにより、東宮主事子爵錦小路在明を久邇宮邸に遣し、三種交魚壱折を賜ふ。○贈賜録・庶務課日記

八日、宮内大臣子爵田中光顕に謁を賜ふ。是の月猶ほ主なる賜謁者には、元帥侯爵大山巌・陸軍少将宮本照明・旅順口鎮守府司令長官海軍中将三須宗太郎・允子聰子両内親王御使富美宮泰宮御養育主任子爵林友幸・侍従長侯爵徳大寺実則・伯爵土方久元・京都府華族総代男爵梶野行和等あり。○常侍官日記・庶務課日記

陸軍騎兵実施学校に行啓

十七日、午後零時三十分御出門、陸軍騎兵実施学校に行啓、学生の乗馬並びに通信術教場を御覧あり、校長陸軍騎兵大佐豊辺新作以下諸員に謁を賜ひ、二時五十分還啓あらせらる。○常侍官日記・庶務課日

記・行啓録

清国訪問の博恭王を晩餐に召す

十八日、軍艦浪速副長心得海軍少佐博恭王第二艦隊に属し、近日清国沿岸を巡航するに当り、清国皇室訪問のことを命ぜられたるを以て、王を召し晩餐御会食あり、第二艦隊司令長官海軍中将出羽重遠・第一艦隊司令長官海軍中将片岡七郎等に陪食を賜ふ。尋いで出発の前日二十一日王再び参候、請暇を啓するを以て、亦御対面あり。○常侍官日記・庶務課日記・典式録・皇親録・官報

十九日、日本海巡航の任を終へて帰京せる第一艦隊所属軍艦春日艦長海軍大佐依仁親王に対面あらせらる。猶ほ是の月威仁親王・博恭王・昌子内親王・房子内親王・允子内親王・聰子内親王にも御対面のことあり。○常侍官日記・庶務課日記・依仁親王

東京彫工会競技会に行啓

二十一日、午後一時四十分御出門、上野公園内桜ヶ岡日本美術協会列品館に行啓、東京彫工会第二十一回競技会に臨ませられ、会頭子爵榎本武揚・伯爵土方久元等に謁を賜ひたる後、陳列品御覧、四時五十五分還啓あり。○常侍官日記・庶務課日記・行啓録

秋季皇霊祭御拝

二十四日、秋季皇霊祭により、午前九時御出門、皇霊殿並びに神殿に御拝あり、十一時二十分還啓あらせらる。○常侍官日記・庶務課日記・典式録

二十八日、参謀総長陸軍大将男爵奥保鞏・近衛師団長陸軍大将男爵大島久直・旅順口鎮守府司令

長官海軍中将三須宗太郎・海軍大学校長海軍中将坂本俊篤・参謀次長陸軍中将福島安正以下旧親近武官等を召し、晩餐の陪食を賜ふ。〇常侍官日記・庶務課日記・典式録

十月

賜謁者
一日、海軍大臣斎藤実・第一艦隊司令長官海軍中将片岡七郎に謁を賜ふ。是の月仮東宮御所に於て謁を賜へる者には、猶ほ近衛師団長陸軍大将男爵大島久直・近衛歩兵第二旅団長陸軍少将梅沢道治・元帥侯爵山県有朋・陸軍大臣寺内正毅・参謀総長陸軍大将男爵奥保鞏等あり。〇常侍官日記・庶務課日記

横須賀軍港に行啓
五日、横須賀軍港に行啓あらせらる。午前八時二十五分御出門、依仁親王を随へ新橋停車場より汽車に御搭乗、十一時一分横須賀停車場に著かせられ、横須賀鎮守府司令長官海軍中将上村彦之丞の先導にて逸見埠頭に臨み、艦載水雷艇を以て水ヶ浦港務部桟橋に御上陸あり、横須賀海軍工廠内の船台に登り給ひ、建造中の戦艦薩摩・一等巡洋艦鞍馬の諸工作、並びに各工場の機械類を御巡覧、工廠長海軍中将伊東義五郎の説明を聴かせらる。尋いで横須賀鎮守府に行啓、上村司令長官以下諸員に謁を賜ひ、海軍軍令部長海軍大将東郷平八郎・海軍次官加藤友三郎・第一艦隊司令長官海軍中将片岡七郎並びに上村司令長官・伊東工廠長等に午餐の陪食を賜ふ。午後一時鎮守府御出門、製図

海軍工廠に臨ませらる

鎮守府に行啓

軍艦香取・出雲御巡覧

工場・無線電話等御視察あり、更に戦利艦周防(5)旧名ポベータ及び第四号船渠を覧給へる後、軍艦香取に臨み、艦長海軍大佐坂本一等に謁を賜ひ、艦内御巡視あり、夫より第一艦隊旗艦出雲に臨み、片岡司令長官及び幕僚・第一艦隊各艦長・軍艦出雲の諸員に謁を賜ひ、艦内御一巡あり。三時三十五分逸見埠頭に御上陸、上村鎮守府司令長官以下諸員奉送裡に横須賀停車場を御発車あり、逗子停車場に

葉山御用邸に御二泊再び横須賀に行啓

て御下車、四時四十分葉山御用邸に入らせられ、御二泊あり。翌六日は波浪高き為、横須賀海堡行啓停めさせられ、午後御用邸裏海岸より船にて垂綸の御慰あり。七日乃ち午前九時五十分御出門、逗子停車場にて御乗車、十一時一分横須賀停車場に著かせ給ひ、逸見埠頭より汽艇初加勢に御搭乗、陸軍大臣寺内正毅・東京湾要塞司令官陸軍中将伊地知幸介・上村鎮守府司令長官等を供奉せしめら

第二海堡御視察

る。港口に於て潜水艇二隻の操練を御覧の後、横須賀港外第二海堡に御著、海堡上の御休憩所に於て陸軍築城部本部長陸軍少将榊原昇造・陸軍兵器本廠長陸軍少将押上森蔵等の堡塁に関する説明を聴かせられ、海堡内部御一巡、探海灯(6)の試験・砲弾送上方法・砲塔操縦・距離測量器・第二探海灯等を順次に御覧あらせらる。午後一時二十分御昼餐、寺内陸軍大臣・上村司令長官・伊地知要塞司令官以下諸員に陪食を賜ひたる後、海堡御発、更に第三海堡並びに貝類採取の状を覧給ひ、三時四

東京に還啓

十分逸見埠頭に御上陸、横須賀停車場にて汽車に御搭乗、六時五分仮東宮御所に還啓あらせらる。

○常侍官日記・庶務課日記・行啓録・皇親録・官報

愛知県下に行啓

十四日、叡旨により陸軍大学校参謀演習御見学の為め愛知県下に行啓あらせらる。仍りて昨十三日参内、天皇・皇后に請暇を奏啓あり、是の日午前八時御出門、新橋停車場にて宮内次官男爵花房義質以下諸員の奉送を受け、汽車に御搭乗、沼津停車場にて成久王に御対顔あり、午後五時十二分名古屋停車場に御著、五時四十分名古屋離宮に入らせられ、是より御滞泊七日に及ぶ。十五日は午前十時愛知県知事深野一三・第三師団長代理歩兵第五旅団長陸軍少将田部正壮以下名古屋市在任の文武官諸員に謁を賜ひたる後、田部第三師団長代理より師団管下一般状況に就きて、又陸軍大学校長陸軍少将井口省吾より参謀旅行演習の予定計画に就きて説明を聴かせらる。午後城内本丸西南角櫓に登りて御視察あり。十六日は名古屋市東北郊に於ける演習御視察あり。即ち午前八時十五分乗馬にて離宮御出門、城門より左方瀬戸街道を経て、途次西春日井郡六郷村尋常小学校を過り、矢田川橋附近にて田部第三師団長代理等の奉迎を受け、九時五十五分守山東北方高地に御到著、井口陸軍大学校長以下教官・学生に謁を賜ふ。演習開始に先立ち、井口校長並びに参謀演習旅行統裁官陸軍大学校兵学教官陸軍騎兵中佐森岡守成の作戦に関する説明を御聴取あり、親しく演習状況を見学あらせらる。十一時三十分演習一旦中止せるを以て、乗馬にて歩兵第三十三聯隊将校集会所に行啓、

名古屋市に御著

名古屋市東北郊の参謀演習旅行御見学

歩兵第三十三聯隊に行啓

聯隊長陸軍歩兵中佐香月三郎以下諸員の奉迎を受け、御昼餐あり、尋いで玄関前に整列せる同聯隊殊勲者数名に謁を賜ふ。午後一時十分再び守山東北方高地に臨み、演習の実況を御視察あり。二時十五分演習終り、前日に於ける東西両軍の陣地作業に関し、西軍統裁補助官陸軍歩兵少佐朝久野勘十郎並びに東軍統裁補助官陸軍歩兵少佐山田軍太郎の講評を御聴取あり。三時演習地を発し、名古屋陸軍地方幼年学校に行啓、校長陸軍歩兵少佐大沢月峰以下諸員に謁を賜ひ、大沢校長より学事の近況を説明するを聴かせられたる後、教室・寝室・自修室を御一巡、更に生徒の撃剣・柔道並びに器械体操・各個教練を御覧あり。四時四十五分名古屋離宮に還啓あらせられ、参謀総長陸軍大将男爵奥保鞏等に謁を賜ふ。十七日は午後零時五十分御出門、愛知県会議事堂に行啓、陸軍大学校教官・学生に謁を賜ひたる後、講堂に於て参謀演習旅行作戦経過に就き、学生の図上対策を御実視あり、更に陸軍大学校兵学教官陸軍騎兵中佐鈴木荘六の作業の講評を為すを聴かせられ、三時二十五分離宮に還啓あり。

名古屋地方幼年学校に行啓

愛知県会議事堂に行啓

十八日は午前九時三十分御出門、官幣大社熱田神宮に謁せらる。十時二十分冠木鳥居前にて人力車を降り、権宮司松岡義男の御先導にて瑞垣御門前に進み、御手を洗はせられたる後、正殿階下浜床にて御拝あり、宮司角田忠行の捧げたる玉串を受けて神前に供進し給ふ。此の時東宮大夫侯爵中

熱田神宮に謁せらる

山孝麿扈従し、東宮武官長村木雅美以下供奉の者は瑞垣御門内の右方正殿に向ひて整列す。畢りて

熱田兵器製造所に行啓

冠木鳥居附近に樟樹二株を御手植あり、十時二十五分神宮を出で、熱田兵器製造所に行啓、第三師団参謀長陸軍歩兵中佐福田雅太郎・熱田兵器製造所長陸軍砲兵中佐原口善助等に謁を賜ひ、原口所長より書類を受けさせられ、発電場・鉄工火造場・鉄工組立場・鉄工仕上場・鉄工機械場・木工木取場・木工組立場・木工仕上場・修理工場・工場用諸機械製造場等御巡覧あり、午後一時三十分離宮に還啓あらせらる。尋いで天主閣に御登臨、北練兵場に於ける名古屋市立各学校聯合運動会を覧給ふ。

名古屋市東南郊の演習御見学

十九・二十の両日は名古屋市東南郊に於ける演習御視察あり。即ち十九日は午前七時四十三分御出門、名古屋停車場にて汽車に御搭乗、奥参謀総長陪乗す。大高停車場にて人力車に御移乗、鳴海町・有松町を経て、桶狭間に在る今川義元の墓所前義元堂に臨ませられ、御休憩の後、乗馬にて九時五十分演習地なる豊明村東方高地高鴨八幡神社前に御著、森岡統裁官の作戦状況に関する講話を聴かせらる。尋いで演習開始により、同高地より御見学あり。演習実視の為め到著せる邦彦王に御対面、十一時四十分王と高鴨八幡神社拝殿にて会食あらせらる。午後演習再開、二時に至りて終了す。森岡統裁官の東西両軍学生に下せる講評並びに奥参謀総長の訓示を聴かせられたる後、演習地

御発、途次、再び義元堂に臨み、高徳院に蔵せる今川義元使用の陣中手焙を御覧あり、四時十五分大高停車場にて汽車に御搭乗、五時名古屋離宮に還啓あらせらる。二十日は午前七時四十三分御出門、前日の如く高鴨八幡神社境内に行啓あらせられ、伺候せる邦彦王に御対面の後、鈴木陸軍騎兵中佐をして戦況に関する説明を啓せしめ、東西両軍の用兵作戦演習を御覧あり。尋いで奥参謀総長用兵に関する講話を行ひ、井口陸軍大学校長之に答辞を為す。十一時二十五分演習全く終了す。仍りて乗馬にて邦彦王を随へ、豊明村阿野坂なる三田虎二郎の家に臨み、御会食あり、奥参謀総長・井口陸軍大学校長・深野愛知県知事以下諸員に饌を賜ふ。往路を経て二時三十五分離宮に還啓あらせらる。二十一日午前七時名古屋離宮御出門、名古屋停車場にて官民多数の奉送裡に汽車に御搭乗、奥参謀総長をして陪乗せしめらる。岡崎停車場にて邦彦王始め井口陸軍大学校長以下教官・学生奉送す。午後四時二十二分新橋停車場に御著、花房宮内次官以下諸員の奉迎を受け、四時四十五分仮東宮御所に還啓あらせらる。

演習終了す

猶ほ此の行、供奉を命ぜられたる者は、東宮大夫侯爵中山孝麿・東宮武官長村木雅美・東宮武官田内三吉・同尾藤知勝・東宮侍従子爵有馬純文・東宮侍従本多正復・東宮主事子爵錦小路在明・侍医池辺棟三郎等なり。○常侍官日記・庶務課日記・行啓録・皇親録・官報・行幸啓日誌（愛知県庁）

供奉員

参内演習御見学を復命

二十二日、午前十時御出門参内、天皇・皇后に謁し、陸軍大学校参謀演習旅行御見学のことを復命あり、五種交魚壱折並びに名古屋市より齎し給へる方領大根弐籠・仏掌薯壱籠・百合根壱籠・松茸弐籠を天皇・皇后に、七宝花瓶壱個・竹製莨具壱組を天皇に、七宝花瓶壱個を皇后に進献、午後一時十分還啓あらせらる。○常侍官日記・庶務課日記・行啓録

篶子女王壬生基義に降嫁を御祝賀

二十八日、故朝彦親王第八女子篶子女王、陸軍騎兵大尉従四位勲六等伯爵壬生基義に降嫁するにより、昨二十七日女王に紅白縮緬弐疋を賜ひ、是の日又兄邦彦王に五種交魚を賜ひ、之を賀せらる。三十日王、妃俔子と倶に参候、恩を拝謝するを以て御対面あり。○庶務課日記・皇親録・贈賜録・常侍官日記

十一月

一日、関東総督男爵大島義昌二〇三高地附近にて捕獲せる生鶉六百羽を献ぜるを以て、新宿御苑内動物園に於て飼養せしめらる。○庶務課日記・進献録

日本競馬会に御臨場

二日、叡旨により日本競馬会秋季競馬会に臨ませらる。午前十時十分御出門、新橋停車場にて汽車に御搭乗、横浜停車場にて馬車に御移乗、午後零時十分横浜根岸競馬場に御著、馬見場にて亜米利加合衆国特命全権大使リューク・イー・ライト・露西亜国特命全権公使ユーリー・バフメチェフ・

瑞西国特命全権公使ポール・リッテル・英吉利国臨時代理大使ラウザー〈Henry Lowther〉・仏蘭西国臨時代理公使クージェー〈Fernand Couget〉等に賜を賜ひ、数回に渉りて競馬を御覧あり、四時二十分競馬場を出で、往路を経て、六時十五分仮東宮御所に還啓あらせらる。○常侍官日記・庶務課日記・行啓録・皇親録

天長節観兵式に御参列

三日、天長節により、午前八時四十五分御出門、青山練兵場に行啓、観兵式に列せらる。乗馬にて天皇の御閲兵に扈従し給ひ、尋いで諸兵分列式を台覧あり。十時二十三分式畢り、天皇の還御を奉送の後、還啓あらせらる。十一時再び御出門、参内、祝賀の宴会に御参列、午後一時三十分還啓あらせらる。○常侍官日記・庶務課日記・典式録・皇親録・侍従職日録・官報

東久邇宮創立

是の日、故朝彦親王第九男子稔彦王、東久邇宮の称号を賜はりたるを以て、王、兄邦彦王と倶に伺候し、恩を拝謝す。仍りて御対面あり、尋いで五日稔彦王に五種交魚壱折を賜ひて之を賀し、九日邦彦王・稔彦王を召して午餐を会食あらせらる。○庶務課日記・皇親録・贈賜録・常侍官日記・典式録

皇族に御対面

四日、成久王・輝久王に対面あらせらる。猶ほ是の月六日邦彦王・稔彦王、九日博恭王、十二日菊麿王、十七日威仁親王、二十一日威仁親王並びに成久王、二十七日御妹昌子内親王・房子内親王・允子内親王・聰子内親王に御対面のことあり。○常侍官日記・庶務課日記

是の日、横須賀鎮守府司令長官海軍中将上村彦之丞に謁を賜ふ。是の月猶ほ謁を賜へる者に、公爵九条道実・軍事参議官陸軍大将伯爵桂太郎・麝香間祗候伯爵松浦詮・第二艦隊司令長官海軍中将伊集院五郎等あり。○常侍官日記・庶務課日記

賜謁者

六日、恒久王病を葉山に養ふを以て、御菓子缶入半打を賜ひ、慰問あらせらる。○贈賜録・庶務課日記

十日、東宮武官長村木雅美病むにより、三種果物壱籠を賜ひ、存問あらせらる。又麝香間祗候従一位侯爵嵯峨実愛九十一歳の高齢に達し、翌十一日祝宴を開くにより、御紋附銀盃壱組・白羽二重壱疋・三種交魚壱折を賜ひ、之を賀せらる。○贈賜録・庶務課日記

十五日、軍艦薩摩進水式に参列の為め、横須賀軍港に行啓あらせらる。午前七時四十分御出門、新橋停車場にて汽車に御搭乗、九時四十六分横須賀停車場に著かせられ、横須賀鎮守府に臨み、御車寄に於て天皇の鎮守府著御を奉迎あり。十時五十分より天皇に扈従し、海軍工廠内に陳列せる諸機械の運転・作業の状、軍艦鹿島並びに船渠内にありて修補中の軍艦香取、明治三十七八年戦役戦利品等を御巡覧、午後零時七分鎮守府に入り給ふ。御昼餐の後、再び天皇に従ひ、工廠内軍艦薩摩進水式場に臨ませらる。二時進水式開始、其の儀略〻今春軍艦生駒進水式の時の如し、二十五分にして畢る。尋いで鎮守府に到り、天皇の還幸を奉送あり、三時四十分御出門、横須賀停車場にて威

横須賀軍港に行啓

天皇を奉迎

天皇に扈従

軍艦薩摩進水式に御参列

仁親王・載仁親王・菊麿王・成久王・輝久王・稔彦王・依仁親王妃周子・守正王妃伊都子等と倶に汽車に御搭乗、五時五十五分仮東宮御所に還啓あらせらる。○常侍官日記・庶務課日記・行啓録・皇親録・侍従職日録・官報

近衛師団撤紙競馬御覧

十八日、近衛師団撤紙競馬御覧の為、午前九時御出門、始め青山練兵場集合地点に行啓、尋いで十二社境内出発地点並びに代々木御料地決勝地点に臨み、同師団に金百円を賜ひ、午後二時還啓あらせらる。○常侍官日記・庶務課日記・行啓録・贈賜録

近衛野戦砲兵聯隊に行啓

十九日、午後一時御出門、世田ヶ谷村なる近衛野戦砲兵聯隊に行啓あり、近衛師団長陸軍大将男爵大島久直・野戦砲兵第一旅団長陸軍少将宮本照明等の奉迎を受け、将校集会所に於て、諸員に謁を賜ふ。尋いで練兵場に臨み、駁法教練を御覧あり、更に野戦砲兵第十四聯隊将校集会所に臨み、御休憩、将校数名に謁を賜ひ、四時十分還啓あらせらる。○常侍官日記・庶務課日記・行啓録

凱旋記念五二共進会に行啓

二十二日、午後零時三十分御出門、麴町区内山下町なる凱旋記念五二共進会場に行啓、伯爵松方正義・会長徳久恒範に謁を賜ひ、陳列の工芸品を御巡覧、三時五十五分還啓あらせらる。○常侍官日記・庶務課日記・行啓録

二十四日、午後零時三十分より曩に陸軍大学校参謀演習旅行御見学に供奉したる同校長陸軍少将井口省吾・同校幹事陸軍歩兵大佐宇都宮太郎並びに東宮大夫侯爵中山孝麿・東宮武官長村木雅美等

に陪食を賜ひ、省吾に又軍服壱著を賜ひ、慰労あらせらる。○常侍官日記・庶務課日記・典式録

十二月

一日、曩に博恭王任を終へて清国より帰朝し、齎したる白狐皮拾枚・植木鉢弐対・水鉢壱対を献じたるを以て、是の日王に銀製香炉壱個・牙彫置物壱個・梨地蒔絵手匣壱個を賜ふ。○贈賜録・庶務課日記

サラザンの逝去を御弔問

是より先、東宮職御用掛フランソワ・サラザン病篤き趣を聴かせられ、去月三十日侍医池辺棟三郎・同相磯慥を其の邸に遣し、又葡萄酒壱打を賜ひ、存問あらせられしが、是の日遂に逝く。仍て亦物を賜ひ、五日築地天主公教会堂に於て葬儀執行に当りては、東宮侍従高辻宜麿を遣し、祭粢料金五百円・花輪弐束を賜ひ、弔問せしめらる。サラザン去る明治三十二年以降東宮職に奉仕し、皇太子並びに妃の仏語御教授に尽力せる功尠からざりしを以てなり。○贈賜録・庶務課日記

山階宮邸に行啓

二日、午後一時三十分御出門、山階宮邸に行啓、菊麿王に御対面あり、五種果物壱台を賜ひ、四時三十分還啓あらせらる。○常侍官日記・庶務課日記・行啓録

三日、菊麿王に対面あらせらる。是の月猶ほ八日依仁親王、十七日博恭王、二十一日威仁親王、二十四日栽仁王、二十七日昌子内親王・房子内親王、二十九日貞愛親王・威仁親王・邦彦王・同妃

俔子・博恭王、三十日貞愛親王・載仁親王・邦彦王・菊麿王・同妃常子、三十一日依仁親王に御対面のことあり。○常侍官日記・庶務課日記

是の日、海軍中将出羽重遠・子爵曾我祐準に謁を賜ふ。是の月猶ほ謁を賜へる者に、海軍中将伊東義五郎・伯爵土方久元・統監侯爵伊藤博文(7)・伯爵甘露寺義長・伯爵清水谷実英・元帥侯爵山県有朋・海軍中将片岡七郎・侍従武官長男爵岡沢精等あり。○常侍官日記・庶務課日記

後桃園天皇御例祭御拝

六日、後桃園天皇御例祭により、午前九時十分御出門、皇霊殿御拝、十時四十分還啓あり。○常侍官日記・庶務課日記・典式録

七日、午後七時宮内大臣子爵田中光顕・宮内次官男爵花房義質以下宮内省各部局長等二十四名を召し、晩餐の陪食を賜ひ、労を犒はせらる。○常侍官日記・庶務課日記・典式録

李韓国特使御引見

十四日、午前十時来朝中の韓国特使内部大臣李址鎔、随員漢城府尹朴義秉・宮内府侍従院副卿宋台観・内部会計局長金寛鉉を伴ひ伺候せるを以て、引見あらせらる。猶ほ李址鎔曩に銀製インキ壺壱基を献ぜるにより、翌十五日銀巻莨箱壱個を賜ふ。○常侍官日記・庶務課日記・外事録・贈賜録・官報

是の日、学習院長陸軍大将男爵乃木希典参内の途次、坂下門に於て落馬負傷せるを以て、東宮武官尾藤知勝を其の邸に遣し、赤葡萄酒壱打を賜ひ、翌十五日侍医相磯慥を又其の邸に遣し、存問せ

しめらる。○常侍官日記・庶務課日記・贈賜録

近衛将校を芝離宮に召す

十八日、正午御出門、芝離宮に行啓、近衛師団長陸軍大将男爵大島久直・近衛歩兵第一旅団長陸軍少将木村有恒・同第二旅団長陸軍少将梅沢道治・騎兵第一旅団長陸軍少将本多道純・野戦砲兵第一旅団長陸軍少将宮本照明以下近衛師団上長官及び同相当官以上並びに幕僚尉官に午餐の立食を賜ひて労を犒はせられ、午後二時十分還啓あり。○常侍官日記・庶務課日記・行啓録

二十一日、允子内親王違例により、東宮主事子爵錦小路在明を麻布御殿に遣し、御菓子弐箱・鶏卵百個を賜ひ、存問あらせらる。○常侍官日記・庶務課日記・贈賜録・御直宮御養育掛日記

前田利為別邸に行啓

二十三日、午前八時三十分御出門、深川区東平井町侯爵前田利為別邸に行啓、邸内の猟場に於て威仁親王・栽仁王と倶に鴨猟の御興あり、利為に白羽二重壱疋・御万那料金弐拾五円を賜ひ、午後四時三十五分還啓あらせらる。○常侍官日記・庶務課日記・行啓録

二十四日、第一艦隊司令長官海軍中将有馬新一以下第一艦隊所属軍艦八雲・出雲の佐官・同相当官を、翌二十五日同じく第一艦隊参謀長海軍大佐山下源太郎以下八雲・出雲諸員を召し、午餐の陪食を賜ひ、労を犒はせらる。○常侍官日記・庶務課日記・典式録

東宮御所御造営局、是の月三十一日限り廃せらるるを以て、是の日局長以下諸員に酒肴料金七百

五拾円を賜ひ、又局長男爵堤正誼・技監片山東熊に白縮緬壱疋を、事務官股野琢・同馬場三郎に袴地壱反を賜ひ、多年の勤労を慰せらる。○贈賜録・庶務課日記

帝国議会開院式に御参列

二十八日、午前十時御出門、貴族院に行啓、帝国議会開院式に参列あり、十一時四十五分還啓あらせらる。○常侍官日記・庶務課日記・典式録・官報

功三級に叙せらる

三十日、功三級に叙し、金鵄勲章を賜はらせらる。午前九時十分勅使侍従職幹事公爵岩倉具定、勲記を奉じて参殿す。東宮侍従原恒太郎之を御車寄階上に迎へて直に休所に誘引す。東宮大夫侯爵中山孝麿勅使に接し、尋いで参入の旨を啓す。仍りて御正装にて内謁見所に出でさせられ、具定に謁を賜ふ。具定、勲記並びに金鵄勲章を捧呈す。勲記に曰く、

明治三十七八年戦役ノ功ニ依リ功三級金鵄勲章並ニ年金七百円ヲ授ケ賜フ

と。勅使退出の後、中山東宮大夫を宮中に遣し、五種交魚壱折を進献、聖恩を謝し奉らしめらる。因に叙勲の日は溯りて四月一日附たり。○常侍官日記・庶務課日記・典式録・官報

大正天皇実録　巻三十五

明治四十年　宝算二十九歳

一月

参内新年の賀を奏啓

一日、午前九時御出門参内、天皇・皇后に新年の賀を奏啓あり、尋いで天皇に従ひ文武諸員拝賀の式に参列あらせらるること凡て前年の例に準ず。午後三時二十五分還啓あり。二日拝賀の儀も亦同様なり。〇常侍官日記・庶務課日記・侍従職日録・皇后宮職日記

二日、年賀の為め参候せる威仁親王・同妃慰子・依仁親王・同妃周子・菊麿王・同妃常子・博恭王・鳩彦王・稔彦王に対面あらせらる。三日亦成久王・栽仁王に御対面あり。〇常侍官日記・庶務課日記

元始祭御拝

三日、元始祭により、午前九時十分御出門、賢所・皇霊殿・神殿御拝、十一時二十分還啓あり。

○常侍官日記・庶務課日記

新年宴会に御参列

五日、午前十一時十分御出門参内、新年宴会に御参列あり、又来る九日英照皇太后十年御式年山陵祭に列せんが為、妃と倶に京都行啓の御予定なるを以て、天皇・皇后に請暇を奏啓あり、午後二時十五分還啓あらせらる。○常侍官日記・庶務課日記・行啓録・典式録・皇親録・皇后宮職日記・官報

感冒にて御仮床

六日、前夜来感冒にて御発熱あり、仮床あらせらる。午前十一時、午後六時の両度侍医局長岡玄卿の拝診を受け給ふ。御容態概して軽微に渉らせられ、十八日に至り御仮床を撤せらる。猶ほ感冒の故を以て、京都行啓は之を停め給へり。○常侍官日記・庶務課日記・御容体日誌・拝診録・重要雑録・官報

英照皇太后十年御式年祭に御代拝

十一日、英照皇太后十年御式年祭により、皇霊殿に於ける祭典に東宮侍従長侯爵木戸孝正を、又後月輪東北陵に於ける陵前祭に東宮侍従子爵大迫貞武を遣し、代拝せしめらる。是の歳、宮中各祭典に御代拝を遣さるること左表の如し。○庶務課日記・典式録・総務課進退録・官報

月日	御祭典	御代拝
一月　三十日	孝明天皇四十年御式年祭	東宮侍従長　侯爵　木戸孝正
二月　十一日	紀元節御祭典	同
同　二十一日	仁孝天皇御例祭	同　同

四月	三日	神武天皇御例祭	同	同
同	四日	静子内親王二十年御式年祭	東宮侍従	高辻宜麿
十月	十七日	神嘗祭	同	本多正復
十一月	三日	天長節御祭典	同	同
十二月	六日	後桃園天皇御例祭	東宮侍従長　侯爵	木戸孝正
同	十二日	光格天皇御例祭	同	同
同	十六日	賢所御神楽	同	同

歌御会始に御詠進

十八日、宮中に於て歌御会始の儀を行はせらるるにより、詠進あらせらる。御歌左の如し。

新年松

たみはみなとしのはしめをまつのえた
かとにかさりてみよいはふらん

○東宮記・官報

外国使臣御引見

二十三日、午前十時仏蘭西国特命全権大使オーギュスト・ジエラール〈Auguste Gérard〉に、同三十分瑞典国特命全権公使グスタフ・オスカル・ワレンベルク〈Gustaf Oscar Wallenberg〉に謁を賜ふ。二十五日帰国する伊太利国特命全権公使伯爵ジエー・シー・ヴヒンチに、二十六日同じく帰国する墨西哥合衆国特命全権公使カルロス・アメリコ・レーラ〈Americo Lera〉及び娘に亦謁を賜ふ。○常侍官日記・庶務課日記・外事録・官報

是の日、近衛歩兵第一聯隊軍旗祭を挙行するにより、東宮武官尾藤知勝を遣し、金百円を賜ふ。○庶務課日記・総務課進退録・贈賜録

東宮武官御差遣

是の歳、東宮武官差遣のこと概ね左表の如し。(1)

月日	差遣先	差遣武官
一月二十一日	九州地方に於ける参謀本部参謀演習旅行	東宮武官 尾藤知勝
二月二十五日	亜米利加並欧羅巴沿岸へ派遣の軍艦筑波・千歳	同 黒水公三郎
同 二十八日	陸軍要塞砲兵射撃学校修業式	同 田内三吉
三月十二日	呉鎮守府小演習	同 黒水公三郎
同 十四日	陸軍野戦砲兵射撃学校修業式	同 田内三吉
同	近衛師団幹部演習並参謀本部参謀演習旅行	同 同

同　二十六日	陸軍電信教導大隊終業式	同　尾藤知勝
同　二十九日	海軍水雷術練習所並海軍機関術練習所卒業式	同　秋沢芳馬
四月　十日	呉海軍工廠に於ける戦艦安芸進水式	同　同
同　二十六日	海軍機関学校卒業式	同　黒水公三郎
同　三十日	陸軍軍医学校終業式	同　尾藤知勝
五月　六日	富士裾野に於ける特別工兵演習	同　田内三吉
同	靖国神社例祭	同　秋沢芳馬
同　二十四日	陸軍経理学校卒業式	同　田内三吉
同　二十七日	水交社に於ける明治三十七八年戦役海軍記念日祝賀会	同　同
同　二十八日	陸軍中央幼年学校卒業式	同　同
同　三十一日	陸軍士官学校卒業式	同　同
六月　二十日	陸軍戸山学校終業式	同　尾藤知勝
同　二十二日	陸軍野戦砲兵射撃学校終業式	同　田内三吉

月日	差遣先	差遣武官
七月二日	第一艦隊艦砲検定射撃	東宮武官 秋沢芳馬
同 十二日	陸軍獣医学校学術習得証明書授与式	同 同
八月四日	遠洋航海終了横須賀軍港帰著の練習艦隊	同 黒水公三郎
同 二十四日	横須賀軍港練習艦軍艦須磨・明石	同 秋沢芳馬
九月十一日	特別騎兵演習	同 田内三吉
同	第一艦隊戦闘射撃	同 秋沢芳馬
同	特別要塞砲兵演習	同 尾藤知勝
同 三十日	海軍砲術学校卒業式	同 黒水公三郎
十月十二日	陸軍大学校戦闘実施演習	同 尾藤知勝
同 二十一日	陸軍大学校参謀演習旅行	同 同
十一月五日	近衛師団機動演習	同 同
同	陸軍特別大演習	同 同

同　十五日	呉海軍工廠に於ける軍艦淀進水式	同	黒水公三郎
同	海軍兵学校卒業式	同	同
同　十六日	横須賀軍港碇泊の第二艦隊	同	秋沢芳馬
同　三十日	陸軍大学校卒業式	同	田内三吉
十二月　三日	海軍工機学校卒業式	同	秋沢芳馬
同　十八日	陸軍砲工学校卒業式	同	田内三吉
同	海軍大学校卒業式	同	黒水公三郎
同	海軍軍医学校卒業式	同	同
同	海軍経理学校卒業式	同	同
同　二十六日	陸軍軍医学校終業式	同	本城幹太郎

二十四日、感冒全く癒えさせられたるを以て、午前十時妃と倶に御出門参内、天機並びに御機嫌を候し、午後零時四十分還啓あり。○常侍官日記・庶務課日記・侍従職日録

二十五日、午後六時貞愛親王と晩餐を御会食、調度局長兼宮中顧問官長崎省吾・東宮侍従長侯爵木戸孝正・伏見宮別当馬場三郎に陪食を賜ふ。○常侍官日記・庶務課日記・典式録

皇后の沼津行啓を奉送

妃と倶に葉山に行啓

供奉員

二十六日、皇后沼津御用邸に行啓あらせらるるにより、午前十時十分妃と倶に御出門、新橋停車場に行啓、奉送あり、尋いで参内、明日葉山御用邸に行啓の故を以て、天皇に請暇を奏し、午後一時五分還啓あらせらる。○常侍官日記・庶務課日記・侍従職日録・官報

二十七日、午後一時四十分妃と倶に御出門、新橋停車場にて陸軍大臣寺内正毅・軍事参議官陸軍大将男爵乃木希典・同川村景明・関東都督男爵大島義昌・宮中顧問官侯爵鍋島直大・東京府知事男爵千家尊福等の奉送を受け、汽車に御搭乗、逗子停車場に御下車、四時二十分葉山御用邸に行啓あらせらる。是より御淹留実に四月中旬に及ばせらる。猶ほ此の行、供奉を命ぜられたる者は、東宮

武官長村木雅美・東宮主事子爵錦小路在明・東宮侍従子爵大迫貞武・東宮侍従高辻宜麿・同原恒太郎・東宮武官黒水公三郎・同尾藤知勝・侍医片山芳林等なり。○常侍官日記・庶務課日記・行啓録・皇親録・官報

三十日、伯爵島津忠亮妻盛子去る二十六日逝けるを以て、喪中の慰問として忠亮に御菓子壱折を賜ひ、又翌三十一日菊麿王妃常子・邦彦王妃俔子には父方の養叔母の続柄を以て同じく御菓子壱折宛を賜ふ。

是より先、権掌侍正五位堀川武子去る十四日病篤き趣を聴かせられ、侍医池辺棟三郎を其の邸に遣し、十九日物を賜ひ存問あらせられしが、二十九日遂に卒す。因りて是の日再び物を賜ひ、翌三

十一日祭粢料金弐百円を賜ひ、弔問あらせらる。武子、東宮未だ御幼少に渉せられし時側近に侍し勤労尠からざりしを以てなり。〇贈賜録・庶務課日記

御講書始の儀

三十一日、御講書始の儀を行はせられ、東宮侍講本居豊穎をして「孝明天皇の御代を追懐し奉りて更に殿下の御幸福を賀し奉る」を、同三田守真をして「スエズ運河」を進講せしめ、東宮武官長村木雅美・東宮武官尾藤知勝・東宮侍従子爵大迫貞武・東宮侍従原恒太郎・東宮女官吉見光子・東宮主事子爵錦小路在明に陪聴を賜ふ。〇常侍官日記・行啓録

恒久王偶〻葉山なる別邸に在り、屢〻参候する処あり、是の日乃ち王と午餐を御会食、枢密顧問官兼御歌所長男爵高崎正風・東宮武官長村木雅美・東宮武官尾藤知勝・東宮主事子爵錦小路在明を陪せしめらる。〇常侍官日記・行啓録

二月

鎌倉御用邸に行啓

一日、午後零時四十分手駮車にて御出門、鎌倉御用邸に行啓、允子内親王・聰子内親王に御対面あり、反物を賜ひ、三時三十分還啓あらせらる。此の後屢〻鎌倉に行啓のことあり、或は長谷寺に、或は鶴岡八幡宮に、又七里ヶ浜等に臨ませられ、三月十九日には再び鎌倉御用邸に到り、両内親王

に御対面ありたり。〇常侍官日記・行啓録・御直宮御養育掛日記

二日、午前十時五十分御出門、海岸を御散策の後、有栖川宮別邸及び南御用邸に臨み、午後零時十分還啓あり。猶ほ葉山御淹留中、御健康増進の為め日々近傍御散策のことは例年の如し。〇行啓録・常侍官日記

七日、神奈川県知事周布公平に謁を賜ふ。是の月猶ほ謁を賜へる者を列挙すれば、宮内次官男爵花房義質・枢密顧問官兼御歌所長男爵高崎正風・海軍省軍務局長海軍少将武富邦鼎・軍事参議官海軍大将男爵山本権兵衛・同子爵井上良馨・伯爵土方久元等あり、権兵衛には特に午餐の陪食を賜ふ。〇行啓録・常侍官日記

貞愛親王英国に赴くを賀せらる

貞愛親王ガーター勲章答礼使として英吉利国に赴くを以て、是の日東宮主事桂潜太郎を伏見宮邸に遣し、御物料金参百円を賜ひ、十一日亦三種交魚壱折を賜ふ。十二日出発に当り、東宮侍従高辻宜麿を新橋停車場に遣し、之を送らしめらる。十五日に至り親王の乗船英吉利郵船デヴワナ号愛媛県三津ヶ浜附近に於て荷物船神州丸と衝突し、軸に微傷を負ひたるの報あり、乃ち電報を親王に発し、慰問あらせらる。猶ほ海軍大将男爵山本権兵衛、貞愛親王の随員を命ぜられ、英吉利国に渡航するを以て、三月一日三鞭酒壱打・御物料金参百円を賜へり。〇庶務課日記・行啓録・贈賜録・皇親録・貞愛親王事蹟

皇后の御機嫌を候せしめらる

九日、東宮主事子爵錦小路在明を沼津御用邸に遣し、皇后に御菓子・鮮魚等を進献、御機嫌を候せしめらる。猶ほ二十五日東宮侍従子爵有馬純文を、四月五日東宮侍従子爵大迫貞武を遣さる。○行啓録

御書を中山孝麿に賜ふ

十日、東宮大夫侯爵中山孝麿大磯なる招仙閣(2)に於て病を養ふにより、御万那料金弐拾五円を賜ひ、十八日東宮主事桂潜太郎を遣して存問せしめ、二十四日御書並びに御菓子料金五拾円を賜ふ。猶ほ宮内大臣子爵田中光顕及び侍従職幹事公爵岩倉具定亦病むを以て、十三日光顕に葡萄酒壱打を、十四日具定に御万那料金弐拾五円を賜ひ、慰問あらせらる。○庶務課日記・行啓録・贈賜録

十一日、恒久王・成久王・鳩彦王・稔彦王参候、御対面あり。○行啓録・常侍官日記

十六日、允子内親王・聰子内親王参候により、午餐御会食あり、富美宮泰宮御養育主任子爵林友幸・東宮侍従長侯爵木戸孝正に陪食を賜ふ。猶ほ十七日には故能久親王妃富子に御対面のことあり。○常侍官日記・行啓録・御直宮御養育掛日記

北白川宮別邸に行啓

二十六日、午後一時三十分御出門、堀内村鐙摺を御逍遥の帰途、北白川宮別邸に臨み、成久王に御菓子弐折を賜ひ、四時三十分還啓あらせらる。○常侍官日記・行啓録・庶務課日記

三月

一日、皇孫御養育掛長丸尾錦作及び伯爵柳原義光に謁を賜ふ。是の月猶ほ葉山御用邸に於て謁を賜へるものには、陸軍要塞砲兵射撃学校長陸軍砲兵大佐江藤鋪・公爵九条道実・統監侯爵伊藤博文・宮内大臣子爵田中光顕・関東都督男爵大島義昌・宮中顧問官子爵高辻修長・海軍大臣斎藤実・軍事参議官陸軍大将男爵乃木希典等あり。道実・博文・光顕・義昌・希典には午餐の陪食をも賜ふ。○行啓録・常侍官日記

多嘉王の結婚を賀せらる

九日、故朝彦親王第五男子多嘉王、従三位子爵水無瀬忠輔第一女静子と結婚せるを以て、東宮侍従子爵大迫貞武を久邇宮邸に遣し、多嘉王に五種交魚壱折を、妃静子に紅白紋縮緬各壱疋を賜ふ。十二日邦彦王・多嘉王・同妃静子葉山御用邸に参候、恩を拝謝するを以て御対面あり。○庶務課日記・行啓録・贈賜録・皇親録

東京に還啓

是の日、偕行社に於て明日挙行する明治三十七八年戦役陸軍記念会に臨場の為、午前八時十分葉山御用邸御出門、逗子停車場にて汽車に御搭乗、十一時五分新橋停車場に著かせられ、直に参内、天機を候せらる。御昼餐の後、有栖川宮邸に臨み、午後三時五十分仮東宮御所に還啓あり。尋いで

陸軍記念会に御臨場

伺候せる威仁親王に対面あらせらる。翌十日午後二時御出門、偕行社に行啓、明治三十七八年陸軍記念会に臨み、幹事長陸軍大臣寺内正毅外参列諸員に謁を賜ひ、又余興の相撲を御覧あり、同会に金参百円を賜ひ、午後四時御出門、新橋停車場より汽車に御搭乗、六時五十分葉山御用邸に入らせらる。○常侍官日記・行啓録・皇親録・庶務課日記・官報

葉山に行啓

十日、陸軍大将正三位勲一等功二級男爵立見尚文去る七日薨ぜるを以て、東宮武官尾藤知勝を其の邸に遣し、香料金弐拾五円を賜ひ、弔問せしめらる。○庶務課日記・贈賜録(3)

沼津に皇后の御機嫌を候せらる

十八日、午前九時妃と倶に葉山御用邸御出門、逗子停車場にて汽車に御搭乗、午後零時二十五分沼津停車場に著かせられ、沼津御用邸に行啓、皇后の御機嫌を候し、又裕仁親王・雍仁親王・宣仁親王に御対面あり。三親王を随へ、西御用邸に臨ませられたる後、四時四十分沼津停車場にて汽車に御搭乗、八時十五分葉山御用邸に還啓あらせらる。○常侍官日記・行啓録・皇親録

東京に還啓

二十一日、春季皇霊祭御拝の為め東京に還啓あらせらる。午前八時三十分葉山御用邸御出門、逗子停車場より汽車に御搭乗、新橋停車場に著かせられたる後、直に参内、天機を候し、齎せられたる小鯛・海老・常節を進献あり、午後零時十五分仮東宮御所に還啓あり。農商務大臣松岡康毅に謁を賜ふ。六時三十分威仁親王・載仁親王並びに恒久王と晩餐を御会食、威仁親王附武官海軍中佐布

目満造・載仁親王附武官陸軍騎兵少佐中島操・恒久王附武官陸軍騎兵大尉清岡真彦・東宮武官長村木雅美に陪食を賜ふ。翌二十二日午前九時御出門、皇霊殿・神殿御拝、十時五十分還啓あり、式部長伯爵戸田氏共等に謁を賜ふ。午後二時四十分再び御出門、新橋停車場にて汽車に御搭乗、五時五十五分葉山御用邸に著かせらる。○常侍官日記・行啓録・庶務課日記・官報・皇親録・典式録

春季皇霊祭御拝
葉山に行啓

二十三日、昨二十二日朝来感冒に罹らせられ、御咽頭充血・御鼻加答児の徴候あるを以て、是の日より御仮床に就かせられ、爾後、三週間に及ぶ。然れども御病勢極めて軽微にして、他症併発等の御異状を拝せず、専ら御仮床にありて静養に力めさせらる。四月三日より室内御運動を試み、十三日に至りて御仮床を撤せらる。○常侍官日記・行啓録・御容体日誌・拝診録・庶務課日記

感冒にて御仮床

二十五日、軍事参議官海軍大将威仁親王、第一・第二艦隊及び旅順鎮守府特命検閲使を命ぜられ、旅順に赴くにより、三種交魚壱折を賜ふ。翌二十六日出発に当り、東宮侍従原恒太郎を新橋停車場に遣して之を送らしめ、且つ横浜港解纜に際し、御書を賜ふ。○行啓録・庶務課日記・贈賜録

四月

二日、邦彦王見学の為め欧羅巴に赴くにより、東宮主事子爵錦小路在明を久邇宮邸に遣し、三種

邦彦王欧羅巴に赴くを賀せらる

交魚壱折・銀巻莨入壱個を賜ひ、三日出発に当り、東宮侍従本多正復を新橋停車場に遣し、之を送らしめらる。○行啓録・庶務課日記・贈賜録・皇親録

四日、軍艦常磐副長海軍中佐菊麿王麻疹に罹りたる趣を聴かせられ、三種交魚壱折を賜ひて御慰問あり。○行啓録

七日、京都在住華族総代子爵西洞院信意伺候せるにより、酒肴料金拾円を賜ふ。○行啓録

十一日、宮中顧問官兼常宮周宮御用掛海軍軍医総監正四位勲三等加賀美光賢去る八日卒せるを以て、祭粢料金百円を賜ひ、又常宮周宮御養育主任伯爵佐佐木高行・同妻貞子に御菓子壱折を賜ひ、弔問し給ふ。○贈賜録・庶務課日記・官報

葉山より還啓

十八日、午後一時三十分妃と倶に葉山御用邸御出門、逗子停車場にて汽車に御搭乗、新橋停車場にて御下車あり、恒久王・台湾総督子爵佐久間左馬太・近衛師団長陸軍大将男爵大島久直・宮内大臣子爵田中光顕・宮内次官男爵花房義質以下諸員の奉迎を受けさせらる。四時仮東宮御所に還啓あり。尋いで裕仁親王・雍仁親王・宣仁親王に御対面、田中宮内大臣及び花房宮内次官・中山慶子等に謁を謁ふ。○常侍官日記・行啓録・皇親録・庶務課日記・官報

参内天機を候せらる

十九日、午前十時御出門参内、天機を候し、鎌倉彫大机壱基及び三種交魚壱折を進献あらせられ、

十一時四十五分還啓あり。尋いで皇后沼津御用邸より還啓あらせらるるを以て、午後一時四十分妃と倶に御出門、新橋停車場に迎へ給ひ、二時四十分還啓、乃ち三種交魚壱折を進献あり、御機嫌麗しく渉らせらるるを祝し給ふ。○常侍官日記・庶務課日記・侍従職日録・行啓録・皇后宮職日記・官報

皇后沼津より還啓を奉迎

是の日、威仁親王妃慰子に御対面あり、公爵徳川家達・主馬頭子爵藤波言忠に謁を賜ふ。猶ほ是の月二十日載仁親王・博恭王に、二十五日博恭王並びに依仁親王に、二十七日威仁親王に御対面のことあり。又謁を賜へる者には、韓国駐劄軍司令官陸軍大将男爵長谷川好道・京都府知事大森鍾一・伯爵松浦詮・子爵本多正憲・海軍大臣斎藤実・海軍兵学校長海軍少将島村速雄・元帥侯爵山県有朋・台湾総督子爵佐久間左馬太・関東都督男爵大島義昌・帝室会計審査局長斎藤桃太郎・皇孫御養育掛長丸尾錦作・公爵一条実輝・同九条道実・皇后宮大夫子爵香川敬三・内務大臣原敬・特命全権大使都筑馨六・侍従長侯爵徳大寺実則・墺地利国特命全権大使内田康哉等あり。就中、左馬太・好道・義昌・実輝・道実・敬三等には午餐の陪食を賜へり。○常侍官日記・庶務課日記

賜謁者

二十日、主猟官兼諸陵頭従三位勲三等男爵足立正声薨ぜるを以て、祭粢料金五百円を賜ふ。正声、夙に東宮主事・東宮亮に任ぜられ、側近に奉仕すること八年に及び、勤労尠からざりしを以て蓋し此の賜あるなり。○贈賜録・庶務課日記・官報

足立正声の薨去を御弔問

二十一日、午後一時四十五分妃と倶に皇孫御殿に臨み、裕仁親王・雍仁親王・宣仁親王に御対面、四時四十五分還啓あり。爾後、屢〻此のことあり。○常侍官日記・庶務課日記

外国使臣御引見

二十五日、午後二時三十分妃と倶に公使より陸任せる墺地利匈牙利国特命全権大使アダルベルト・ド・アムブローデ・アダモーツ〈Adalbert Ambró de Adamócz〉を、三時三十分帰任すべき独逸国特命全権大使男爵ドクトル・ムム・フォン・シュワルツェンスタインを、四時白耳義国特命全権公使男爵アルベール・ダヌタン夫妻を引見あらせらる。三十日又近く帰国する西班牙国特命全権公使ドン・ルイス・デ・ラ・バレラ・ヰ・リヱラ〈Don Luis de la Barrera y Riera〉を御引見あり。○常侍官日記・庶務課日記・外事録・官報

是の日、曩に功三級金鵄勲章を拝受あらせられたるを以て、依仁親王並びに博恭王を晩餐に召し、御祝あり、東宮主事桂潜太郎・依仁親王附武官海軍中佐吉島重太郎・博恭王附武官海軍中佐川原袈裟太郎に陪食を賜ふ。○常侍官日記・庶務課日記・典式録

観桜会に御参列

二十六日、午後二時十五分妃と倶に御出門、浜離宮に行啓、観桜会に御参列あり、儀例年の如し。五時三十分還啓あらせらる。○常侍官日記・庶務課日記・典式録

規子女王の誕生を御祝賀

二十七日、守正王妃伊都子分娩、第二女子誕生せるを以て、東宮主事桂潜太郎を梨本宮邸に遣し、

祝賀せしめらる。五月三日規子と命名ありたるにより、東宮主事子爵錦小路在明を同宮邸に遣し、三種交魚壱折を賜ふ。○贈賜録・庶務課日記・皇親録

東伏見宮邸に行啓

二十八日、午後一時三十分御出門、東伏見宮邸に行啓、依仁親王に御対面あり、五種果物壱籠を賜ひ、帰路、芝公園を経て四時五分還啓あらせらる。○常侍官日記・庶務課日記・行啓録

有栖川宮邸に行啓

三十日、午後一時三十分御出門、有栖川宮邸に行啓、威仁親王に鯉参口・御菓子弍箱を賜ひ、四時十五分還啓あらせらる。爾後、同宮邸に屢〻行啓のこと例年の如し。○常侍官日記・庶務課日記・行啓録

五月

二日、昌子内親王・房子内親王並びに載仁親王に対面あらせらる。是の月猶ほ三日威仁親王に、七日恒久王に、八日允子内親王並びに依仁親王に御対面のことあり。○常侍官日記・庶務課日記

賜謁者

三日、外務大臣子爵林董・同妻操子並びに皇孫御養育掛長丸尾錦作に謁を賜ふ。是の月猶ほ仮東宮御所に於て謁を賜へるものに、主馬頭子爵藤波言忠・枢密顧問官兼御歌所長男爵高崎正風・軍事参議官陸軍大将兼学習院長男爵乃木希典・子爵松平武修・元帥侯爵山県有朋・関東都督男爵大島義昌・海軍軍令部長海軍大将東郷平八郎等あり。○常侍官日記・庶務課日記

靖国神社に詣で給ふ

四日、別格官幣社靖国神社臨時大祭を挙行するを以て、午前九時三十分妃と倶に御出門、同神社に詣で給ひ、十時三十分還啓あらせらる。是より先、臨時大祭のことを聴かせらるるや、去る一日同社に鏡餅弐台・清酒拾樽を賜へり。○常侍官日記・庶務課日記・典式録・官報

高輪御殿に行啓

五日、午後一時三十分御出門、高輪御殿に行啓、昌子内親王・房子内親王に御万那料金弐拾五円を賜ひ、五時三十分還啓あり。爾後、屢〻此のことあり。○常侍官日記・行啓録・庶務課日記

山陰道に行啓

十日、地理・民情御視察の目的を以て、山陰道に行啓あらせらる。抑〻鳥取・島根の両県、去る明治二十七年鳳輦の臨幸を迎へ奉らんことを奏請せしが、爾来、政務多端に渉らせらるるを以て、敢て行幸を懇請するを憚り、三十六年に至り、改めて皇太子の行啓を仰がんことを請ふ。然るに其の後日ならずして明治三十七八年戦役起れるを以て、干戈戢るの日を期し、更に此の事を奏請す。天皇、両県民の至情を憫み、客年七月遂に是を聴し給ふ。即ち玆に行啓ある所以なり。

東京御発

既にして昨九日午前十時参内、天皇・皇后に請暇の奏啓あり、是の日出発に先だち、天皇皇后御使典侍高倉寿子に謁を賜ひ、午前八時御出門、新橋停車場にて汽車に御搭乗、威仁親王・依仁親王・博恭王・恒久王・内閣総理大臣侯爵西園寺公望以下各国務大臣・宮内大臣子爵田中光顕・元帥侯爵大山巌等の奉送を受けさせらる。

供奉員

供奉を命ぜられたる者、東宮大夫侯爵中山孝麿・東宮侍従長

侯爵木戸孝正・東宮武官長村木雅美・東宮主事桂潜太郎・東宮侍従子爵有馬純文・東宮侍従原恒太郎・同本多正復・同高辻宜麿・東宮武官黒水公三郎・同秋沢芳馬・同尾藤知勝・侍医相磯慥・同伊勢錠五郎等の外、舞鶴軍港より海路軍艦に依らせらるるを以て、特に海軍軍令部長海軍大将東郷平八郎をして随従せしめらる。午後四時五十分名古屋停車場に御著、愛知県知事深野一三・第三師団長陸軍中将大久保春野等の奉迎を受け、五時十五分名古屋離宮に入らせられ、深野知事以下諸員に謁を賜ひ、大久保第三師団長より管下の状況に就きて御聴取あり。○山陰道行啓御日記・常侍官日記・庶務課日記・皇親録・行啓録・侍従職日録・官報・行幸啓日誌（愛知県庁）

名古屋市に御著

十一日、午前七時十分名古屋離宮御出門、名古屋停車場より汽車に御搭乗あり、京都停車場御通過に当り、邦憲王・多嘉王に御対面あり、午後四時三十分新舞鶴停車場に御著、海軍大臣斎藤実・舞鶴鎮守府司令長官海軍中将日高壮之丞・第一艦隊司令長官海軍中将有馬新一・第十師団長陸軍中将安東貞美等の奉迎を受け、五時十五分御旅館舞鶴水交社に著かせらる。夜に入りて舞鶴海軍工廠職工四千人の提灯行列を御覧あり。十二日午前九時二十五分水交社御出門、舞鶴海兵団に行啓、団長海軍大佐池中小次郎以下諸員に謁を賜ひ、機関部・模型室・焚火練習所・新築兵舎・雪中練兵所内手芸品陳列所を経て練兵場に臨み、野砲操練・執銃体操・信号技芸練兵・水雷発射を御覧あり。

名古屋市御発

新舞鶴町に御著御三泊

舞鶴海兵団に行啓

次に舞鶴水雷団に行啓、団長海軍少将松本有信以下諸員に謁を賜ひたる後、海岸に於ける水雷艇隊の合戦準備・戦闘操練及び下士卒集会所に於ける撃剣を御覧あらせらる。十一時三十五分舞鶴鎮守府（4）に行啓、日高司令長官に令旨を賜ふ。曰く、

舞鶴鎮守府に行啓

　舞鶴ハ帝国北岸ノ要鎮タリ今親ク此ニ臨テ造営ノ事業著々進捗シ軍備ノ整頓亦其緒ニ就クヲ視深ク之ヲ欣尚ス各員倍〻奮励以テ将来ノ大成ヲ期セムコトヲ望ム

と。正午日高司令長官の開ける立食場に臨み、諸員に陪食を賜ふ。午後一時三十分鎮守府御出門、舞鶴海軍工廠に行啓、工廠長海軍中将中溝徳太郎以下諸員に謁を賜ひ、造兵・造船・造機各工場を御巡覧あり、尋いで工廠船渠側桟橋より汽艇に御搭乗、軍艦鹿島・香取・吾妻・出雲・浅間・磐手・対馬・丹後・阿蘇・見島・金剛・千早・駆逐艦村雨・朝潮・白雲・朝露・朝霧・追風・疾風・夕凪・有明・吹雪・霰・弥生・雷・曙・朧・電・潮・子日・若葉・朝風・霞・漣・薄雲・東雲等軍港に碇泊せる状を御覧、三時十五分水交社に還啓あらせられ、玄関前に松樹を御手植あり。午後七時東郷海軍軍令部長・斎藤海軍大臣・日高舞鶴鎮守府司令長官・有馬第一艦隊司令長官・中溝舞鶴海軍工廠長・池中舞鶴海兵団長・松本舞鶴水雷団長・舞鶴港務部長海軍少将梶川良吉・舞鶴鎮守府参謀長海軍少将伊地知季珍・京都府知事大森鍾一・安東第十師団長・舞鶴要塞司令官陸軍少将隈元

舞鶴海軍工廠に行啓

舞鶴軍港御巡回

政次(5)・内務省警保局長古賀廉造等を召して晩餐の陪食を賜ふ。夜に入りて海軍工廠職工の提灯行列を御覧のこと前夜の如し。

舞鶴要塞砲兵大隊に行啓

十三日午前七時四十五分水交社御出門、舞鶴要塞砲兵大隊に行啓、将校集会所に於て隈元要塞司令官以下将校に謁を賜ふ。尋いで舞鶴要塞司令部に臨み、隈元要塞司令官の要塞防禦に関する説明を聴かせられ、要塞司令部御出門、舞鶴停車場より汽車に御搭乗、桟橋に出で、駆逐艦追風に御移乗、九時舞鶴軍港を解纜あらせらる。駆逐艦夕凪御乗艦を先導し、駆逐艦白雲・朝霧扈従す。

宮津町に行啓

十時三十分宮津湾に御著、橋立明神前桟橋より御上陸、成相山に御登臨あり、山腹の傘松に於て休憩あらせらる。同所は眺望展開、遠く三丹の諸山を望み、近く与謝の海は眼下に在り、所謂天の橋立は海中に突出したる長蛇の如き一砂洲にして、白砂青松風景絶佳なり。暫く之を観賞し給ふ(6)。尋いで天橋公園に到り、漁船数十艘の引網を御覧あり。午後二時公園を出で、切戸の文珠堂智恩寺を経て、宮津町を過り、与謝郡城東村なる京都府立第四中学校に行啓、校長山内佐太郎以下諸員に謁を賜ひ、生徒の授業及び兵式体操を御覧あらせらる。

水産講習所に行啓

三時二十五分同校御出門、宮津町なる水産講習所に臨み、水産標本室・漁具陳列室・缶詰製造場等御巡覧、四時三十分駆逐艦追風に御搭乗、

舞鶴に還啓

五時四十分舞鶴軍港に著かせられ、港務部桟橋より御上陸、六時水交社に還啓あり。

御使差遣

猶ほ舞鶴御滞在中十一日には東宮武官秋沢芳馬を私立綾部郡是製糸会社に、十二日には同武官を舞

鶴海軍病院・舞鶴下士卒家族共励会・舞鶴海軍共済会に、東宮武官尾藤知勝を篠山鳳鳴義塾に、十三日には東宮侍従本多正復を国幣中社籠神社に、東宮武官黒水公三郎を加佐郡立高等女学校に、尾藤武官を与謝郡立高等女学校に遣されたり。○山陰道行啓御日記・常侍官日記・行啓録・庶務課日記・官報

軍艦鹿島にて舞鶴軍港御解纜

十四日、午前八時舞鶴御旅館水交社御出門、港務部桟橋より汽艇を以て軍艦鹿島に御搭乗、艦長海軍大佐小泉鐐太郎以下諸員に謁を賜ふ。九時解纜、在港各軍艦皇礼砲を発し、登舷礼式を行ふ。軍艦香取御乗艦を先導し、軍艦磐手・第十三駆逐隊・第十四駆逐隊扈従す。午後六時二十分鳥取県下美保湾に著かせられ、京都府知事大森鍾一・内務省警保局長古賀廉造・鳥取県知事山田新一郎・島根県知事松永武吉に謁を賜ふ。是の夜、美保湾に仮泊あらせらる。十五日午前八時軍艦鹿島より

美保湾に御仮泊

境町に御上陸

艦載水雷艇に御移乗、山田鳥取県知事・松永島根県知事等奉迎裡に鳥取県境港桟橋に御上陸あり、境町境尋常高等小学校及び大篠津村愛労尋常高等小学校に臨みて各〻御小休の後、馬車にて米子町に行啓、午後零時三分御旅館鳳翔閣に御著あらせらる。午後二時三十分御出門、鳥取県立第二中学校に行啓、校長林重浩以下諸員に謁を賜ひ、山田鳥取県知事より学事の現況を聴かせられ、体操場に於て生徒の体操・撃剣を御覧、三時四十分鳳翔閣に還啓あり。夕刻御旅館前に於て引網を御覧、夜に入りて県立第二中学校生徒の短艇競漕並びに花火・イルミネーションを御覧あらせらる。十六

米子町に御著

日午前十時鳳翔閣御出門、米子停車場より汽車に御搭乗、十一時五分御来屋仮停車場に著かせられ、徒歩にて海浜に出で給ひ、後醍醐天皇御上陸地御腰掛岩等を御覧あり。名和高等小学校にて御休憩の後、別格官幣社名和神社境内を巡覧あらせらる。此の地は名和長年の倉稟ありし所にして、社殿の後方地下を発掘すれば、焼けたる米粒今に存す。是往年名和長年一族を挙げ、後醍醐天皇を奉じ、船上山に登りし時、敵の為めに奪はれんことを恐れ、倉稟を焼棄したる址なりと言ふ。社外に出で て、西伯郡名和村外三村より出陳せる馬匹を御覧あり、午後一時五十分御来屋仮停車場にて再び汽車に御搭乗、米子停車場にて御下車、二時四十五分鳳翔閣に還啓あらせらる。夜に入り、花火の打揚並びに海上に数百の漁舟の点火するを御覧あり。猶ほ米子御滞在中十五日には東宮侍従子爵有馬純文を隠岐島なる後醍醐天皇の御遺跡黒木御所並びに後鳥羽天皇御火葬場に、東宮侍従本多正復を瓊子内親王墓所に、東宮侍従高辻宜麿を国幣中社美保神社に、十六日高辻東宮侍従を別格官幣社名和神社に、本多東宮侍従を国幣小社大神山神社に、東宮武官尾藤知勝を陸軍軍馬補充部大山支部に、東宮武官秋沢芳馬を米子製糸合名会社に遣されたり。○山陰道行啓御日記・常侍官日記・行啓録・官報・明治四十年五月東宮殿下行啓記事（鳥取県庁）・因伯時報

名和神社に到らせらる

御使差遣

十七日、午前八時五十分米子町御旅館鳳翔閣御出門、米子停車場にて汽車に御搭乗、十時五十一分倉吉停車場に御著、打吹公園内なる倉吉町御旅館飛竜閣に入らせらる。

米子町御発

倉吉町に御著

午後二時三十分御出門、東伯郡社村なる鳥取県立農学校に行啓、校長山瀬幸人等に謁を賜ひ、生徒の実地就業の状況・飼育の牛馬を御覧、四時五分飛竜閣に還啓あり。夜に入り、花火・イルミネーション・吉備楽等を御覧あり。是の日東宮侍従子爵有馬純文を山陰製糸合名会社に遣さる。

倉吉町御発

鳥取市に御著御三泊

翌十八日午前八時五十分飛竜閣御出門、倉吉停車場より汽車に御搭乗、十時五十分鳥取停車場(7)に御著、十一時三十分鳥取市御旅館、旧城址内なる侯爵池田仲博別邸扇邸に入らせられ、仲博及び第十師団長陸軍中将安東貞美・歩兵第八旅団長陸軍少将津川謙光・歩兵第九旅団長陸軍少将摺沢静夫等に謁を賜ふ。午後は御休養あり、三時鳥取市の催せる鳥取権現祭の行列を御覧あらせらる。

鳥取県庁に行啓

是の日より御三泊あり。即ち十九日には午前九時扇邸御出門、鳥取県庁に行啓、知事山田新一郎・鳥取市長藤岡直蔵以下諸員に謁を賜ひ、山田知事の県治に就きて啓するを聴かせらる。尋いで県立第一中学校に行啓、校長田中礼助等に謁を賜ひたる後、山田知事をして同校の概況を説明せしめ、更に体操場に出でて生徒の綱引・撃剣を御覧、十時二十分御旅館に還啓あり。

鳥取県師範学校に行啓

午後二時再び御出門、鳥取県師範学校に臨み、校長土井亀之進以下諸員に謁を賜ひ、山田知事をして師範教育の現況に就きて説明せしめ、体操場に出でて生徒の体操・撃剣を御覧、附属尋常小学校生徒の唱歌を聴かせらる。尋いで県立高等女学校に到り、校長宮崎貞蔵等に謁を賜ひ、山田知事をして女子教育の概況を説明せしめ、体操場に出でて生徒の薙刀形・太刀合薙刀及び体操を御覧、又唱歌を聴かせらる。三時三十分扇邸に還啓あり、庭前に於ける武徳会員の武術を御覧あらせらる。午後七時池田侯爵・安東第十師団長・山田鳥取県知事・津川第八旅団長等に晩餐の陪食を賜ふ。二十日は午前九時御出門、歩兵第四十聯隊に行啓、将校集会所に於て聯隊長陸軍歩兵大佐八木下純以下諸員に謁を賜ひ、安東第十師団長師団管下の状況に就き、八木下聯隊長聯隊一般の概況に就き各〻啓する処を聴かせられたる後、練兵場に出でて御閲兵、分列式を御覧あり、又鳥取市各小学校生徒の唱歌を聴き、体操を覧給ふ。尋いで聯隊の倉庫及び兵舎を御巡覧、十一時三十分扇邸に還啓あり。午後池田侯爵の催せる伯州鍛冶刀工日置兼次の刀剣鍛錬の状を御覧、又庭内に稚松を御手植あらせらる。

歩兵第四十聯隊に行啓

猶ほ鳥取市御滞在中十八日には東宮侍従高辻宜麿を国幣中社宇倍神社並びに安徳天皇御陵伝説(8)の地たる長通寺に、東宮武官秋沢芳馬を鳥取県孤児院並びに軍人幼児保育会に、十九日には東宮侍従子爵有馬純文を鳥取県立農事試験場に、東宮武官尾藤知勝を後醍醐天皇の御遺址船上山に、二十日には東宮武官黒水公三郎を鳥取県官祭招魂社に、尾藤東宮武官を鳥取衛戍病院に、東宮侍従本多正復を鳥取県立物産陳列所に遣され、又鳥取県庁に金千円を賜ひ、同県に於ける慈善事業を奨励あらせらる。〇山陰道行啓御日記・常侍官日記・行啓録・官報・明治四十年五月東宮殿下行啓記事（鳥取県庁）・因伯時報

御使差遣

鳥取市御発

二十一日、午後零時五十分鳥取市御旅館扇邸御出門、鳥取仮停車場より汽車に御搭乗、四時二十分島根県知事松永武吉・第五師団長代理陸軍少将村山邦彦等の奉迎裡に米子停車場に著かせられ、馬車に御移乗、島根県下に嚮はせらる。五時四十分島根県能義郡安来町なる御旅館安来尋常小学校に御著、松永島根県知事・鉄道庁総裁平井晴二郎・官幣大社出雲大社宮司千家尊紀等に謁を賜ふ。

安来町に御著

安来町御発

二十二日御旅館庭前に松を御手植ありたる後、午前八時安来尋常小学校御出門、馬車にて松江市に嚮はせらる。途次、能義郡荒島村尋常小学校・八束郡揖屋村尋常高等小学校・同郡津田村尋常高等小学校にて御休憩あり、十一時五十分旧城址内なる松江市御旅館に著かせられ、松永知事・子爵松平直平等に謁を賜ふ。

松江市に御著御四泊

島根県庁に行啓

是より松江市に御四泊あり、翌二十三日には午前九時御出門、島根県庁に行啓、松永知事・松江市長福岡世徳以下諸員に謁を賜ひ、松永知事をして県下一般の状況を啓せしめらる。尋いで島根県師範学校に臨み、校長児玉鑑三等に謁を賜ひ、松永知事学事の現況に就きて説明するを聴かせられ、体操場に於て生徒の瑞典式体操を御覧、十一時御旅館に還啓あり。午後二時再び御出門、県立松江中学校に行啓、校長西村房太郎等に謁を賜ひ、尋いで県立松江高等女学校に臨み、校長黒井小源太等に謁を賜ふ。教育の現況を視察あらせらるること凡て前例の如し。三時三十分御旅館に還啓あり。

午後七時松永島根県知事・千家出雲大社宮司・松平子爵等に晩餐の陪食を賜ふ。又夜に入り宍道湖上に数多の小舟の篝火を点ずるを御覧あり。

県立農林学校に行啓

二十四日午前九時御出門、県立農林学校に行啓、校長草場栄喜等に謁を賜ひ、教育品陳列場・農産物・牛馬繋留場等を御巡覧、十一時十分御旅館に還啓あり。午後二時再び御出門、県立商業学校に行啓、校長古林喜代太等に謁を賜ひ、生徒の製作品を御覧あり、尋いで島根県物産陳列場に臨み、工芸品・農産品を御巡覧、帰途、島根県師範学校附属幼稚園にて児童の遊戯を御覧あり、三時御旅館に還啓あらせらる。二十五日は午前九時より御旅館庭前に於て、旧松江藩士の撃剣・槍術・棒・柔道・薙刀の試芸を御覧あり。午後二時御出門、微行して宍道湖岸天倫寺鼻仮桟橋より船に乗らせ給ひ、湖上嫁ヶ島附近に出でて引網を御覧あり、更に同島に御上陸ありて親しく四方の風光を撮影あらせらる。四時十五分御旅館に還啓あり。夜に入りて湖上に数多の小舟を泛べ、提灯行列をなすを御覧あり。

宍道湖御遊覧

御使差遣

猶ほ安来町並びに松江市御滞在中、二十二日東宮武官秋沢芳馬を安来町鉄鋼会社に、二十三日東宮武官黒水公三郎を玉湯村大字布志名出雲焼製造所に、東宮武官尾藤知勝を松江蚕業株式会社・松江育児院・山陰慈育家庭学院・松江私立盲唖学校に、二十四日黒水東宮武官を県立種畜場に遣し、実況を視察せしめられ、島根県庁に金千五百円を賜ひ、慈善事業を御奨励あり、松江市に金七百円

を賜ふ。○山陰道行啓御日記・常侍官日記・行啓録・官報・行啓ニ関スル書類（島根県庁）・皇太子殿下島根県行啓日誌・記念山陰道行啓録・山陰新報・行啓記念春日の光

松江市御発

二十六日、午前九時馬車にて松江市御旅館御出門、今市町に嚮はせらる。十時二十五分八束郡玉湯村大字林千歳ヶ岡御野立所に御著、宍道湖近傍の景勝を御展望あり、更に湖畔に沿ひて進ませられ、途次、更に八束郡宍道村なる木幡久右衛門邸並びに簸川郡直江村尋常高等小学校にて御休憩あり、午後四時三十分今市町御旅館遠藤嘉右衛門邸に著かせらる。翌二十七日は午前九時御出門、島根県女子師範学校に行啓、校長永瀬伊一郎等に謁を賜ひ、学事の状を聴かせられ、教育陳列所にて列品御覧、又生徒の新式体操を御覧あり。尋いで同校を出で杵築町に嚮はせられ、十一時同町なる官幣大社出雲大社に御著、会所に於て御休憩の後、御拝あり、又稲田姫神像を御覧あらせらる。夫より男爵千家尊福の邸に臨み、尊福及び出雲大社宮司千家尊紀に謁を賜ひ、出雲大社の神宝を台覧あり。午後二時三十分同邸御出門、島根県立杵築中学校に行啓、校長加藤常七郎等に謁を賜ひ、教育品陳列室及び生徒の兵式並びに瑞典式体操を御巡覧、四時三十分今市町御旅館に還啓あらせらる。是の日偶〻日本海海戦記念日なるを以て、海軍軍令部長海軍大将東郷平八郎に晩餐の陪食を賜ふ。夜に入り簸川郡久村に在住する荒川嶺雲の刀彫技術を覧給ふ。猶ほ東宮武官黒水公三郎を島根県立農事試験所に、東宮武官秋沢芳馬を塩冶村県立蚕業講習所・県立原蚕種製造所・平田町羽二重機場

今市町に御著

出雲大社御拝

御使差遣

に遣さる。○山陰道行啓御日記・常侍官日記・行啓録・官報・明治四十年皇太子殿下島根県行啓日誌・山陰新聞

今市町御発

二十八日、今市町御発、浜田町に嚮はせらる。是の日午前八時三十分御旅館遠藤嘉右衛門邸御出門、途次、簸川郡知井宮村丘上御野立所・同郡江南村二部尋常高等小学校・同郡田儀村尋常高等小学校等に於て御休憩あり、午後二時石見国に入り、安濃郡波根西村尋常高等小学校にて御少憩の後、四時四十分同郡大田町なる御旅館郡立農業学校に著かせられ、男爵金子有卿に謁を賜ふ。二十九日午前十時御旅館御出門、途中、邇摩郡久利村尋常高等小学校・同郡大森町なる郡役所・邑智郡祖式村尋常高等小学校等に臨み、御休憩あり、午後四時四十分邇摩郡大家村御旅館なる大家尋常高等小学校に著かせらる。御著に先だち、同校門前に於て田植囃子と称する田植の状を御覧、又夜に入りて郡民の豊年踊を御覧あり。三十日午前十時御旅館御出門、邇摩郡波積村尋常高等小学校・那賀郡浅利村島田慎二郎別邸等にて御休憩の後、午後三時四十分同郡江津村御旅館なる江津尋常高等小学校に著かせらる。御到著に先だち、同校正門前にて、石見焼陶器製造方法を御覧あり。三十一日午前八時御旅館御出門、那賀郡都濃村の路傍に露西亜国巡洋艦イルチッシユの船具其の他器物を陳列せるを御覧あり。同艦は明治三十八年五月日本海海戦に際し、都濃村沖に漂著沈没したるものなり。尋いで同郡川波村なる八幡宮・同郡有福村宇野尋常小学校・石見村神在坂峠等にて御休憩あり、午

大田町に御一泊

大家村に御一泊

江津村に御一泊

浜田町に御著御三泊

後零時二十分浜田町御旅館子爵松平武修の別邸(9)に入らせられ、武修等に謁を賜ふ。是より御滞泊三日に亘らせらる。即ち翌六月一日は午前九時御出門、島根県立浜田中学校に行啓、校長石原初太郎等に謁を賜ひ、島根県知事松永武吉をして学事の状況を啓せしめ、又生徒の製作品・教育参考品・各種体操・撃剣・柔術を御覧あり、更に県立浜田高等女学校に行啓、生徒の製作品・教育参考品・生徒の体操等を覧給ひ、十時三十分御旅館に還啓あらせらる。是の日午前十一時軍艦鹿島以下第一艦隊所属の六艦浜田港に入港し、司令長官海軍中将有馬新一幕僚を率ゐて参候せるを以て、謁を賜ふ。午後二時御旅館後方なる旧浜田城址城山に御登臨、附近の眺望を観賞あらせらる。午後七時松永島根県知事・松平子爵等に晩餐の陪食を賜ふ。

歩兵第二十一聯隊に行啓

二日午前九時御出門、歩兵第二十一聯隊に行啓、将校集会所に於て聯隊長陸軍歩兵大佐小泉策郎以下諸員に謁を賜ひ、村山第五師団長代理をして同師団管下一般の状況を、小泉聯隊長をして同聯隊の状況を啓せしめらる。尋いで練兵場内の小丘に御登臨、同聯隊の対抗野外演習を御覧あり、更に兵舎・炊事場等巡覧あらせらる。十一時三十分御旅館に還啓あり。午後二時十五分御旅館庭前の泉水より和船に御搭乗、外ノ浦に出で引網を御覧、四時三十五分還啓あらせらる。

軍艦鹿島に御搭乗御仮泊

三日午後二時三十分浜田町御旅館松平子爵別邸御出門、浜田港瀬戸ヶ島仮桟橋より鹿島艦載水雷艇に召し、軍艦鹿島・香取・磐手より発する皇礼砲及び各艦の登舷礼式を受け、三時十二分軍艦鹿島に乗らせ給ふ。艦載水雷艇桟橋を離るるや、漁婦の数艘の小舟に乗りて競漕するを御覧あり。是の夜浜田湾に仮泊あらせらる。猶ほ今市町御出発以後浜田町に御滞在中迄の間、二十九日東宮侍従本多正復を国幣小社物部神社、東宮武官黒水公三郎を大田町製糸場、東宮武官尾藤知勝を大森町銀山に、六月二日東宮武官黒水公三郎を浜田町孤児院、尾藤東宮武官を浜田衛戍病院に、三日東宮侍従子爵有馬純文を県立農事試験場吉田分場・津和野導火線製造所・笹ヶ谷銅山に遣されたり。○山陰道行啓御日記・常侍官日記・行啓録・官報・皇太子殿下島根県行啓日誌・記念山陰道行啓録・山陰新聞・行啓記念春日の光

御使差遣

六月

浜田湾御解纜

隠岐島別府港に御上陸

四日、午前六時浜田湾御解纜、軍艦香取・磐手・第十四駆逐隊をして供奉せしめ、午後二時隠岐島別府湾に入らせらる。三時艦載水雷艇にて別府港に御上陸、黒木山に御登臨、伝後醍醐天皇行在所黒木御所址を拝せられ、更に諏訪湾に到り、円城寺鼻に御上陸、勝田山なる後鳥羽天皇火葬塚並びに行在所たりし源福寺の旧址を拝し、後鳥羽天皇火葬塚勤務の陵墓守部村上助九郎の家にて御休憩、後鳥羽天皇・後醍醐天皇・後水尾天皇の宸筆並びに後鳥羽天皇の御遺物と伝ふるを台覧あり、帰途、闘牛を御覧、五時五十五分軍艦鹿島に還啓あり。海軍軍令部長海軍大将東郷平八郎・軍艦鹿

別府湾御解纜

舞鶴港に御仮泊

福知山歩兵第二十聯隊に行啓

京都市に御著

孝明天皇山陵御拝

島艦長海軍大佐小泉鑅太郎等に晩餐の陪食を賜ふ。五日午前六時別府湾御解纜、午後五時二十分旧

舞鶴港に著かせられ、東郷海軍軍令部長・第一艦隊司令長官海軍中将有馬新一・舞鶴鎮守府司令長官海軍中将日高壮之丞等に晩餐の陪食を賜ふ。是の夜旧舞鶴港に仮泊あらせらる。六日午前八時五十分艦載水雷艇を以て旧舞鶴桟橋に御上陸、直に臨時列車に御搭乗、午前十時十分福知山停車場に

著かせられ、歩兵第二十聯隊に行啓あり。第十師団長陸軍中将安東貞美・歩兵第二十旅団長陸軍少将藤本太郎・歩兵第二十聯隊長陸軍歩兵大佐小沢季治以下諸員に謁を賜ひ、藤本旅団長をして衛戍地一般の状況を、小沢聯隊長をして明治三十七八年戦役に於ける聯隊の活動概況並びに現況を、工兵第十大隊長陸軍工兵大佐川人潔太郎をして同戦役に於ける大隊の活動並びに現状を各〻啓せしめ、又将校の撃剣・銃槍試芸及び聯隊の戦用倉庫を御覧あり。畢りて福知山停車場に臨み、午後一時汽

車に御搭乗、大阪を経て京都停車場に御下車、多嘉王・同妃靜子の奉迎を受け、五時四十分二条離宮に入らせられ、文秀女王に御対面、伯爵大谷光瑞に謁を賜ふ。猶ほ東宮妃は去る四日午前七時仮東宮御所御出門、新橋停車場を御発車、午後七時三十五分二条離宮に著かせられ、皇太子を奉迎あらせられたり。

京都御滞泊二日の間、七日には午前九時三十分御出門、泉山に行啓、後月輪東山陵並びに後月輪

東北陵を御拝、午後零時四分離宮に還啓あり。尋いで伯爵冷泉為系以下五十三名に謁を謁ふ。八日には午後二時三十分御出門、京都御所・祐ノ井・大宮御所・仙洞御所等を御巡覧、四時二十五分二条離宮に還啓あり。猶ほ京都御滞在中、六日東宮武官秋沢芳馬を京都府立第三中学校に、八日東宮主事桂潜太郎を御慶事記念京都市立動物園・五二共進会及び美術展覧会に遣さる。九日午前七時妃と倶に二条離宮御出門、京都停車場にて多嘉王・同妃靜子以下諸員の奉送裡に汽車に御搭乗、東京還啓の途に就かせらる。午後七時七分新橋停車場に御著、威仁親王・依仁親王・恒久王以下諸員の奉迎を受け、七時三十分仮東宮御所に還啓あり、裕仁親王・雍仁親王・宣仁親王・天皇皇后御使掌侍姉小路良子・中山慶子・同栄子に謁を賜ふ。〇山陰道行啓御日記・常侍官日記・行啓録・皇親録・官報

京都市御発
東京に還啓

十日、午前十時十五分御出門参内、天機並びに御機嫌を候し、山陰道行啓に就きて奏啓、五種交魚壱折を進献あり、御昼餐に陪し、午後一時四十分還啓あり。午後六時三十分海軍軍令部長海軍大将東郷平八郎並びに東宮大夫侯爵中山孝麿・東宮武官長村木雅美・東宮侍従長侯爵木戸孝正以下側近諸員を召し、晩餐の陪食を賜ひ、山陰道行啓供奉を慰労あらせらる。〇常侍官日記・庶務課日記・行啓録・侍従職日録・皇后宮職日記

参内天機を
候せらる

是の日、山陰道行啓の恩を拝謝の為め参候せる侯爵池田仲博・子爵松平武修・伯爵松平直亮並びに宮内大臣子爵田中光顕・伯爵土方久元・爵位局長兼侍従職幹事公爵岩倉具定等に謁を賜ふ。爾後、

賜謁者

是の月謁を賜へる者に、参謀次長陸軍中将福島安正・横須賀海軍工廠長海軍少将松本和・元帥侯爵山県有朋・鳥取県知事山田新一郎・島根県知事松永武吉・第一艦隊司令長官海軍中将有馬新一・子爵土屋正直等あり。〇常侍官日記・庶務課日記

十一日、威仁親王・載仁親王並びに妃智恵子に対面あらせらる。是の月猶ほ十三日恒久王に、十六日芳麿王に、十九日守正王妃伊都子に、二十日昌子内親王・房子内親王に、二十八日允子内親王・聰子内親王に御対面のことあり。〇常侍官日記・庶務課日記

靖国神社境内能楽堂に行啓

十三日、威仁親王能楽を催すを以て、午前九時四十五分妃と倶に御出門、靖国神社境内能楽堂に行啓、皇后の台覧に陪し、午後五時五十分還啓あらせらる。〇常侍官日記・庶務課日記・威仁親王行実・官報

伊国大使御引見

十七日、午後二時妃と倶に新任伊太利国特命全権大使伯爵ジヲヴアンニ・ガリナ〈Comte Giovanni Gallina〉を引見あらせらる。〇常侍官日記・庶務課日記・外事録・官報

二十四日、東宮大夫侯爵中山孝麿病を沼津町に養ふにより、金百五拾円を賜ひ、之を存問あらせらる。〇庶務課日記・贈賜録

大正天皇実録　巻三十六

明治四十年　宝算二十九歳

七月

皇族御対面

二日、威仁親王に対面あらせられ、陸軍大将男爵黒木為楨に謁を賜ふ。(1) 是の月猶ほ四日には故能久親王妃富子に、十五日には允子内親王・聰子内親王に、十六日には貞愛親王・威仁親王に、十七日には博恭王に、二十日には威仁親王に、二十一日には成久王に、二十二日には貞愛親王に、二十三日には威仁親王・同妃慰子・栽仁王・邦彦王妃俔子に、二十五日には載仁親王妃智惠子・依仁親王妃周子・守正王妃伊都子・博恭王妃經子に、二十六日には昌子内親王・房子内親王に、三十日には載仁親王に御対面のことあり。

賜謁者

猶ほ謁を賜へる者には、京都府知事大森鍾一・東京府知事男爵千

家尊福・伯爵土方久元・陸軍大臣寺内正毅・宮内大臣子爵田中光顕・元帥侯爵山県有朋・男爵曾禰荒助・陸軍大将男爵小川又次・公爵九条道実等あり。○常侍官日記・庶務課日記

東京勧業博覧会に行啓

三日、叡旨により天皇の御名代として午前九時二十分御出門、上野公園内に開催せる東京勧業博覧会に行啓あり、貴賓館に於て審査総長男爵曾禰荒助以下諸員に謁を賜ひたる後、第一・第二・第三各会場御巡覧、午後五時還啓あらせらる。翌四日参内、天皇に謁し、行啓の復命を奏し給ふ。後、二十四日妃と倶に再び同博覧会に行啓のことあり。○常侍官日記・庶務課日記・行啓録

麻布御用邸に行啓

七日、午後二時御出門、麻布御用邸に行啓、允子内親王・聰子内親王に御対面あり、四時十分還啓あらせらる。○常侍官日記・庶務課日記・行啓録・御直宮御養育掛日記

十四日、貞愛親王英吉利国より帰朝せるを以て、東宮侍従高辻宜麿を新橋停車場に遣して迎へしめ、且つ三種交魚壱折を賜ひ、祝賀あらせらる。○贈賜録・庶務課日記

日本画展覧会に行啓

二十二日、午後一時三十分御出門、上野公園美術協会列品館に開ける日本画会第十回絵画展覧会に行啓あらせらる。帰途、有栖川宮邸に臨み、五時二十分還啓あらせらる。○常侍官日記・庶務課日記・行啓録

村木東宮武官長に東宮大夫代理を命ず

二十七日、東宮大夫侯爵中山孝麿病を静岡県修善寺に養ふにより、東宮武官長男爵村木雅美に東宮大夫代理を命ぜらる。猶ほ孝麿療養中屢〻物を賜ひ存問あらせられたり。○進退録・官報・庶務課日記・贈賜録

八月

一日、威仁親王に対面あらせらる。猶ほ四日には昌子内親王・房子内親王に御対面のことあり。○常侍官日記・庶務課日記

蓮光寺に行啓

二日、午前七時御出門、新宿停車場より汽車に御搭乗、南多摩郡多摩村字蓮光寺に行啓、鮎漁を行はせられ、午後六時五十五分還啓あり。獲させ給へる鮎壱箱を天皇・皇后に進献あらせらる。○常侍官日記・庶務課日記・行啓録

塩原に御避暑

六日、御避暑の為め塩原に行啓あらせらる。仍りて昨五日参内、天皇・皇后に請暇を奏啓あり。是の日威仁親王に御対面、宮内大臣子爵田中光顕・皇后宮大夫子爵香川敬三に謁を賜へる後、午前十時五十分妃と倶に御出門、上野停車場にて汽車に御搭乗、逓信大臣山県伊三郎・公爵九条道実等の奉送を受けさせらる。午後四時西那須野停車場に御著、人力車に御移乗あり、途次、狩野村字観象台及び関谷小学校を経て七時十五分塩原御用邸に入らせらる。爾後、御淹留一ヶ月に亙り、其の間、十七日より三日間日光に行啓あり、余は概ね御用邸近傍の御散策を事とし給ひ、専ら御摂養に力めさせらる。○常侍官日記・庶務課日記・行啓録・侍従職日録・皇后宮職日記・官報

十二日、午前十時妃と倶に御用邸庭前に於て塩原村民、村社箒根神社祭器三足獅子を以て舞を行ふを覧給ふ。〇常侍官日記・行啓録
是の日、威仁親王及び栽仁王日光より参候せるを以て、御対面あり、尋いで晩餐を会食あらせらる。〇常侍官日記・行啓録

日光に行啓

十七日、午前七時五十分塩原御用邸御出門、西那須野停車場より汽車に御搭乗あり、日光停車場にて御下車、午後一時田母沢御用邸に入らせられ、偶〻滞在中の裕仁親王・雍仁親王・宣仁親王に御対面あり。是より御三泊、十八日は午前・午後の両度御用邸附近を御逍遥あり。十九日は午前六時五十分御出門、中宮祠に行啓のことあり。途次、華厳滝を御覧の後、二荒神社に詣でさせられ、更に小舟に乗じ、中禅寺湖を御巡航、菖蒲ヶ浜に御上陸、養魚場を台覧あり、午後五時二十五分田母沢御用邸に還啓あらせらる。二十日午後一時三十分御出門、往路を経て、七時塩原御用邸に著かせらる。〇常侍官日記・行啓録・官報

塩原に還啓

三十日、午後三時三十五分御出門、男爵高崎正風の別邸に行啓あり、正風に袴地壱反を賜ひ、六時三十分還啓あらせらる。〇行啓録・常侍官日記

四日、午後二時妃と倶に御出門、中山慶子の別邸に行啓あり、慶子に金百円を賜ひ、四時四十五分還啓あらせらる。○行啓録・常侍官日記

東京に還啓

六日、午前十時三十分塩原御用邸御出門、東京に還啓あらせらる。途次、関谷小学校に御休憩、西那須野停車場にて汽車に御搭乗、元帥侯爵大山巌等の奉送を受けさせらる。午後四時五十分昌子房子両内親王御使宮内省御用掛伯爵園基資・威仁親王御使威仁親王附武官布目満造・宮内大臣子爵田中光顕・陸軍大将男爵乃木希典以下諸員の奉迎裡に上野停車場に御著、五時三十分仮東宮御所に入らせらる。○常侍官日記・官報・庶務課日記・行啓録

天機並びに御機嫌を候し給ふ

七日、午前十時御出門参内、天機並びに御機嫌を候し、天皇・皇后に日光より齎し給へる木通椅子各壱脚・自然木花生各壱個を進献あり、午後零時五分還啓あらせらる。○常侍官日記・庶務課日記

是の日、威仁親王に御対面、宮内大臣子爵田中光顕に謁を賜ふ。是の月猶ほ九日依仁親王・同妃周子に、十二日恒久王に、十四日亦威仁親王に、二十日昌子内親王・房子内親王に、二十二日威仁親王妃慰子に、二十三日威仁親王に、二十七日恒久王に、二十八日允子内親王・聰子内親王に、二

十九日成久王に御対面のことあり。又謁を賜へる者には、海軍大臣斎藤実・統監侯爵伊藤博文・伯爵土方久元・陸軍大将男爵大島久直・海軍中将日高壮之丞・同有馬新一・侍従長侯爵徳大寺実則・陸軍大将侯爵桂太郎・海軍軍令部長海軍大将伯爵東郷平八郎・陸軍大臣子爵寺内正毅・陸軍軍医総監男爵佐藤進・陸軍中将男爵中村覚・伯爵松浦詮・宮内次官子爵花房義質・副統監子爵曾禰荒助・海軍中将男爵伊東義五郎等あり。因に是の月二十一・二十二両日に亘り、明治三十七八年戦役勲功者に陞爵又は授爵のことありたり。○常侍官日記・庶務課日記

東伏見宮邸に行啓

八日、午後二時御出門、東伏見宮邸に行啓、依仁親王に御対面、三種交魚料金弐拾円を賜ひ、四時五十五分還啓あらせらる。○常侍官日記・庶務課日記・行啓録

彫刻競技会に行啓

十六日、午後一時三十分御出門、上野公園日本美術協会列品館に開ける東京彫工会第二十二回彫刻競技会に行啓、陳列品を御巡覧あり。尋いで公園内動物園に臨ませられ、五時十分還啓あらせらる。○常侍官日記・庶務課日記・行啓録

十八日、午後二時妃と倶に葡萄牙国新任特命全権公使男爵ド・センダル〈Baron de Sendal〉を引見あらせらる。○常侍官日記・庶務課日記・外事録・官報

是の日、元明宮祗候勤務正三位子爵細川興貫薨ぜるにより、(2)祭粢料金参拾円を賜ひ、弔問せしめ

らる。〇庶務課日記・贈賜録

秋季皇霊祭御拝

二十四日、秋季皇霊祭により午前九時御出門、皇霊殿・神殿御拝、十一時十分還啓あらせらる。〇常侍官日記・庶務課日記・典式録

十月

一日、午後二時西班牙国新任特命全権公使エル・ジヱー・ド・ウリバリー〈Don Ramiro Gil de Uribarri y Ossorio〉を、三時墨西哥合衆国新任特命全権公使ラモン・ジヱー・パチヱコ〈Ramon G. Pacheco〉及び妻を引見あらせらる。〇常侍官日記・外事録・官報庶務課

米国陸軍長官タフト御引見

二日、亜米利加合衆国陸軍長官ウィリアム・エーチ・タフト比律賓群島視察の途次、客月二十八日来朝、芝離宮に館し、是の日午後二時其の妻と倶に参候、敬意を表す。仍ち御引見あり。〇常侍官日記・庶務課日記・外事録・官報

三日、菊麿王に御対面、軍事参議官海軍大将伯爵山本権兵衛に謁を賜ふ。是の月猶ほ仮東宮御所に於て、五日載仁親王・同妃智恵子・菊麿王・同妃常子に、六日故能久親王妃富子に、六日及び九日威仁親王に御対面のことあり。謁を賜へる者には、宮内大臣伯爵田中光顕・元帥公爵山県有朋・

同大山巌・子爵谷干城・侯爵井上馨・逓信大臣山県伊三郎・関東都督子爵大島義昌・参謀総長陸軍大将伯爵奥保鞏・侍従長侯爵徳大寺実則・学習院長伯爵乃木希典・海軍大臣男爵斎藤実・横須賀鎮守府司令長官海軍中将男爵上村彦之丞等あり。○常侍官日記・庶務課日記

中山慶子邸に行啓病状御存問

慶子の薨去を悼み給ふ

四日、是より先従一位勲一等中山慶子肺炎症に罹りたるを以て、去月三十日東宮侍従本多正復を其の邸に遣して存問せしめ、更に二日侍医池辺棟三郎を派して病状を診せしめ給ひしが、是の日重態の趣を聴かせらるるや、午前九時十分妃と倶に御出門、同邸に行啓、親しく之を御存問あり、且つ交魚料金五拾円を賜ひ、九時四十分還啓あらせらる。翌五日遂に薨ず。乃ち東宮侍従長侯爵木戸孝正を同邸に遣して之を弔せしめらる。八日入棺式に当りては榊壱対・棹物壱折を賜ひ、十二日其の勲功を追思して祭粢料金壱万円を賜ふ。十四日送葬に先立ち、棺前祭に東宮主事桂潜太郎を遣して代拝せしめ、尋いで護国寺の斎場に再び潜太郎を遣して代拝せしめらる。爾後、二十日祭以下御代拝を遣さるること概ね前例の如し。○常侍官日記・庶務課日記・重要雑録・恩賜録・官報

韓国・九州・四国地方に行啓

十日、韓国並びに九州・四国地方に行啓あらせらる。韓国御渡航は、蓋し統監公爵伊藤博文の奏請に基くところにして、叡旨を以て威仁親王をして之に随伴せしめ給ふ。乃ち御出発に先立ち昨九日参内、天皇・皇后に請暇を奏啓あり。是の日午前十時仮東宮御所御出門、新橋停車場にて妃・裕

仁親王・雍仁親王・貞愛親王・依仁親王・博恭王・恒久王以下元帥・国務大臣・陸海軍大将・枢密顧問官等諸員の奉送を受け、十時二十五分汽車に御搭乗あり。

供奉員

供奉を命ぜられたる者、威仁親王を始め陸軍大将侯爵桂太郎・海軍大将伯爵東郷平八郎・枢密顧問官公爵岩倉具定・宮内次官子爵花房義質・陸軍軍医総監男爵佐藤進並びに東宮大夫代理東宮武官長男爵村木雅美・東宮侍従原恒太郎・同高辻宜麿・同子爵大迫貞武・同子爵有馬純文・東宮武官田内三吉・同黒水公三郎・同秋沢芳馬・侍医相磯慥・同伊勢錠五郎・内蔵主事坂本俊健等あり。

静岡に御一泊

午後二時四十六分静岡停車場に御著、三時静岡御用邸に入らせらる。静岡県知事李家隆介に謁を賜ひ、威仁親王と晩餐御会食あり。爾後、屢〻このことあり。是の夜威仁親王静岡より舞子に嚮ひ先発す。十一日午前七時十分御出門、尋いで静岡停車場を御発車あり、午後四時五十四分舞子停車場に御著、威仁親王の奉迎を受け、五時五分有栖川宮別邸に行啓あらせらる。鉄道庁総裁平井晴二郎・陸軍中将高井敬義に謁を賜ふ。十二日午前八時二十五分威仁親王と倶に御出門、門前にて汽車に御搭乗、午後四時二十五分宇品停車場に著かせられ、第一艦隊司令長官海軍中将男爵有馬新一・呉鎮守府司令長官代理海軍少将山田彦八・広島県知事宗像政(3)以下の奉迎を受け、

宇品港より軍艦香取に御搭乗

陸軍運輸部桟橋より艦載水雷艇を以て、午後四時五十五分軍艦香取に御搭乗あり。是より先、韓国御渡航のこと定まり、第一艦隊に供奉の命下るや、有馬司令

長官は旗艦鹿島・御乗艦香取以下の諸艦を率ゐて宇品港に廻航したるを以て、各艦長幕僚と共に汽艇に乗じ御乗艦に供奉して香取に到る。乃ち有馬司令長官・第一艦隊司令長官海軍少将吉松茂太郎・第一艦隊参謀長海軍少将山下源太郎以下幕僚諸員に謁を賜ふ。十三日午前六時三十分宇品港を御解纜あり、軍艦鹿島御先導し、軍艦出雲・磐手・常盤・浅間・対馬及び駆逐艦響・如月・神風・初霜・夕暮・夕立・白露・三日月・時雨・春風・初雪・朝霧・朝潮・村雨之に供奉す。続航速力十節、単縦陣を制りて厳島水道を経、十時安芸灘に於て基本演習を行ふ。午後二時四十分伊予国佐田岬を廻り豊後水道に出で、九州東南岸に沿ひて航行あらせらる。夜に入り駆逐隊の探照灯を点じ水雷艇防禦操練を行ふを御覧あり。十四日午前七時佐多岬を御通過、尋いで九州南岸を廻り午後十時五島大瀬崎に出で、韓国済州島の南方に嚮はせらる。北風強く海上波浪稍高きも艦体の動揺尠し。是の日軍艦鹿島に搭乗の威仁親王無線電信を以て御機嫌を候したるにより、返信あらせらる。十五日午前六時済州島の北方に達せられ、楸子島及び孟骨群島の南側よりシングル水道に入り、午後五時七発島西方を御通過、明治三十七八年戦役中帝国艦隊の根拠地たりし八口浦を展望あらせらる。是の日威仁親王信号旗を以て通信せるにより、又信号旗を以て返信し給ふ。○韓国九州四国行啓御日記・皇太子殿下韓国御渡航日誌・行啓録・常侍官日記・庶務課日記・侍従職日録・皇后宮職日記・官報

仁川港に御著

韓国皇帝・皇太子奉迎

京城に御著

韓国皇帝、威仁親王に勲章御贈進

十六日、午前八時豊島沖に達せらるるや、御乗艦香取に皇太子旗を掲げ、供奉諸艦皇礼砲を発す。十一時四十分仁川港小月尾島沖に御投錨あり。碇泊せる第二艦隊所属の軍艦笠置及び見島皇礼砲を発して奉迎す。尋いで第二艦隊司令官海軍少将寺垣猪三並びに統監公爵伊藤博文・韓国駐劄軍司令官陸軍大将子爵長谷川好道等に謁を賜ふ。午後零時三十分韓国勅使侍従武官長陸軍副将李秉武参艦、御安著を賀するにより、引見あらせらる。一時二十分威仁親王を随へ艦載水雷艇に御移乗、伊藤統監・長谷川韓国駐劄軍司令官並びに陸軍大将侯爵桂太郎・海軍大将伯爵東郷平八郎を陪乗せしめ、第一桟橋に御上陸あり、徒歩にて仁川停車場に臨み給ふ。韓国皇帝坧、皇太子英親王垠を伴ひ停車場入口に迎へられたるを以て、親しく御対面あり、互に供奉員を紹介あらせらる。二時三十分皇帝並びに皇太子と共に汽車に御搭乗、京城に嚮はせ給ふ。時に在港の諸艦皇礼砲を発して奉送す。尋いで御乗車京城市街に入るや、駐劄軍砲兵隊亦皇礼砲を発して奉迎す。三時四十分南大門停車場に御著、帝国及び韓国各文武諸官・外国領事・在韓国帝国貴族院議員及び衆議院議員・居留民団長・居留民会議長・帝国及び韓国商業会議所会頭以下諸員の奉迎を受け給ふ。韓国皇帝と御握手の後、皇帝は還幸あり。韓国皇太子と倶に馬車に御搭乗、四時五分統監官邸に入らせらる。

五時三十分表勲院総裁李載克参邸、皇帝より威仁親王に御贈進の勲章及び供奉諸員に賜ふ勲章を齎すこと左表の如し。

大勲位金尺大綬章	威仁親王
同	陸軍大将　侯爵　桂　太郎
同	海軍大将　伯爵　東郷平八郎
李花大綬章	枢密顧問官　公爵　岩倉具定
同	宮内次官　子爵　花房義質
勲一等大極章	陸軍軍医総監　男爵　佐藤　進
同	東宮武官長陸軍中将　男爵　村木雅美

尋いで威仁親王と晩餐を会食あらせられ、伊藤統監・桂陸軍大将・東郷海軍大将・枢密顧問官公爵岩倉具定・副統監子爵曾禰荒助・宮内次官子爵花房義質・第一艦隊司令長官海軍中将男爵有馬新一並びに韓国奉迎委員長閔丙奭・東宮大夫代埋東宮武官長男爵村木雅美等に陪食を賜へり。

韓国各大臣に勲章を御伝授

翌十七日午前十時韓国各大臣を御引見、天皇賜はる処の勲章を伝授あらせらるること左表の如し。

勲一等旭日桐花大綬章	内閣総理大臣　李　完　用
勲一等旭日大綬章	宮内府大臣　李　允　用

同	内部大臣　任　善　準
同	度支部大臣　高　永　善
同	軍部大臣　李　秉　武
同	法部大臣　趙　重　応
同	学部大臣　李　載　崑
同	農商工部大臣　宋　秉　畯

韓国皇室御訪問

惇徳殿に御著

正午韓国皇室御訪問の為め御出門、威仁親王を随へ、伊藤統監・桂陸軍大将・東郷海軍大将・岩倉枢密顧問官・花房宮内次官・村木東宮大夫代理に供奉せしめ、惇徳殿に行啓あらせらる。韓国皇太子、各大臣・宮内官を随へ玄関に奉迎、会見室に御誘導し、韓国皇帝入口に之を迎へらる。御座定まるや、皇帝に向ひて曰く、

皇帝と御対談

昨日ハ遠路態々御出迎ヲ辱ウシ御厚情深ク感謝ス本国出発ニ臨ミ我父皇帝ハ陛下ノ新ニ御即位在ラセラレタルヲ深ク満足セラレ此機会ニ於テ祝詞ヲ申述フヘシトノ命ヲ受ケタリ我父皇帝ハ日韓両国ノ皇室ハ特別ナル関係ヲ有スルニ依リ益々親睦(4)ヲ厚ウセンコトヲ希望セラル

皇帝曰く、

御伝言ノ趣深ク感謝ス

仍りて又

我父皇帝ニハ陛下ニ敬意ヲ表スル為メ我最モ貴重ナル菊花章頸飾(5)ヲ贈進セラル命ニ依リ携ヘ来ツテ茲ニ之ヲ捧呈ス

と述べ給ひ、岩倉枢密顧問官の捧持せる大勲位菊花章頸飾を皇帝に呈し、威仁親王をして皇帝の背後より之を佩ばさしめらる。尋いで韓国皇后に向はせられ、

菊花章頸飾を皇帝に呈せらる

韓国皇后と御対談

本日ハ陛下ニ御目ニ掛リ欣喜ニ堪ヘス我母皇后ヨリ御即位ノ御歓申入レ併セテ御健康ヲ祈ル旨申上ル様命セラレタリ又我妃ヨリモ同様申上ケ呉レヨトノ依頼アリ

皇后曰く、

御伝言ノ趣感謝ス今回殿下ノ御渡韓ヲ辱ウシタルハ誠ニ欣喜ニ堪ヘス殿下御出立ノ砌貴国両陛下共ニ御健勝ニ渉ラセラレタリヤ

御答辞に曰く、

我皇帝皇后共ニ至極健康ナリ

旭日桐花大綬章を韓国皇太子に呈せらる

尋いで韓国皇太子に向はせられ、

我父皇帝ヨリ旭日桐花大綬章ヲ殿下ニ贈進セラルルニ付茲ニ之ヲ呈ス

と。村木東宮大夫代理の捧持せる勲一等旭日桐花大綬章を韓国皇太子に贈り給ふ。皇太子直に佩用あり。よりて更に曰く、

我父皇帝ハ殿下ノ我国御遊学ノ思食アルヲ聞及ハレ深ク満足セラル御渡航ノ上ハ懇切ニ待遇致サレタキ旨ヲ開陳スル様ニトノコトナリシ凡ソ何時頃御渡航ノ御予定ナルヤ之ヲ我皇帝ニ報告セハ益々満足アラント存ス

韓国皇太子曰く、

我皇帝ノ許ヲ得ハ参リタシ

次に皇帝に向はせられ、

皇太子殿下ハ何時頃御渡航相成ルヘキヤ凡ソ其日取ヲ承ルコトヲ得ハ幸ナリ

皇帝曰く、

伊藤統監帰国ノ際同伴ヲ頼ミ度存スルナリ

と。仍りて

然ラハ其趣帰国ノ上我皇帝ニ申入置クヘシ

皇帝曰く、

何分宜シク御頼致ス

と。他に種々御懇話を交し給ふ。

韓国皇帝及び皇太子と午餐御会食

午後一時別室に於て韓国皇帝・皇太子並びに威仁親王と御会食、伊藤統監以下帝国及び韓国諸臣に陪食を賜ふ。宴半ばにして韓国皇帝御起立あり、我が天皇の御健康を祝し、皇室の繁栄を祈らせらる。仍りて我が皇太子亦御起立あり、韓国皇帝の健康を祝し、皇室の繁栄を祈ると答詞を述べ給ふ。

韓国太皇帝に御対面

三時更に別室に於て韓国太皇帝㷩に御対面あり、曰く、

日本出立ノ時我父皇帝ヨリ陛下ヘ宜シク申上クル様ニト命セラレタリ陛下ノ益御健康ナルコトヲ報道セハ我皇帝ニ於テモ極メテ満足セラレント信ス

太皇帝曰く、

貴国皇帝皇后両陛下ハ御健全ナルヤ殿下ノ御航海ハ御無事ナリシヤ貴国皇帝陛下ハ誠ニ御親切ニ為シ下サルコトヲ予テヨリ感喜シ居レリ

と。仍りて

我皇帝皇后共至極健康ナリ又今回ノ航海ハ至テ無事ナリシ

と答へ給ふ。尋いで会見室に於て韓国皇帝及び皇太子に謝せられたる後、三時五十分御旅館統監官邸に還啓あり。

韓国皇太子と晩餐御会食

韓国皇太子・義陽君載覚並びに威仁親王と晩餐御会食、伊藤統監以下帝国及び韓国諸臣に陪食を賜ふ。是の日韓国皇帝に刺繡屛風壱双・銀鉢壱個を、同皇后に銀煎茶器壱揃・絹緞八疋を、同太皇帝に刺繡屛風壱双・銀手箱壱個を、同皇太子に銀雉子置物壱個・銀写真挟壱個・刺繡衝立壱基・卓被壱枚を、慶善宮厳氏に刺繡屛風壱双及び絹緞六疋を贈らせらる。

韓国駐劄軍司令部に行啓

十八日は午前十時威仁親王と倶に御旅館御出門、伊藤統監の御先導にて南山に御登臨、京城市街御展望の後、韓国駐劄軍司令部に行啓あらせらる。庭内に整列したる将校の奉迎を受け、幕僚官舎の広間に於て長谷川軍司令官以下第十三師団長陸軍中将男爵岡崎生三・駐劄軍参謀長陸軍少将牟田敬九郎・第二十六旅団長陸軍少将小野寺実(6)等に謁を賜ひ、庭内に於て戦時編制一個中隊の銃の操法・密集運動及び仮設敵に対する高地攻撃演習を御覧あらせらる。十一時三十分御旅館に還啓あり。威仁親王と午餐御会食、伊藤統監・桂陸軍大将以下供奉諸員・長谷川軍司令官・岡崎第十三師団長等に陪食を賜ふ。午後二時京城在住の帝国文武官諸員・韓国元老及び文武官諸員・韓国在住貴族院議員・各国領事・英米仏各国大僧正を引見あらせらる。二時三十分韓国皇太子参邸せられたるにより、倶に内外人に謁を賜ひ、更に謁を賜ひたる諸員に立食を賜ひ、韓国皇太子及び威仁親王と倶に食堂に臨ませらる。五時四十分威仁親王を随へ徒歩統監府に行啓あり、曾禰副統監の御先導にて各室を御巡覧、御写真を賜ふ。尋いで倭城台公園に臨み、甲午記念碑等を覧給ひ、六時三十分還啓あらせらる。

統監府に行啓

十九日は午後零時三十分韓国皇帝並びに皇太子を統監官邸に御招待あり。乃ち伊藤統監玄関外に奉迎し、会見室に誘引す。仍りて威仁親王と倶に室外にて御迎あり、暫く御対談の後、会食あらせられ、両国重臣に陪食を賜ふ。宴酣なるに及び、韓国国歌を吹奏し、左の如く述べ給ふ。

韓国皇帝・皇太子を統監官邸に御招待
皇帝と御会食

今般大命ヲ奉シテ渡韓シタルニ陛下ハ親シク遠路御出迎ヲ辱ウシ且ツ皇室ヨリハ懇切ナル御待遇ヲ蒙リ又一般貴国人ハ熱誠ヲ傾注シテ歓迎至ラサルナシ此レ感謝措ク能ハサル処ニシテ此状況ヲ齎ラシテ我皇帝ニ復命セハ嘸ソ満足セラルヘシト存ス猶ホ此機ニ於テ日韓両国ノ交誼益々敦睦ヲ加ヘンコトヲ希望ス玆ニ敬ンテ今日陛下ノ御臨席ヲ辱ウシタルヲ謝シ且ツ陛下ノ御健康ヲ祝シ貴皇室ノ繁栄ヲ祈ル

尋いで我が国歌を吹奏し、韓国皇帝左の如く答辞あらせらる。

今回皇太子殿下ノ御来韓ハ日韓両国ノ交情ヲシテ一層親密ナラシムル動機トナリタルコトヲ確

信ス因テ敬ンテ日本皇帝皇后両陛下始メ皇太子殿下ノ御健康ヲ祝頌ス

記念御撮影

午後二時宴了り、玄関前にて韓国皇帝及び皇太子・威仁親王・韓国皇族完興君載冕・完順君載完・永宣君埈鎔・義陽君載覚と記念の為め写真を御撮影あり、二時三十分皇帝は還幸す。

昌徳宮等に行啓

二時五十分韓国皇太子並びに威仁親王を伴ひ御出門、昌徳宮に行啓、秘苑を御臨覧あり、逍遥亭にて御休憩、苑内の風致を撮影あらせらる。尋いで景福宮に臨み、勤政殿・思政殿を御巡覧、慶会楼にて御休憩の後、五時韓国皇室に御告別の為め惇徳殿に行啓あらせらる。韓国皇帝、会見室外に迎へられ、室内に御誘引あり。御座定まるや、

明日出発ニ付御暇乞申上ク滞在中万事御厚遇ヲ蒙リタルヲ感謝ス

と述べ給ふ。皇帝曰く、

御滞在僅ナリシヲ遺感トス何卒御帰途海陸御安全ヲ祈ル

と。仍りて又曰く、

今日ハ離宮ヲ拝見殊ニ庭園ノ景色ヲ歓楽セリ

皇帝曰く、

我皇太子ノ貴国へ参リタル上ハ何卒宜シク教ヲ乞フ

惇徳殿に臨み韓国皇室に御告別

之に答へて曰く、

出来得ル限リ御世話ヲ致スヘシ御安心アリタシ御暇乞ニ臨ミ陛下ノ御健康ヲ祈リ併セテ皇室ノ繁栄ヲ祈ル

其の他種々御懇話あり。尋いで韓国太皇帝の希望により、別室に於て対面あらせられ、

明日出発ニ付御暇乞申上ク滞在中ハ御厚遇ヲ蒙リタルヲ感謝ス

と述べ給へるに対し、太皇帝曰く、

短キ御滞在充分ノ待遇ヲモ申上クルコトヲ得ス此度ノ御渡航ニ依リ両国関係ノ益々親密ニ至ルヘキヲ信ス又海陸御帰路ノ御安全ナルコトヲ祈ル呉々モ貴国皇帝陛下ノ御親切ヲ謝シ皇帝皇后両陛下ノ御健康ト皇室ノ繁栄ヲ祈ル

と。仍りて又曰く、

陛下ノ御健康ヲ祈ル

他に種々御懇話あり。五時四十分御旅館に還啓あらせらる。威仁親王と晩餐御会食、伊藤統監以下供奉諸員・在韓国文武官諸員及び帝国及び韓国奉迎員に陪食を賜ふ。夜に入り韓国人奉祝の意を表する為め盛大なる提灯行列を為す。参列人員一万人を算す。乃ち統監官邸背面の丘上に登り、之を

韓国皇室より物を御贈進

御覧あらせらる。是の日韓国皇帝より甲冑壱箱を、太皇帝より純金三鞭盃壱座・銀茶器壱組を、皇后より銀燭台壱座・太極緞四疋を、皇太子より金捲烟匣壱件・豹皮両令を贈り、慶善宮より繡屛風壱件・具付欌壱部を献ず。

京城御発途

韓国皇帝及び皇太子奉送

御予定の京城御滞留を畢り給ひ、二十日午前九時五十分威仁親王を随へ、御旅館統監官邸御出門、南大門停車場に臨ませらる。是より先、韓国皇帝、皇太子を伴ひ同停車場に行幸、便殿に於て御来著を待たせられたるを以て、プラットホームにて御対面あり。

陛下態々停車場迄御見送ヲ辱ウシ感謝ニ堪ヘス爾後益々両国ヲ親密ナランコトヲ希望シ重テ御優遇ヲ受ケタル御礼ヲ申ス

と述べさせらる。皇帝曰く、

御帰国ノ上ハ貴国皇帝皇后両陛下ヘ宜シク御伝言ヲ希フ尚ホ御安全ノ御旅行ヲ祈ル昨日皇后ニハ御対面スルヲ得ス何卒貴国両陛下ヘ皇后ヨリ宜シク御伝言ヲ願フ旨申出タリ

と。答へて曰く、

拝承ス尚ホ御健康ヲ祈ル

と。十時二十分韓国皇太子と倶に汽車に御搭乗、駐劄軍砲兵隊皇礼砲を発し、軍楽隊我が国歌を吹奏す。十一時三十分仁川停車場に御著、韓国皇太子・威仁親王と倶に徒歩にて埠頭に臨ませられ、第一栈橋にて艦載水雷艇を以て軍艦香取に御搭乗あり。伊藤統監・長谷川韓国駐劄軍司令官・曾禰副統監・岡崎第十三師団長及び完興君・完順君・義陽君・永宣君以下韓国各大臣の奉送を受けさせられ、三鞭酒を賜ひ、告別の意を表せらる。尋いで韓国皇太子と倶に艦内を御巡視あり。午後零時三十五分韓国皇太子以下退出す。一時仁川港御解纜、単縦陣を制り東水道に嚮はせらる。八尾島御通過に際し、皇太子旗及び皇族旗を下す。○韓国九州四国行啓御日記・行啓録・侍従日記・韓国御渡航日誌・官報

仁川港より軍艦香取に御搭乗

仁川御解纜

二十一日、天明シングル水道より叢島を御通過、正午済州島を右舷に御覧、午後六時巨文島を左に過り給ふ。是の日戦闘操練・マキシム砲発射及び外膅砲射撃標的試験の為め艦内より凧を揚ぐるを御覧あらせらる。二十二日午前一時朝鮮海峡西水道に入り、六時鎮海湾に投錨あらせらる。第二艦隊笠置・見島先著し、新高・千早及び第一艦隊駆逐艦四隻在泊す。七時駆逐艦夕暮に御移乗、駆逐艦初雪の御先導にて威仁親王と倶に湾内漆川島を御一周あり。馬山浦及び行巌湾内を御望見、九時四十分帰艦あらせらる。十時鎮海湾を御解纜、午後二時対馬国尾崎湾に御投錨、竹敷要港部司令官海軍中将男爵伊東義五郎の奉迎を受けさせられ、汽艇に御移乗、威仁親王及び海軍大将伯爵東郷平八郎以下供奉諸員を随へ、竹敷要港部栈橋に御上陸、要港部に行啓あり。伊東要港部司令官・対

鎮海湾に御立寄

対馬尾崎湾に御著

竹敷要港部に行啓

馬警備隊司令官陸軍少将川村益直以下諸員に謁を賜ひ、伊東司令官より要港現況に就きて聴かせられたる後、古器物・古文書等を御一覧、四時三十分御帰艦あり。尋いで五時三十分御解纜、佐世保に嚮はせらる。二十三日午前六時三十分佐世保港口に達せらるるや、軍艦香取に皇太子旗を掲ぐ。七時四十五分佐世保軍港に御著、在港諸艦皇礼砲を発し登舷礼式を行ひ奉迎す。尋いで伺候せる佐世保鎮守府司令長官海軍中将男爵瓜生外吉以下幕僚諸員及び第十二師団長陸軍中将男爵浅田信興・佐世保要塞司令官陸軍少将中田時懋・長崎県知事荒川義太郎等に謁を賜ふ。九時二十分威仁親王を随へ艦載水雷艇を以て軍艦三笠に臨ませられ、艦内を御一覧の後、海軍工廠桟橋より御上陸、佐世保海軍工廠長海軍中将男爵向山慎吉の御先導にて工廠内機械工場・砲弾庫・砲銃要具庫・電気具庫等を巡覧あらせらる。尋いで佐世保鎮守府に行啓、佐世保在住陸海軍武官及び佐世保市長内田政彦に謁を賜ひ、十一時四十分一旦御帰艦あり。午後一時三十分威仁親王を随へ駆逐艦野分に御移乗、俵ノ浦に御上陸、中田要塞司令官の御先導にて登坂砲台に御登臨、測遠器を御覧あり、更に丸出榴弾砲台に臨み、操砲を御覧、中田司令官より防禦計画に就きて説明を聴かせられ、佐世保湾外九十九島の勝景を御眺望の後、艦載水雷艇に御搭乗あり。向後崎海軍水雷布設営所に臨み給ひ、佐世保水雷団長海軍少将鏑木誠より水雷発射の説明を御聴取、敷設水雷の発火及び発電所探海灯座を覧給

佐世保軍港に御著

軍艦三笠御覧

佐世保鎮守府に行啓

登坂砲台等を御視察

ひ、五時五十分御帰艦あり。海軍大臣男爵斎藤実に謁を賜ふ。是の日東宮武官黒水公三郎を佐世保海軍病院・下士卒集会所及び下士卒家族共励会に遣し物を賜ひ、東宮武官田内三吉を佐世保衛戍病院に遣し、入院患者を慰問せしめらる。

軍艦利根進水式場に御臨場

二十四日は午前八時四十分威仁親王を随へ艦載水雷艇を以て工廠桟橋に御上陸、斎藤海軍大臣及び瓜生佐世保鎮守府司令長官の御先導にて軍艦利根進水式場に臨ませらる。斎藤海軍大臣命名書を朗読したる後、瓜生司令長官、向山佐世保工廠長に命じ艦を進水せしむ。九時四分進水式畢り、御帰艦あり。威仁親王と午餐御会食、海軍大将伯爵東郷平八郎・斎藤海軍大臣・浅田第十二師団長以下諸員に陪食を賜ふ。

長崎港に御著

午後二時佐世保軍港御解纜あり、五時長崎港に著かせらる。碇泊せる仏蘭西国軍艦ダントルカスト・亜米利加合衆国軍艦ジャツタヌーガ及び独逸国軍艦チーゲル皇礼砲を発して奉迎す。伺候せる荒川長崎県知事・長崎要塞司令官陸軍砲兵大佐御影池友邦以下諸員に謁を賜ふ。

第二回関西九州府県聯合水産共進会に行啓

二十五日は仏蘭西国極東艦隊司令官海軍少将ボイッセ〈Emile Boisse〉・独逸国軍艦チーゲル艦長ロッス〈ママ〉〈Walter von Koß〉を引見あらせられたる後、午前九時三十分威仁親王を随へ桟橋より御上陸、長崎市に於て開ける第二回関西九州府県聯合水産共進会に行啓あり、荒川知事の御先導にて陳列品を御覧、農商務省水産局長神山閏次以下諸員に謁を賜ふ。午後一時三十分会場を出で特許館に臨ませられ、特許品を御覧あり。二時五分帰艦あらせらる。尋いで威仁親王は請暇を啓し、軍艦音羽に移乗、長崎港を発し還京の途に就く。四時長崎港御解纜、鹿児島に嚮はせらる。猶ほ是の日東宮侍従高辻宜麿を国幣小社諏訪神社に遣されたり。

○韓国九州四国行啓御日記・侍従日記・行啓録・官報・明治四十年皇太子殿下行啓書類（長崎県庁）

鹿児島港に御著

二十六日、午前四時三十分佐多岬を御通過、十時鹿児島港に著かせられ、伺候せる海軍大将伯爵樺山資紀・同男爵鮫島員規・陸軍中将男爵伊瀬知好成(7)・鹿児島県知事千頭清臣・男爵島津珍彦・鹿児島市長有川貞寿に謁を賜ふ。午後一時三十分艦載水雷艇を以て鹿児島市波止場桟橋より御上陸、市中を経て二時十分御旅館公爵島津忠重の別邸に著かせらる。尋いで鹿児島市民の催せる侍踊(8)及び島津公爵の催せる加世田踊を御覧あり、又鹿児島市在住文武官諸員に謁を賜ふ。

鹿児島県庁に行啓

是より御三泊あり。二十七日は午前十時御出門、鹿児島県庁に行啓、千頭知事以下文官諸員・市長・県会議長・県会副議長に謁を賜ひ、千頭知事より管下の状況に就きて御聴取あり。尋いで第七高等学校造士館に行啓、校長岩崎行親以下職員に謁を賜ひ、物理試験室に於て電気の実験を、庭上に於て生徒の兵式体操を御覧あらせらる。了りて鹿児島県物産陳列場興業館に臨ませられ、天産物・工芸品及び古器物等を御覧、午後二時十分御旅館に還啓あらせらる。三時庭上に於て栗野踊を覧給ふ。

県立第一鹿児島中学校に行啓

二十八日は午前九時御出門、鹿児島県立第一鹿児島中学校に行啓、校長岡元輔以下教諭四

名に謁を賜ひ、第五学年甲組生の国語・同乙組生の幾何・同丙組生の英語各授業を御覧あり。次に鹿児島県師範学校に臨み、校長泥谷良次郎以下職員に謁を賜ひ、女子第三学年生の生理・男子第四学年生の代数の授業及び小学校児童・中等学校並びに実業学校生徒の成績品陳列室を巡覧あらせられたる後、城山公園に御登臨、鹿児島全市及び近傍の風光を御眺望あり、伊瀬知陸軍中将及び陸軍中将大久保利貞より西南の役に於ける両軍交戦の状況に就きて説明を聴かせらる。岩崎谷古戦場を経て午後一時四十五分御旅館に還啓あらせらる。三時より庭上に於て撃剣及び武者行列を御覧あり、尋いで高等学校・中学校・師範学校及び商業学校生徒の端艇競漕を覧給ふ。夜に入り薩摩琵琶天吹及び芝笛を聴かせらる。二十九日は午前九時御旅館庭上に於て弓術及び吉野村村民の棒踊を御覧あり、伺候せる新任第一艦隊司令官海軍少将藤井較一に謁を賜へる後、十時御出門、伊敷村練兵場に行啓、鹿児島市公立各学校生徒七千余名の体操を御覧あらせらる。尋いで練兵場の一隅に繋ぎたる鹿児島県下産出の馬匹を御一覧の後、公爵島津忠済の別邸に臨み御休憩あり。午後一時五分同邸を出で県立高等女学校に行啓、校長渋谷寛以下職員に謁を賜ひ、第三学年生の理科・第二学年生の修身の授業及び運動場に於ける第四学年生の啞鈴体操・第二第三学年生の遊戯を御覧あり、二時十五分鹿児島市桟橋より艦載水雷艇に御搭乗、桜島脇村附近の海浜に御上陸、御逍遥あり、四時二十五

城山公園に御登臨

桜島に行啓

分軍艦香取に還啓あらせらる。供奉員及び千頭鹿児島県知事以下諸員に晩餐の陪食を賜ふこと例の如し。猶ほ鹿児島市御滞泊中、二十六日東宮侍従子爵大迫貞武を薩摩郡水引村なる天津日高彦火瓊瓊杵尊の可愛山陵に、東宮侍従子爵有馬純文を肝属郡姶良村なる天津日高彦波瀲武鸕鶿草葺不合尊の吾平山上陵に、二十八日有馬東宮侍従を姶良郡溝辺村なる天津日高彦火火出見尊の高屋山上陵に遣して代拝せしめ、又二十六日大迫東宮侍従を鹿児島県立川内中学校に、二十七日東宮侍従高辻宜麿を別格官幣社照国神社及び官祭鹿児島招魂社に、二十八日東宮武官黒水公三郎を県立第二鹿児島中学校・鹿児島県授産場・市立鹿児島商業学校に遣されたり。○韓国九州四国行啓御日記・侍従日記・行啓録・官報・鹿児島県行啓書類綴

御使差遣

鹿児島港御解纜

油津港に御仮泊

三十日、午前六時鹿児島港御解纜あり、午後二時二十五分宮崎県油津港に著かせられ、(9)伺候せる宮崎県知事永井環・子爵伊東弘夏（ママ）(10)以下諸員に謁を賜ひ、又供奉諸員及び永井知事等に晩餐の陪食を賜ふこと例の如し。同港に御仮泊の後、翌三十一日午前八時三十分駆逐艦響に御移乗、油津港を御解纜あり、駆逐艦神風の御先導にて内海港に嚮はせらる。九時三十五分鵜戸崎に御投錨、波浪高く御上陸困難なる為め東宮侍従子爵大迫貞武を官幣大社鵜戸神宮に遣し、御代拝を命ぜらる。十時五十分内海港に著かせられ、端艇を以て御上陸、宮崎郡青島村内海尋常小学校に臨み御休憩あり。午後零時三十分同校を出で同村字折生迫御休憩所に於て、前面海上なる青島に熱帯性植物の繁茂せる

内海港に御上陸

状を覧給ひ、又陳列せる宮崎県水産試験所の物品を御覧あらせらる。二時十分同所を発し、途次、赤江村国富尋常小学校にて御休憩あり、四時三十分宮崎町御旅館紫明館に著かせられ、伯爵島津忠亮・子爵内藤政挙・男爵高木兼寛・第一艦隊司令長官海軍中将男爵有馬新一及び幕僚に謁を賜ふ。

宮崎町に御著

爾後、四日間御滞泊あり。十一月一日は午前九時三十分御出門、宮崎県庁に行啓あり、永井知事より管下の状況に就きて聴かせられ、永井知事以下宮崎町在住文武諸官及び県会議長・県会副議長に謁を賜ふ。尋いで宮崎県重要物産共進会に臨ませられ、県下重要物産陳列諸室を御巡覧、十一時十五分一旦御旅館に還啓あり。午後一時再び御出門、県立高等女学校に行啓、校長川名万松等に謁を賜ひ、本科第三学年生の国語・同第一学年生の地理の授業及び生徒の成績品を御覧あらせらる。次に県立宮崎中学校にて校長村田稔亮(11)以下教諭四名に謁を賜ひ、第五学年生の幾何・第一学年生の英語授業及び生徒の成績品を御覧あり。更に宮崎県師範学校にて校長遠藤正以下教諭三名に謁を賜ひ、男子部第一学年生の国語・女子部第一学年生の図画の授業等を覧給ふ。尋いで同校前面の運動場に於て中学校生徒の撃剣及び師範学校生徒の兵式体操を御一覧の後、三時十分紫明館に還啓あらせらる。是の日東宮侍従高辻宜麿を県社狭野神社に遣し、御代拝を命ぜられ、又同人を陸軍軍馬補充部高原支部に遣し、実況を視察せしめらる。二日は午前九時御出門、官幣大社宮崎宮に到り、宮

宮崎県庁に行啓

宮崎宮御拝

司青木陳実の御先導にて内殿に進ませられ、神殿を御拝あり。尋いで宮崎競馬会場に行啓、競馬・余興及び宮崎県管内の牛馬を御覧、十一時十五分一旦御旅館に還啓あらせらる。午後一時再び御出門、宮崎郡立職業学校に行啓、校長塚本常彌に謁を賜ひ、第一第二第三学年生の挽物及び彫刻・第一学年生の花瓶台製作・第三学年生の莨盆製作・第二学年生の硯箱製作・女子部第一第二第三学年生の機織等の実科就業並びに生徒の成績品を御巡覧、二時十五分御旅館に還啓あらせらる。三日は天長節により海軍大将伯爵東郷平八郎以下供奉諸員を召し、酒饌を賜ふ。午後三時御出門、神武天皇御降誕大祭記念日州教育品展覧会に行啓、永井知事より展覧会に就きて説明を聴かせられ、県下各学校生徒成績品及び他府県小学校生徒成績品陳列場・教育に関する団体及び個人の出品部・宮崎婦人会慈善市出品部・日露戦役戦利兵器陳列部等を御巡覧あり、四時還啓にあらせらる。

日州教育品展覧会に行啓

四日は午前八時宮崎町御旅館御出門、県立農学校に臨み、構内菜園に於て生徒の実地就業の状を御覧の後、宮崎町を出でさせらる。

宮崎町御発途

十時青島村字折生迫の御休憩所に御着、青島村漁業組合員海浜に於て地引網を為すを御覧あり。十一時十五分同村内海尋常小学校に臨み、又御休憩あり。尋いで内海桟橋より端艇を以て駆逐艦響に御搭乗、午後零時三十分内海港を御解纜あり、一時四十分油津湾〈ママ〉(12)に御著、軍艦香取に移乗あらせらる。

油津港御解纜

五時同湾御解纜、日向灘より豊後水道に嚮はせらる。○韓国九州四国行啓御日記・常侍官日

記・行啓録・官報・宮崎県行啓誌

十一月

大分港に御著

五日、午前七時十分大分港に著かせらる。伺候せる大分県知事千葉貞幹に謁を賜へる後、九時三十分艦載水雷艇に御移乗、大分湾内を御巡航、十一時十五分御帰艦あり。尋いで佐賀関漁民の和船競漕を御覧あらせらる。午後三時十五分艦載水雷艇を以て大分波止場に御上陸、同四十分大分町御旅館大分県庁に著かせらる。是より御二泊あり。六日は大分市在住文武官諸員・有爵者及び県会議長・県会副議長に謁を賜へる後、午前十時御出門、大分県物産陳列場に臨み、場長川口彦治の御先導にて第七部製作工業・第六部染織工業・第五部化学工業・第三部水産・第一部農業及び園芸・第八部機械・第九部教育学術衛生統計・第二部林業・第十部美術・第四部鉱業及び参考部を巡覧あらせらる。次に大分県師範学校に行啓、校長峯是三郎等に謁を賜ひ、本科第四学年生の物理・附属小学校第一学年生の読方の授業及び同校生徒・小学校児童の成績品を御覧あり。夫より春日ノ浦に臨み、和船の競漕及び沖ノ浜漁民の地引網を御観覧の後、午後一時四十五分県立大分高等女学校に行啓、校長野島藤太郎等に謁を賜ひ、高等女学校生徒成績品及び大分県各学校生徒成績品各陳列室を

御旅館大分県庁に行啓

大分県師範学校等に行啓

経て高等女学校並びに女子師範学校生徒の裁縫・編物・刺繍・薙刀体操及び高等女学校生徒の遊戯を御覧あらせらる。因に女子師範学校は高等女学校中に在り。次に県立大分中学校に臨み、校長安倍志摩治等に謁を賜ひ、大分県各中学校生徒の習字成績品・農林学校生徒の製作品・農学校生徒の製作品及び大分県各中学校生徒の機械体操・師範学校生徒の美容術・大分県各学校生徒の徒歩競走を御巡覧、三時四十五分御旅館に還啓あらせらる。七日は午前九時御出門、大分波止場にて艦載水雷艇に御搭乗、十時五分別府港波止場桟橋に著かせられ、別府町立工業徒弟学校に行啓あり、校長長尾薫に謁を賜ひ、挽物科・指物科・建築科・竹籃科・髹漆科・蒔絵科等の実習教室及び生徒製作品陳列場を御覧あらせらる。夫より別府町市街を経て観海寺山上に御登臨、千葉知事より附近の山川及び石垣原古戦場に就きて説明を聴き給ふ。午後一時三十分山を下らせられ、山麓の別府町公園に臨み、岩戸神楽を御覧の後、別府港波止場より再び艦載水雷艇に御搭乗、二時四十分軍艦香取に還啓あらせらる。四時大分港御解纜、豊後水道に嚮はせらる。是の日東宮侍従子爵有馬純文を県立農学校に遣し、実況を視察せしめられたり。○韓国九州四国行啓御日記・常侍官日記・行啓録・官報・皇太子殿下大分県行啓日誌 (13)

別府町に行啓

観海寺山に御登臨

大分港御解纜

八日、午前七時三十分高知県須崎港沖野見浦に投錨あらせらる。伺候せる高知県知事鈴木定直・海軍中将男爵内田正敏に謁を賜へる後、八時十分艦載水雷艇に御移乗、須崎町波止場桟橋より御上

須崎沖に御投錨

陸、同町高知県水産試験所に臨ませられ、奉迎せる伯爵土方久元・子爵谷干城・陸軍中将男爵阪井重季(14)・子爵山内豊尹及び男爵山内豊政に謁を賜ふ。同五十五分同所を出で、樫迫坂及び高岡町小学校にて御休憩ありたる後、午後二時二十五分土佐郡朝倉村なる歩兵第四十四聯隊に著かせらる。将校集会所に於て聯隊附陸軍歩兵中佐安藤正旗以下将校十二名に謁を賜ひ、正旗より聯隊の現況に就きて説明を御聴取あり、又聯隊構内の忠魂社及び兵舎を覧給ふ。四時十分高知市御旅館侯爵山内豊景の別邸に入らせらる。

歩兵第四十四聯隊に行啓

爾後、四日間御滞泊あり。即ち九日は午前十時御出門高知県庁に行啓、鈴木知事以下高知市在住文武官諸員及び県会議長・県会副議長・高知市長に謁を賜ふ。高知県物産陳列場を過り、十一時御旅館に還啓あり、海軍大将伯爵東郷平八郎及び谷子爵・鈴木知事等に午餐の陪食を賜ふ。午後一時三十分再び御出門、旧高知城址なる高知公園に行啓、山上の咸臨閣に御登臨、高知市及び附近の風景を眺望あらせらる。閣は旧天守閣なり。尋いで二ノ丸広場に於て高知武徳会員の居合・柔道・撃剣・槍術を御覧の後、二時四十分公園を出で県立農林学校に行啓、校長辻重忠以下教諭三名に謁を賜ひ、本科第三学年生の稲の選種法に関する普通作物講義・生徒製作品・農産物標本・土壌の分析及び蚕種の検査等の室内実習、生徒の草鞋・縄等の製作を巡覧あらせらる。次に県立第一中学校に

高知県庁に行啓

高知公園に御登臨

臨み、校長金子銓太郎等に謁を賜ひ、第一学年生の国語・第二学年生の地理・第三学年生の英語の授業及び第四第五学年生の兵式体操を御覧、三時五十五分御旅館に還啓あり。四時邸内物見より土佐郡各小学校男女生徒の運動会を御覧あらせらる。

高知県師範学校等に行啓

十日は午前十時御出門、諸学校に行啓あり、高知県師範学校にては校長豊田潔臣等に謁を賜ひ、同校生徒及び高知県各郡小学校児童の成績品・第二学年生の国語・第一学年生の博物・同女子部生の図画授業の実況を御覧あらせらる。尋いで県立第二中学校にては校長山村弥久馬等に謁を賜ひ、第二学年生の地理及び代数・第一学年生の英語及び国語授業・生徒成績品・第四第五学年生の兵式体操を御覧あらせらる。県立高等女学校にては校長岡村良馬等に謁を賜ひ、第二学年乙組生の文法・同甲組生の地理・補習科生の教育史・第一学年生の理科及び国語授業を御覧、第三第四学年生の唱歌を聴かせられ、正午御旅館に還啓あり、侍従職幹事公爵岩倉具定・山内子爵・山内男爵に午餐の陪食を賜ふ。午後二時再び御出門、高知市立商業学校に行啓、校長横山又吉等に謁を賜ひ、本科第二学年生の簿記・英語の授業及び生徒成績品を御覧、同三十五分御旅館に還啓あらせらる。三時邸内物見に於て要馬及び武者行列の余興を御覧あり。尋いで東郷海軍大将・阪井陸軍中将・内田海軍中将に晩餐の陪食を賜ふ。

海南中学校に行啓

十一日は午前九時御出門、県立海南中学校に行啓、校長木村猪久次以下教諭三名に謁を賜ひ、生徒の徒手分列式・授業及び成績品を御覧あり。同校桟橋にて屋形船に御搭乗、浦戸湾に出でさせられ、漁船四十艘の投網及び捕鯨会社所有船福島丸の捕獲したる鯨魚を覧給へる後、巣山島東岸に繋留、御休憩あり。尋いで再び湾上に出で、傘帆の漁舟及び海南中学校生徒の簀鰡漁を御覧の後、西孕より御上陸、午後三時三十五分御旅館に還啓あらせらる。四時邸内物見に於て武士踊及び花鳥踊(15)を御覧あらせらる。高知市御滞泊中、十日東宮侍従子爵有馬純文を紀貫之の古址・高知県農事試験場及び国幣中社土佐神社に、東宮武官田内三吉を官祭高知招魂社に、又十一日東宮武官秋沢芳馬を土佐セメント合資会社及び生糸検査所に遣されたり。

御使差遣

還京の途に就かせらる

須崎沖御解纜

御予定の旅程を畢らせ給へるを以て、十二日午前七時高知市御旅館御出門、還京の途に就かせらる。伊野町・佐川町・斗賀野峠を経て午後二時二十分須崎町水産試験所に御著、同町桟橋より艦載水雷艇を以て三時五分軍艦香取に御搭乗、五時須崎沖を御解纜あり、室戸崎沖を御通過、紀州大島沖に嚮はせらる。十三日は終日御航海、午前七時三十分樫野崎を左舷に御望見あり。尋いで艦隊の合戦準備・戦闘操練及び防火操練を御覧あらせらる。猶ほ東郷海軍大将以下供奉諸員に午餐の陪食を、侍従職幹事公爵岩倉具定以下供奉諸員に晩餐の陪食を賜ふ。十四日午前三時四十五分浦賀水道に入り、横須賀鎮守府司令長官海軍中将男爵上村彦之丞軍艦八重山に坐乗し、第一駆逐隊を率ゐて奉迎するを受け給ひ、七時四十五分横浜外港に著かせらる。第一艦隊司令長官海軍中将男爵有馬新一・第一艦隊司令官海軍少将藤井較一以下幕僚及び海軍次官加藤友三郎・上村横須賀鎮守府司令長官・神奈川県知事周布公平等に謁を賜へる後、九時二十分艦載水雷艇に御移乗、横浜税関桟橋より御上陸、威仁親王以下宮内次官子爵花房義質及び横浜市在住文武官諸員の奉迎を受け給ひ、十時横浜停車場にて汽車に御搭乗、依仁親王・博恭王以下文武官諸員奉迎裡に新橋停車場に著かせられ、直に馬車に御移乗、十一時五分上野停車場に御著、天皇、茨城県下大演習地に行幸あらせらるるを奉送あり、午後零時二十分仮東宮御所に還啓あらせらる。尋いで東宮大夫代理東宮武官長男爵村木雅美を宮城に遣し、皇后の御機嫌を候せしめらる。○韓国九州四国行啓御日記・常侍官日記・行啓録・東宮殿下行啓一件（高知県）・東宮殿下御旅館記（侯爵山内家編）

横浜外港に御著

上野停車場に天皇の行幸を奉送

十五日、午前十時御出門参内、皇后の御機嫌を候し、正午還啓あらせらる。尋いで依仁親王並びに裕仁親王・雍仁親王に御対面あり、第一艦隊司令長官海軍中将男爵有馬新一・海軍大将伯爵山本権兵衛・同伯爵東郷平八郎に謁を賜ふ。是の月猶ほ十六日博恭王に、十七日成久王並びに鳩彦王に、十九日威仁親王に、二十一日貞愛親王・恒久王に、二十四日載仁親王並びに昌子内親王・房子内親王に、二十七日威仁親王に御対面のことあり。又謁を賜へる者には、農商務大臣松岡康毅・陸軍中将男爵阪井重季・第二艦隊司令長官海軍中将男爵伊集院五郎・陸軍大将子爵大島義昌・同伯爵乃木

皇族に御対面

希典・同子爵西寛二郎・宮内大臣伯爵田中光顕・子爵大給恒・鹿児島県知事千頭清臣・宮崎県知事永井環・伯爵清水谷実英・子爵谷干城・元帥公爵山県有朋・高知県知事鈴木定直・子爵曾我祐準・陸軍大将伯爵奥保鞏・陸軍中将男爵鮫島重雄・侯爵山内豊景・伯爵松浦詮・公爵九条道実・陸軍中将木村有恒等あり。○常侍官日記・庶務課日記

韓国九州四国行啓供奉諸員の労を犒ひ給ふ

十七日、海軍軍令部長海軍大将伯爵東郷平八郎・第一艦隊司令長官海軍中将男爵有馬新一以下四十五名を召し、晩餐の陪食を賜ひ、韓国九州四国行啓供奉の労を犒はせらる。翌十八日東郷海軍大将・第一艦隊司令官海軍少将藤井較一以下四十五名に同様晩餐の陪食を賜ひ、二十日威仁親王と晩餐御会食、韓国九州四国行啓供奉諸員に亦陪食を賜へり。○常侍官日記・庶務課日記

米国大使・清国公使御引見

十八日、亜米利加合衆国新任特命全権大使トーマス・オブ・ライヱン〈Thomas J.O' Brien〉・同妻並びに清国特命全権公使新任李家駒を引見あらせらる。○常侍官日記・庶務課日記・外事録・官報

十九日、大蔵大臣男爵阪谷芳郎を召し、日本財政の現況に関し御下問あり、其の説明を聴かせらる。○常侍官日記・庶務課日記

御名代として観菊会に御臨場

是の日、赤坂離宮御苑に於て観菊会を行はせらるるに当り、偶〻天皇、特別大演習御統監の為め茨城県下に行幸中なるを以て、叡旨により御名代として之に臨み給ふ。皇后亦御病後なるの故を以

て、妃をして代り臨ましめらる。即ち午後二時十五分妃と倶に御出門、之に御臨場、参列の諸員に饌を賜ひ、三時五十分還啓あり。四時十分皇后の御思召により御出門、有栖川宮邸を過りて再び参内あり、尋いで参内ありたる妃と倶に皇后の御晩餐に陪し給ひ、八時三十五分還啓あらせらる。○常侍官日記・庶務課日記・典式録・皇后宮職日記・官報

聖駕の還幸を奉迎

二十日、午前十一時御出門、上野停車場に行啓、聖駕茨城県下より還幸あらせらるるを奉迎あり、尋いで参内、天機を候し給ひ、午後一時還啓あらせらる。○常侍官日記・庶務課日記・行啓録・侍従職日録・官報

二十五日、陸軍大臣子爵寺内正毅以下各国務大臣・枢密顧問官公爵岩倉具定及び東宮大夫代理東宮武官長男爵村木雅美に午餐の陪食を賜ふ。○常侍官日記・庶務課日記・典式録

二十八日、天皇、不予の為め皇后、曩に来航せる加奈陀労働事務大臣ルミユー〈Rodolphe Lemieux〉夫妻・同国務次官ポープ〈Joseph Pope〉並びに英吉利国特命全権大使サー・クロード・マックスウェル・マクドナルド夫妻を召し、豊明殿に於て午餐の陪食を賜へるを以て、午前十一時二十分妃と倶に御出門参内あり、依仁親王・同妃周子・博恭王・同妃經子と倶に之に侍し給ひ、午後二時四十分還啓あらせらる。○常侍官日記・庶務課日記・侍従職日録・皇后宮職日記・外賓接待録・官報

十二月

感冒にて御仮床

一日、感冒により御仮床に就き給ふ。御容態軽微に渉らせらるるも、専ら御摂養に力め給ひ、二十日に至りて御仮床を撤せらる。妃も亦感冒の為め是の日御仮床あり、二十日之を撤せられたり。此の間、裕仁親王・雍仁親王・宣仁親王、皇孫御養育掛長丸尾錦作を三度遣して御機嫌を候せしむ。○常侍官日記・庶務課日記・御容体日誌・拝診録

二日、裕仁親王・雍仁親王・宣仁親王感冒により仮床せるを以て、東宮侍従子爵有馬純文を皇孫仮御殿に遣し存問せしめらる。四日亦このことあり。六日三親王病癒えて仮床を撤したるにより、五種交魚壱折を賜ひ、之を祝せらる。○拝診録・庶務課日記

東宮武官の更迭

是の日、東宮武官陸軍歩兵中佐尾藤知勝の本職を免じて歩兵第六十一聯隊附に補し、参謀本部部員兼陸軍大学校兵学教官陸軍歩兵少佐本城幹太郎を以て之に代ふ。知勝明治三十七年三月以来側近に奉仕すること三年九ヶ月に及び勤労尠からざりしを以て、御紋附銀巻莨入壱個及び金参百円を賜ひ、之を犒はせらる。猶ほ十八日東宮武官海軍大佐黒水公三郎の本職を免じて海軍省出仕に補し、大和艦長海軍大佐千坂智次郎を以て之に代ふ。公三郎側近に奉仕すること三年十一ヶ月に及び功績

顕著なるにより、又宝石入手釦壱組・金参百五拾円を賜へり。○進退録・官報・庶務課日記・贈賜録

七日、清国皇族欽差大臣貝勒溥倫去る四日来朝、芝離宮に館し、是の日午前十時参候す。御仮床にあらせらるるを以て御対面のことなく、東宮大夫代理男爵村木雅美を芝離宮に遣し答礼せしめらる。後、十日溥倫、計藍金花瓶壱匣・梅竹花銀碗壱件を贈進せるにより、梨地蒔絵料紙硯箱壱合・七宝焼花瓶壱対を賜へり。○外事録・庶務課日記

東宮大夫の更迭

十一日、東宮大夫侯爵中山孝麿の本官を免じて宮中顧問官に任じ、東宮武官長男爵村木雅美をして東宮大夫を兼任せしむ。孝麿、明治三十八年一月以降奉仕すること二年十一ヶ月勤労尠からざりしを以て、梨地蒔絵文台硯箱壱組並びに金千五百円を賜ひ、之を犒はせらる。○進退録・官報・庶務課日記・贈賜録

十五日、威仁親王に御対面、侍従長侯爵徳大寺実則に謁を賜ふ。是の月威仁親王には猶ほ屢〻御対面のことあり。其の他、二十三日には依仁親王に、二十四日には故能久親王妃富子に、二十五日には輝久王・博恭王に、二十九日には允子内親王・聰子内親王・威仁親王妃慰子・博恭王・同妃經子・邦彦王妃俔子に、三十日には載仁親王・菊麿王に御対面のことあり。又謁を賜へる者には、宮内大臣伯爵田中光顕・伯爵大隈重信・元帥公爵大山巌・伯爵樺山資紀等あり。○常侍官日記・庶務課日記

十五日、韓国皇太子英親王垠留学の為め来朝す。是より先七日同皇太子下関に到著するや、電報

を発して賀せられしが、是の日入京に当り、御仮床中なるにも拘らず、午後二時十分公式鹵簿乙の部にて御出門、新橋停車場に行啓、之を迎へ給ひ、三時十五分還啓あらせらる。○常侍官日記・外事録・庶務課日記・官報

韓国皇太子の入京を迎へ給ふ

是の日、去る十二日来朝、帝国ホテルに館せる韓国特派大使完興君載冕参候せるを以て、東宮大夫男爵村木雅美を旅館に遣して答礼せしめらる。猶ほ載冕、同国皇帝より贈進の銀瓶壱双・豹皮両令を伝へ、別に銀盒壱対を献る。仍りて二十四日七宝花瓶壱対を賜へり。○庶務課日記・外事録・官報

二十一日、午後二時韓国皇太子英親王垠に内謁見所に於て妃と倶に対面あらせらる。尋いで三時御出門、霞関離宮に行啓、同皇太子に御答礼あり、四時二十分還啓あらせらる。○常侍官日記・庶務課日記・官報

韓国皇太子に御対面

二十三日、午前十時瑞典国特命全権公使ギュスタフ・オスカル・ワルレンブルグ〈Gustaf Oscar Wallenberg〉を御引見、同国皇帝ギュスタフ第五世〈Gustaf V, Oscar Gustaf Adolf Bernadotte〉より贈進のオルドル・ロワイヤル・デ・セラファン勲章及び親書を受けさせらる。尋いで同公使・同公使館書記官フオルク・クローンホルム〈Folke Cronholm〉並びに外務大臣子爵林董・宮内次官子爵花房義質・式部長官伯爵戸田氏共・東宮武官長兼東宮大夫男爵村木雅美に午餐の陪食を賜ふ。○常侍官日記・庶務課日記・外事録・官報

瑞典国勲章御受領

二十五日、韓国皇太子英親王垠、芝離宮に於て晩餐会を催さるるを以て、午後五時三十五分御出

韓国皇太子の晩餐会に臨み給ふ

門、同離宮に行啓、之に臨み給ひ、七時四十分還啓あり。○常侍官日記・庶務課日記・官報・外事録

韓国皇太子と晩餐御会食

二十六日、午後六時三十分韓国皇太子英親王垠並びに威仁親王・同妃慰子と晩餐御会食あり、韓国皇太子随員宮内府大臣李允用・農商工部大臣宋秉畯・陪従武官長趙東潤・奎章閣祗候官厳柱益(16)・東宮大夫高義敬並びに統監公爵伊藤博文・宮内大臣伯爵田中光顕・枢密顧問官公爵岩倉具定・陸軍少将村田惇・統監府書記官国分象太郎・男爵高崎安彦以下十名に陪食を賜ふ。猶ほ去る十八日韓国皇太子虎皮壱令・豹皮壱令・牡丹象眼花瓶壱個を贈進ありたるを以て、是の日御会食後、金時計壱個・村田銃壱挺を贈り給へり。○常侍官日記・庶務課日記・外事録・官報

帝国議会開院式に御参列

二十八日、午前十時御出門、貴族院に行啓、第二十四回帝国議会開院式に御参列、十一時四十分還啓あらせらる。○常侍官日記・庶務課日記・官報

二十九日、韓国御渡航に関係奉仕せる伯爵土方久元・海軍大将伯爵山本権兵衛・参謀総長陸軍大将伯爵奥保鞏・陸軍大将子爵西寛二郎・子爵曾我祐準・海軍中将男爵伊集院五郎・陸軍軍医総監男爵佐藤進・宮内次官子爵花房義質・帝室会計審査局長斎藤桃太郎以下諸員に午餐の陪食を賜ふ。○常侍官日記・庶務課日記・典式録

大正天皇実録　第二　註及び附図

巻二十三

（1）『官報』（明治三四年一月一九日発行）に掲載された御歌は

ふりつもるまかきの竹のしら雪に世のさむけさを思ひこそやれ

と「おもひ」が漢字に変更され、さらに『大正天皇御製歌集』（宮内省図書寮　昭和二〇年）では

降りつもる垣根の竹の白雪に世のさむけさを思ひこそやれ

に推敲され、最終的に御製として完成されている。以上のように、御製や御製詩の完成には、作歌後、何回かの推敲が加えられ、最終的に昭和二〇年に宮内省図書寮が編集した前掲『大正天皇御製歌集』上・下、ならびに『大正天皇御製詩集』上・下に収められた。本書では、原本の御製歌・御製詩をそのまま掲載し、必要に応じて註にその旨を記した。今回は「かな」から「漢字」への推敲を注記したが、以後こうした変更は特に触れない。最終的な御製歌や御製詩は、上記定本を参照願いたい（両書共に国立国会図書館デジタルコレクションで利用可。因みに原本請求番号は、前者が311-114、後者が311-115である）。

（2）村木雅美の東宮武官長補任人事については、『明治天皇紀』の同日条に「去年十二月、東宮武官長陸軍中将男爵黒田久孝の薨ずるや、東宮輔導威仁親王、時適〻東宮武官改革の議あるの際なるを以て、姑く後任の選定を猶予せられんことを内請す、尋いで親王、大佐中より之れを補せんとせしが、陸軍部内の意向、将官たらざるべからずと云ふを以て、其の意を容れ、少将中より之れを補せんことを請ふ、蓋し此の補命ある所以なり」（宮内庁『明治天皇紀』第十　吉川弘文館　昭和四九年　一七頁）とある。

（3）親王御養育について、『昭和天皇実録』同年七月七日条には「親王の御養育については御誕生以前より東宮輔導顧問会議において議論され、当初、親王御誕生の場合は適任者に御養育を委嘱し、内親王の場合には皇太子・同妃が御自ら御養

育なさるべしとの案が出される。御養育担当者の候補として、男爵楫取素彦・侯爵西郷従道などの名も挙がるも、本年三月二十二日の会議においては、伯爵川村純義を親王御誕生の際の御養育の最適任者とし、翌二十三日、東宮輔導威仁親王は天皇に拝謁し、その旨を言上する。その際威仁親王は、内親王御誕生の場合であっても、皇太子妃にとっては初めての御養育となり、東宮御内儀においては御養育の経験を持つ者がいないため、今回は御養育担当者に委ねるべしとの意見を申し添える。天皇はこれを御嘉納になり、親王・内親王に拘わらず御養育を委嘱すべしとの御沙汰を下される」（宮内庁『昭和天皇実録』第一　東京書籍　平成二七年　一六～一七頁）とある。

（4）原文は「専問」。「専門」に改めた。

（5）鎌倉御用邸は、富美宮泰宮両内親王の避寒用として、明治三二年神奈川県鎌倉郡鎌倉町大町（現・鎌倉市御成町）の林友幸所有地一万二〇〇〇坪等を買収し、国有地とあわせて総面積約一万八〇〇〇坪の御用邸地となした。御用邸の殿舎は、麻布第二御料地にあった元梨本宮邸を移築して再利用し、九月には和風平屋建（一部二階、床面積三〇〇余坪）の御用邸が竣工した。御用邸殿舎は関東大震災で被災し、昭和六年八月御用邸地の大部分が払い下げられ、鎌倉御用邸は廃止された（前掲『明治天皇紀』第九　昭和四八年　六二九頁。鈴木博之監修『皇室建築』建築画報社　平成七年　二二六頁）。

（6）小田原御用邸は、明治三三年足柄下郡小田原町小田原城内に常宮周宮両内親王のために造営された御用邸。建物は旧東宮御所（旧赤坂離宮）の一部であった花鳥ノ間と旧御鉄砲置場を再利用し、これに新築部分をあわせて建造した。同三四年一月両内親王は御用邸を始めて利用された。昭和五年一二月廃止（前掲『明治天皇紀』第九　七五二頁。前掲『皇室建築』二一八頁）。

（7）大正天皇は親王誕生と皇后行啓の感動を次の漢詩に賦されている（木下彪『大正天皇御製詩集謹解』明徳出版社　平成一二年版　五四～五五頁）。

皇后宮台臨恭賦
此日青山玉輦停。迎拝温容喜且驚。何幸天賚降男子。得慰両宮望孫情。
児辱叡覧定歓喜。嬌口恰発呱呱声。妃猶在蓐不得謁。吾独恐懼荷光栄。

（8）本文中「裕」の「益徳之裕也」は『易経』の「繋辞下」に、「此令兄弟綽綽有裕」は『詩経』の「小雅　桑扈之什　角弓」に、「好問則裕自用則小」は『書経』の「商書　仲虺之誥」に、「寛裕者仁之作也」は『礼記』の「儒行」に、同じく「迪」の「恵迪吉従逆凶」は『書経』の「虞書　大禹謨」および「允迪厥徳謨明弼諧」は『書経』の「虞書　皐陶謨」にあるを典拠としている。なお、凡例に従い皇族名には「迪」を用いたが、典拠を示す場合は「廸」とした。

（9）霞会館編『華族家系大成』上（平成二〇年　四七七頁）には、「春子」ではなく「ハル」である。明治・大正期における女性の名称のこうした相違は少なくなく、原文を生かし「春子」とした。また、以下同様のケースも、特に注記せず原文を生かした。

（10）原文は「井上馨」であるが「井上良馨」の誤り。任期は明治三三年五月二〇日より同三八年一二月二〇日まで。

（11）明治二〇年二月二三日明治天皇および皇后の武豊行幸啓時に、県下の沢田儀右衛門、永尾了観、小山佐七が歓迎のため知多湾を俯瞰できる長尾山頂に共同で建築した和洋折衷の建築（前掲『明治天皇紀』第六　昭和四六年　七〇一～七〇二頁）。

巻二十四

（1）「迪宮記」第一（宮内公文書館蔵　識別番号85367）の七月一日条綱文に「各内親王ト御対顔」とあり、典拠史料となっている「庶務課長日記」七月一日条には「常宮周宮富美宮泰宮御参　迪宮ト御対顔ノ後両殿下ト午餐御会食（下略）」とある。また同じく「迪宮記」の翌二日条綱文にも「小松伏見有栖川閑院久邇山階梨本ノ各宮ト御対顔」とあるので、本条の午餐は迪宮御対顔後に行われた御会食。

（2）原文は「独逸国皇太后フレデリック崩御」。崩御したのはフリードリッヒ三世〈フレデリック〉の皇后であった皇太后ヴィクトリア・アデライーデ・マリー・ルイーザ〈Victoria Adelaide Mary Louise〉。前掲『明治天皇紀』第十の明治三四年八月一〇日条（一〇〇頁）にも「独逸国皇太后ヴィクトリヤ・マリー・ルイザ崩御の報至る」とあり、誤解を避けるため『明治天皇紀』にあわせて「皇太后ヴィクトリア・マリー・ルイーザ崩御」と改め、頭注も「フレデリック独国皇太后崩御」とあるのを「独国皇太后崩御」とした。但し、明治三四年八月一三日発刊『官報』の「宮廷録事」に「〇御名代一昨十一日午前十時麴町区中六番町独逸教会堂ニ於テ故独逸国皇太后フレデリック陛下ノ弔祭式執行ニ附キ天皇陛下ハ彰仁親王殿下ヲ皇后陛下ハ彰仁親王妃頼子殿下ヲ御名代トシテ差遣サレタリ」とあり、原本の表記はこれに拠ったとも見える。

（3）マッキンレー大統領は、九月六日米国バッファローで無政府主義者のポーランド人レオン・フランク・チョルゴッシュにより狙撃され、その傷が原因で十四日死亡。前掲『明治天皇紀』第十（一〇五〜一〇六頁）に拠れば、同一五日に大統領逝去の報が宮中にもたらされている。

（4）原文は「湯池定監」であるが、正しくは「湯地定監」であるので「湯池」を「湯地」に改めた。

（5）戸部右侍郎那桐は、義和団事変時の在北京日本公使館書記生杉山彬殺害に対する謝罪のため、九月一三日「北京議定書」第三条に従い参内し、天皇に謁見した。その後、仮東宮御所を訪問している。

（6）裕仁親王は、明治三四年一〇月二三日、避寒のため東京・狸穴の川村純義邸より神奈川県大磯の鍋島直大別邸に御成になり、翌三五年三月一三日まで御滞在。この後、裕仁親王は鍋島別邸より茅ヶ崎の土方久元別邸に移られ、東京への帰京は四月八日であった（拙稿「裕仁親王御成行啓年表稿」Ⅰ　宮内庁『書陵部紀要』五六　平成一七年　参照）。

（7）「大正天皇実録」第一九巻に、明治天皇は皇太子の輔導については威仁親王に全権を委任することになったと記されているが、高松宮蔵版『威仁親王行実』下（大正一五年　七五～八八頁）には「その後、輔導御一任の事、必ずしも実行せられず、東宮職改革の事、また故障多く」、威仁親王は「軍職輔導の両任を一身に負うて、いづれにも成果を挙げ得ざる」を憂い、しばしばどちらか一方に沙汰願いたき旨を願い出た。これに対し天皇は、今後の輔導について親王に奏上をもとめた。七月一九日親王は輔導方針書を捧呈し、東宮輔導専念には東宮職の改革は不可欠で、その第一に着手すべきは東宮大夫中山孝麿の更迭であり、その後任の新大夫には斎藤桃太郎を適任とし、新体制の確立が肝要と聖断を仰いだ。九月二七日、天皇は中山大夫更迭の意向を示したが、後任者には斎藤以外の候補者を求めた。親王は、後任についての叡慮は岩倉具定と察し、具定に大夫と輔導の両任を任せ、自身には軍務専念の許可を求めた。一方、具定は大夫就任は承諾したものの輔導は固持したため、天皇は妥協策として親王の御輔導専務と、具定へ大夫を沙汰する旨を示した。しかし、親王は七月一九日捧呈した輔導方針書の「御採用ノ有無」如何、輔導の任に堪えず後日辞任願いを提出した場合に許可ある事、皇太子に沙汰あるときは「補導者ニ御下問ノ上ニテ聖断」願いたき事の三点につき叡慮を伺わなければ、御輔導専務については言上できないとした。結局、この親王の懇請は天皇に容れられ、本条にあるように一一月二九日親王の東宮輔導専務、中山の東宮大夫更迭と斎藤の新任の御沙汰となった。

巻二十五

（1）原文は「満佐子」であるが、前掲『華族家系大成』下（平成二〇年）により「真左子」と改めた。

（2）原本の巻三五（明治四〇年）一月二三日条の侍従武官差遣一覧表には校訂者注があり、三月九日・同一九日・同二五日・四月三〇日（二記事）・五月八日・同一九日の七記事が「明治三五年の鼠入」と指摘している。このうち三月一九日、

四月三〇日（二記事）以外の記事は、本表（明治三五年）に記載があるから「鼠入」と考えられる。しかし記載のない

三月一九日「常備艦隊　東宮武官　平賀徳太郎」

四月三〇日「陸軍軍医学校終業式　東宮武官　尾藤知勝」

同日「海軍懸賞射撃　同　平賀徳太郎」

の三記事のうち、陸軍軍医学校終業式は明治四〇年四月三〇日に実施されており、また尾藤の東宮侍従在任期間（明治三七年二月二四日～同四〇年一二月二日）から考えても本表に移すのは妥当ではないと判断した。一方、平賀の東宮武官在任期間（明治三三年九月一五日～同三六年七月七日）から本表に移すことも考えたが、そもそも本表には記載がない以上差遣事実の確証がなく、他の四記事の「鼠入」の意味と整合性がとれない。このため、あえて本表に入れずに註に記すに止めた。

（3）原文は「小田一光」であるが、明治三四年から同四〇年の各『職員録』（印刷局）には同名はなく、「小谷一光」の誤り。

（4）裕仁親王の病気は急性咽頭カタル。前掲『昭和天皇実録』第一（三三頁）によると、東宮妃は三月一日東宮御内儀監督万里小路幸子を同別邸に遣わし、病状を御下問になった。東宮妃は、このほか二月二三日より七日間、さらに三月二日より七日間賢所に病気平癒の祈願として初穂料を供え、九日には病気平癒の御礼として初穂料を供えた。

（5）中村覚は明治二四年一二月一九日に東宮武官に転補し（『大正天皇実録　補訂版』第一　二二三頁）、同二九年一〇月二九日東宮武官兼侍従武官の本職を免じられて侍従武官専務となった。その後、明治三〇年四月一四日に歩兵第四六聯隊長に転補。三五年段階で東宮武官であった事実を確認できないが、未詳のため原文の通りとした。

（6）宮内庁編『昭憲皇太后実録』下（明治神宮監修　吉川弘文館　平成二六年　一三五頁）明治三五年三月三日条には「感冒に罹りたまへるを以て御仮床に就かせらる。十一日に至りて御平癒、乃ち撤床したまふ（下略）」とある。

（7）大磯に麻疹患者発生につき、三月一三日から四月八日までの間、裕仁親王は茅ヶ崎の土方久元別邸に移転。この間、三

月一四日には東宮属岡本所保を同邸に遣して親王の様子を伺わせている（前掲『昭和天皇実録』第一　三四頁）。

（8）渋谷は習志野に駐屯する騎兵第一旅団旅団長。

（9）皇太子の観桜会への初参列については、当初天皇は輔導顧問会議の議決に否定的であったが、現実には好評に終わった。この参列につき前掲『威仁親王行実』下（九四頁）は次のように記す。「十七日、皇太子には、始めて観桜会に御参列あり、その御態度・御動作、誠に宜しきに称ひたるを拝して、親王も大に意を安んぜられ、翌日参内拝謁せしに、叡感も啻ならざるに因り、親王も大に面目を施され、直に皇太子に参候して、これを慶し、且つ将来に就いて懇に御注意あり」。なお、皇太子妃は懐妊中により参加はなく、明治三六年同列による出御が最初となる。

（10）懐遠府は御府の一部。御府は、日清戦争から日中戦争までの諸戦役における陸海軍の軍功を戦利品や記念品、または戦没者名簿により後世に伝えることを目的とした施設。振天府（日清戦争）・懐遠府（北清事変）・建安府（日露戦争）・惇明府（第一次世界大戦）・顕忠府（日中戦争）の五施設から成っていた。懐遠府は、明治三四年一〇月一日に竣工した。なお命名は同年八月三一日（宮内省総務課佐野属記『拝観録』国立国会図書館蔵　昭和八年）。

（11）中島家は生糸、生絹、足袋を扱う絹問屋で、代々伊平を称し、皇太子の行啓時には五代目伊平。生糸産業で高崎の地方経済を牽引し、明治二八年設立された高崎商業会議所初代会頭を務めた。また、明治二九年には東京に進出し、三一年高崎銀行を設立して頭取となるなど、日本の経済界に深く関わった。

（12）原文は「日河太郎」であるが「白河太郎」の誤り。

（13）明治一一年九月二〇日に行在所となったのは八代目当主桂誉恕の自宅。誉恕は新津の神職で、尊攘運動家であった。前掲『明治天皇紀』第四（五〇二頁）に、桂誉恕は「祖先以来公共事業に貢献すること尠からず」と記されるなど、地方振興に努めた。

(14) 柏崎町尋常小学校（旧・柏崎校）が行在所になったのは、明治一一年九月一三日および同二三日の両日。

(15) 原文は「川上伝兵衛」だが、岩ノ原の葡萄園は川上善兵衛の所有であるため、「川上善兵衛」に改めた。善兵衛は慶応四年三月一〇日越後国北方村に生まれ、明治一五年上京して慶應義塾に入る。明治二三年、勝海舟のすすめで葡萄栽培とワイン醸造を決意して起業した。葡萄の品種改良に努めたことから「日本のブドウの父」とも称されている。なお死去は昭和一九年。

(16) 臨江閣は、明治一七年県令楫取素彦の提唱に下村善太郎等が賛同し、地域経済人や有志の寄付金を基に迎賓館として建設された近代和風木造建築。同年完成した茶室と共に貴賓接待の施設となっていた。明治二六年近衛師団演習御覧のため前橋に行幸した明治天皇も行在所として使用された。のち、明治四三年には別館が建築されている。

(17) 森山芳平は桐生の機業家として知られ、明治一九年染色技術の改良のため桐生織物講習所の開設に貢献。また、米国よりジャカードを導入し、桐生産ジャガードの普及に努めた。明治二一年宮内省織物御用拝命、同二五年に緑綬褒章を受章している。

(18) 伊香保御用邸は、明治二三年七月三日に設置された山林二三町七反余、宅地等二〇三三坪の御料地。明治二二年、侍医池田謙斎らが伊香保の地が高爽で温泉も良質であり、療病保険上の最適地として建言したこと、さらに皇后の健康維持上から避暑の適地との判断により設置された。戦後の皇室財産整理で廃止され、昭和二七年御用邸自体も焼失した。現・群馬大学伊香保研修所付近（前掲『明治天皇紀』第七　昭和四七年　五八六頁）。

(19) 原文は「違趾」。文意から「遺址」に改めた。また「西山の地」は、徳川光圀が終生「大日本史」の編纂を進めた西山御殿のこと。

(20) 栗田勤は、養父栗田寛の家塾輔仁学舎の塾頭として水戸学を教える一方で、帝国大学教授となっていた養父の後を継いで「大日本史」編纂事業中未完であった「表」および「志」の編纂に従事し、明治三九年の完成に深く関わった。

(21) 皇室誕生令並びに附式は、明治三五年五月二九日に制定され、本文一一条と附式三編から成る。附式は長文に渉るので本文のみ次に記す（『官報号外』明治三五年五月二九日)。

朕茲ニ枢密顧問ニ諮詢シ皇室誕生令ヲ定メ皇子孫ヲシテ循行アラシム

御名　御璽

明治三五年五月二九日

皇室誕生令

第一条　皇子ノ誕生ニハ宮内大臣若ハ内大臣ヲシテ産殿ニ候セシム

第二条　皇子誕生シタルトキハ宮内大臣直ニ之ヲ公告ス

第三条　皇子誕生シタルトキハ天皇之ニ名ヲ命ス

第四条　皇子ノ命名ハ宮内大臣直ニ之ヲ公告ス

第五条　皇子ノ誕生命名ハ之ヲ賢所皇霊殿神殿ニ奉告ス

第六条　皇子誕生シテ五十日ニ至ルトキハ賢所皇霊殿神殿ニ謁ス但シ事故アルトキハ其ノ期ヲ延フルコトヲ得

第七条　皇族ノ子ノ誕生ニハ宮内高等官ヲ遣シ産所ニ候セシム但シ場合ニ依リ他ノ高等官ヲ以テ之ニ代フルコトヲ得

第八条　皇太子皇太孫ノ子誕生シタルトキハ天皇之ニ命スヘキ名ヲ賜フ

第九条　親王王ノ子誕生シタルトキハ直系尊属之ニ名ヲ命ス

第十条　皇太子皇太孫ノ子ニハ第二条第四条第五条第六条ノ規定親王王ノ子ニハ第二条第四条第六条ノ規定ヲ准用ス

第十一条　皇族ノ誕生命名ニ関スル事項ハ図書頭之ヲ皇統譜ニ登録ス

巻二十六

（1）本文中「雍」字の典拠となる「黎民於変時雍」は『書経』の「堯典」に、「雍之為言積也積天下之道徳也」は「白虎通（徳論）」の「辟雍」に「辟之為言積也、積天下之道徳也、雍之為言壅也、壅天下之残賊」とあるが、該当箇所は未詳。「武則不猛化則時雍」は石崇の詩「大雅吟」に、同じく「淳」字の「淳和達理」は『後漢書』の「列伝」中「張王种陳列伝」にあるを典拠としている。

（2）従前「手馭車」の表現は「御手馭車」。ここより後は「手馭車」と「御」を欠いており、文章表記が不統一となっている。本書では原文の体裁を尊重し、あえて統一をしていない。「自転車」の表記に「御」がないことから、「御手馭車」は皇太子の「手」を強く意識したため「御」を付したのか未詳。本来は校閲時に統一を図るべき事柄である。

（3）由良要塞司令官であった鮫島は、五月東京湾要塞司令官に転補しており、新任に拠る賜謁か。

（4）伊藤博文の還暦祝いに際し、皇太子は実録本文にある「三鞭酒」と「紅白縮緬」のほかに、御製詩を下賜し、伊藤の還暦を祝した。前掲『大正天皇御製詩集謹解』をまとめた木下彪は、伊藤は山県有朋と異なり作歌に秀でておらず、「天皇は詩を作り給はず、伊藤は歌を能くせず、却って詩を能くし給ふ東宮と伊藤との間に自然に君臣の唱和が起こった」と記している（『大正天皇御製詩集謹解』六四頁）。次は、伊藤の長寿と功名とを祈って下賜された七言絶句である。

　　寿伊藤博文周甲

　多年献替尽忠誠。洞察政機如鏡明。緑野堂中回暦宴。祝卿寿考保功名。

詩文中の「周甲」は還暦の意。「献替」は臣が君を輔すけ善を進め悪を廃すること、「緑野堂」は『唐書』に収録された憲宗の「裴度伝」にある忠臣裴度の別荘の名称で、伊藤の別荘である滄浪閣に擬している。「寿考」は長寿。

（5）一〇月七日、徳川慶喜の乗った馬車が参謀本部附近で横転し、慶喜自身負傷したため、事故現場にほど近い霞ヶ関の威仁親王邸で一夜を過ごした。この事故に対し、天皇皇后は交魚一折並びに葡萄酒一ダースを、皇太子も本文のように葡萄酒と鶏卵を御見舞として賜った。本文中の「八日」とは赤葡萄酒等を賜った日。

巻二十七

（1）原文は「……一時間短縮あらせらる。〈以下四行中八四文字分マスキング〉。（両長日記・常侍官日記・行啓録・拝診録）」。原文にはマスキングの頭注として「頸腺及び腹部腺腫拡大」とあるので、マスキング部分は御違例に関わる具体的な内容と思われる。また、マスキング記事は改行もなく、同日条全体で典拠も末尾に一括していることから、マスキングは二月六日より御修学時間を短縮した理由でもあると理解するのが合理的。よってマスキング部分を削除し、本文の頭注を生かして「……一時間短縮あらせらる。頃日、頸腺及び腹部腺腫拡大あるを以てなり。」とした。

（2）明治二九年制定された陸軍中央幼年学校条例と陸軍地方幼年学校条例により、東京に置かれた陸軍中央幼年学校と、仙台・東京・名古屋・大阪・広島・熊本に設置された陸軍地方幼年学校との二段の体制となり、共に陸軍省の管轄下に置かれた。これにより地方幼年学校で三年間学んだ後、中央幼年学校へ進み二年間学ぶ体制が整った。このため東京には陸軍中央幼年学校と東京陸軍地方幼年学校が併存することになったが、明治三六年、財政難を理由に両者は合併し、前者は陸軍中央幼年学校本科、後者は陸軍中央幼年学校予科となった。原文には、「陸軍中央幼年学校卒業式」として五月三〇日と七月一〇日の両日が記されているが、前者は地方幼年学校出身者を含めた従前の中央幼年学校卒業式であり、後者は従前の東京陸軍地方幼年学校の卒業式で、陸軍省編『明治軍事史』上（原書房　一九六六年　一二六五頁）にもこの日を「陸軍中央幼年学校予科卒業式」と明記している。このため七月一〇日の記事を「陸軍中央幼年学校予科卒業式」と改めた。

（3）彰仁親王は、伏見宮邦家親王の第八男子。幼少時仏門にあったが、慶応三年還俗して仁和寺宮嘉彰親王と称した。明治三年東伏見宮と改称し、同一五年小松宮彰仁親王と改まった。同親王には実子がなく、このため明治一八年山階宮晃親王（邦家親王第一男子）の養子となっていた実弟依仁親王（邦家親王第一七男子）を後嗣とした。一方、彰仁親王は同じく実弟で北白川宮智成親王の後嗣となった能久親王（邦家親王第九男子）の実子輝久王を養子とすることを望んだが、皇室典範発布後はその第四二条により叶わなかった。彰仁親王は遺産を依仁親王に伝える意志はなく、このため自らが臣籍に降下して一家を新たに創設し養子を迎え家督を相続させることを希望して、宮内大臣田中光顕に図った。両者は協議し、彰仁親王の希望も容れ天皇の允許を得て小松侯爵家を新たに創設し、輝久王が臣籍降下して当主となり、彰仁親王の没後に小松宮の祭祀を継ぎ家督を相続することで彰仁親王は皇籍に留まることになった。小松宮の後嗣であった依仁親王には、天皇より新たに一戸を創設させ家号として東伏見宮を賜った（前掲『明治天皇紀』第十　三六五〜三六六頁、東伏見宮蔵版『依仁親王』昭和二年　二三二頁）。

（4）「巴華里」はババリア（Bavaria）。バイエルン（Bayern）の英語表記。

（5）第五回内国勧業博覧会は、明治三六年三月一日から七月三一日まで開催され、主会場となったのは大阪市天王寺村今宮の茶臼山一帯一〇万余坪。この敷地に美術館のほか、農業・工業・林業などの各館や、台湾館、植物室のほか、一三ヵ国に及んだ外国からの出品館が軒を連ねた。会場入り口はイルミネーションで装飾され、内容的には機械製品の出品数が飛躍的に伸びたほか、娯楽性の高いメリーゴーランド、ウォーターシュートなども設けられ、さながら万国博覧会の様相を呈した。全体の入場者数は五三〇万人以上で当初の三〇〇万人の予想を大きく上回ったが、内国勧業博覧会の開催はこれが最後となった。

（6）原文は「網引天満宮」であるが、該当する天満宮は確認できない。「綱引天満宮」の誤りか。

（1）徳義舎（社）は、秩禄処分により困窮した士族を救済するため、旧和歌山藩主徳川茂承が寄付した一〇万円を活用する目的で明治一一年に設立された組織。この寄付金により田畑を買収し、耕作により得た利益で教育の普及や士族の救済を行った。皇太子が行啓した当時は、財団法人松阪義徳社。なお、この行啓については前掲『明治天皇紀』第十（五〇三頁）にも「徳義社に館す、滞留三日、此の間和歌山中学校・物産陳列場に臨ませられ、由良要塞に至りて砲台を観、又和歌浦を遊覧せらる」とある。

（2）原文は「伊知地季清」であるが「伊地知季清」の誤り。

（3）御滞在の栗林公園につき、次の御製詩を賦されている（前掲『大正天皇御製詩集謹解』六九～七〇頁）。

高松栗林公園

小春来過栗林園。魚躍禽遊水不渾。与衆同観耐偕楽。千秋想得孟軻言。

孟軻言は孟子の言葉の意味。「梁恵王上」にある「古之人与民偕楽、故能楽也」を典拠としているとされている。

（4）空気洋灯は洋式石油ランプの一種。灯心に空気を供給する工夫がランプ本体に施されていた。

（5）白峯陵は崇徳天皇の山陵。明治元年八月二六日明治天皇の勅使として権大納言中院通富が山陵祭を行い、崇徳天皇の御霊を京都今出川通飛鳥井町に創建した白峯宮に奉祀している。また、白峯陵は高松藩主松平頼聰により修復され、明治二年正月明治天皇はこれを賞して襖狩衣一領を下賜。明治五年七月四日、西国巡幸の天皇は雨を押して行在所となった丸亀城に行幸。翌日、行在所東庭に仮設された御拝所において白峯陵と淳仁天皇山陵の淡路陵を遥拝した。

（6）原文は「山中信義」であるが「山中信儀」の誤り。

（7）青木助次郎の大佐陞進は明治三六年一二月九日（『官報』明治三六年一二月一〇日）。したがって皇太子の行啓時には中佐であるため「歩兵中佐青木助次郎」と改めた。

（8）後楽園御逍遥時の七言絶句。自身が画中の人物である様な思いになったとしている（前掲『大正天皇御製詩集』上）。

岡山後楽園

経営想見古人工　黄樹清泉亭榭風　歩到池辺聞鶴唳　恍然身在画図中

「経営」は庭園造成の意味、「亭榭」はあずまやの意。

（9）実録中の「既に停年に達せらるる」とは、明治二二年に制定された「陸軍武官進級令」（同年勅令第六一号）の第二条にある「陸軍武官ハ実役停年最下期限ヲ超ユルニアラサレハ進級スルコトヲ得ス」の「停年」のことで、上級に陞進するための就役最短必要期間のこと。同三条では「中佐ヨリ大佐ニ大佐ヨリ少将ニ進ムハ実役停年各二年」とある。なお、海軍についても、同進級令に準じ大正九年勅令第五八号として「海軍武官進級令」が発せられた。前掲『明治天皇紀』第十の一〇月三日条に「陸軍大臣寺内正毅、天皇に御座所に謁し、皇太子の陸軍歩兵中佐たること二年、既に停年に達せるを以て、天長節を期して大佐に陞進せられんことを請」（四九九〜五〇〇頁）とあり、五日には海軍大臣山本権兵衛も同様の奏請を行っている。

（10）本御製詩は、前掲『大正天皇御製詩集謹解』（七二〜七三頁）には次の七言絶句として収録されている。

夙昔誠忠奏偉勲。古稀退隠謝塵氛。期卿長作白衣相。身在青山心在君。

「大正天皇実録」の編修のため収集した御製詩は、その後推敲がされ、右に記した御製詩として完成された。御製詩は、御歌と同じく自他による推敲がなされて完成されていくことの一例である。

（11）霞ヶ関一丁目の旧有栖川宮邸は宮内省が購収し、翌三七年二月一三日より霞関離宮と称した。同離宮は、大正一〇年一二月六日より東宮仮御所として皇太子時代の昭和天皇の御所となった。

巻二十九

（1）いずれも流行性感冒罹患への見舞であるが、徳大寺は肺炎を併発している（前掲『明治天皇紀』第十　五八五頁）。

（2）フランクリンの一二徳については、明治八年冬、四等侍講元田永孚が昭憲皇太后への進講を前に「フランクリンの自戒の為服膺せる徳目十二項に自註を加へ、手書して」奉ったという。この一二項、すなわち「節制」「清潔」「勤労」「沈黙」「確志」「誠実」「温和」「謙遜」「順序」「節倹」「寧静」「公義」に、皇后は「虚誕」を加えてそれぞれの意に即した御歌を詠じ永孚に下賜した（宮内庁編『昭憲皇太后実録』上　一三五～一三八頁　明治神宮監修　吉川弘文館　平成二六年）。皇室には縁ある一二徳である。

（3）原文は「中島資明」とあるが「資朋」の誤り。

（4）「清国皇族倫貝勒」は「溥倫」のこと。貝勒は清国皇族に与えられる第三等の爵位。明治天皇との対面は三月二四日、宮殿の鳳凰ノ間において行われた。

（5）原文は「趙民凞」であるが、朝鮮総督府中枢院編『朝鮮人名辞典』本編（朝鮮印刷　一九三八年　二〇〇九頁）および前掲『明治天皇紀』第十（六八四頁）により「趙民熙」とした。これ以降も同じく直した。

（6）原文は「海軍大佐山路一善」であるが、山路が大佐に陞進したのは明治四一年。日露戦争開戦時は少佐。なお中佐への陞進は明治三八年一月である。

（7）六月一七日、皇太子は自ら満洲に総督として出征する意志のあることを東宮大夫斎藤桃太郎を通じて宮内大臣田中光顕及び侍従職幹事岩倉具定に伝え、さらにこれを知った総理大臣桂太郎は伊藤博文と内議している。同三〇日桂は皇太子に拝謁し、「時機を見て戦地を視察」されてはと奏啓している（前掲『明治天皇紀』第十　七七六頁）。

巻三十

（1）前掲「明治天皇紀」第十 明治三七年八月二三日条（八四一頁）に掲載されている御書は次の通り。

謹啓残暑猶厳敷候処
陛下益御機嫌被為入恐悦至極ニ奉存候嘉仁殊ニ壮健朝夕運動致候間御安心奉願上候戦局モ陸海共都合能ク相運ヒ御満足之御事ト奉存候得共始終御心配之段恐縮罷在候兎角時節柄玉体御障リ不被為在様精々御用心被遊度奉懇願候時候御伺迄如此候謹言

嘉仁

父皇陛下

（2）この年、東京の暑気は九月になっても衰えず、宮城内においても気温は当時としては珍しく摂氏三二度を前後していた。このため天皇は帰京による環境の変化で皇太子の健康が損なわれることを恐れ、涼気が至るまで塩原に留まるよう侍従長徳大寺実則を通じて東宮大夫斎藤桃太郎に伝えた。しかし、皇太子は前年よりも一日早い八日に帰京している。

（3）死去した皇姉について、『明治天皇紀』第十（八九七頁）には「西班牙国皇姉アストウリア内親王」と記す。この時死去したのは、スペイン王アルフォンソ一二世と王妃マリア・クリスティーナの長女マリア・デ・ラス・メルセデス・デ・ボルボン・イ・アブスブルゴ＝ロレーナ〈María de las Mercedes Isabel Teresa Cristina Alfonsa Jacinta Ana Josefa Francisca Carolina Fernanda Filomena María de Todos los Santos de Borbón y Habsburgo-Lorena〉。アストゥリアスは王位継承第一位の者に与えられる呼称で、男性であればアストゥリアス公（Príncipe de Asturias）、女性であればアストゥリア女公（Princesa de Asturias）。皇姉とされたのは、その後、弟が誕生してすぐにアルフォンソ一三世として即位したため。しかし弟が幼少であったことからマリアは終生「アストゥリア女公」を称した。実録本文の「ブランセッス・タスチュリー」はアストゥリア女公の意。

（4）皇太子は一一月三日に行われる天長節観兵式への参列につき天皇の允許を得ていたが、一一月一日寒気到来を感じた天皇は皇太子の健康への影響を心配され、当日の朝の状況によっては参列を止めさせる旨を侍従長徳大寺実則を介して東宮大夫斎藤桃太郎へ伝えた。この突然の変更に対し、斎藤は事前の配慮は必要ではあるが時局と皇太子の健康状態から雨天でない限りは参列を許されたしと徳大寺に申し入れた。この斎藤の願いは出過ぎたことと天皇の「逆鱗」に触れたため、斎藤・徳大寺ほか、宮内大臣田中光顕および侍従職幹事岩倉具定も事態の収拾に窮してしまった。この打開を求められたのが威仁親王であった。親王は翌日、斎藤・徳大寺には天皇への謝罪のため進退伺いの覚悟を匂わせ、その上でこの事件のことを知らぬふりをして天皇に雨天にあらざれば皇太子の観兵式参列を奏請し允許を得た。皇太子の参列実現をめぐる裏話であるが、宮中における天皇・威仁親王・臣下の関係を伝える逸話である（前掲『明治天皇紀』第十　九〇九～九一〇頁）。

（5）実録本文「同邸を出でて沼津御用邸に寒を避け、夫より仮東宮御所に移らんとするを以てなり」を文字通りに理解すると、皇孫は沼津御用邸からの帰還後は「仮東宮御所」を御所とすることになる。東宮御所（現・迎賓館）建設中、仮東宮御所は青山離宮に設置され、明治三一年一二月以降皇太子の御所になっていた。ここで裕仁雍仁両親王は両親と同居することになるが、実際には明治三八年三月二七日宮内大臣達により元の青山御産所を皇孫仮御殿と改称し、ここを両親王の御所に当てている（前掲『昭和天皇実録』第一　九二～九三頁、前掲『明治天皇紀』第九　五五七頁および『大正天皇実録　補訂版』第一　巻末地図参照）。

（6）東宮侍従長木戸孝正は、皇太子および威仁親王の懇請を受け、皇孫御養育者が正式に決定される迄の間、死去した川村純義の後を継いで養育の任に就いた。詳細は拙稿「木戸孝正の皇孫御養育―迪宮・淳宮と過ごした三三五日間―」（『歴

博』国立歴史民俗博物館　二〇一三年）、養育関係資料は岩壁義光・福井淳・梶田明宏・植山淳・川畑恵「昭和天皇御幼少期関係資料」（『書陵部紀要』五三号～五五号　平成一四年～一六年）参照。

巻三十一

（1）本文中「宣」字の出典とする「四国于蕃、四方于宣」は『詩経』の「大雅・蕩之什・崧高」に、同じく「光」字の「謙尊而光」は『易経』の「彖伝・謙」に、また「剛建篤実輝光日新其徳」は同「彖伝・大畜」に、「惟公徳明光于上下勤施于四方」は『書経』の「周書・洛誥」に、また「楽只君子邦家之光」は『詩経』の「小雅・白華之什・南山有台」にあるを典拠としている。

（2）原文は「鴨緑江守備軍司令官陸軍中将」であるが、川村景明は明治三八年一月一五日付けで陸軍大将に陸進（『官報』明治三八年一月一七日）しているので「陸軍大将」に改めた。なお、「鴨緑江守備軍」は正確には「鴨緑江軍」（前掲『明治軍事史』下　一四五八頁および参謀本部編纂『明治卅七八年日露戦争史』七　大正二年　三五一頁）。従って川村の肩書きを「鴨緑江軍司令官」と改めた。

（3）南部利祥は明治二三年六月二七日御学友に任じられ、同二六年九月一一日より改めて一五名の御学友の一員に選出され、同二七年八月二七日からは東宮職出仕となり、翌二八年七月一二日依願により免職となっている（『大正天皇実録　補訂版』第一　一九〇・三〇〇・三八三・四〇四各頁参照）。

（4）原文「鳥栖玉樹」は「鳥巣玉樹」の誤り。鳥巣は明治三八年一月二七日付けで第一艦隊参謀海軍大尉。

（1）原文は「亜米利加合衆国陸軍長官ウィリアム・エッチ・タフト国賓として帝室の優遇を享くるにより、敬意を表する為、午後三時四十分陸軍少将ブリス・陸軍大佐エドワード・軍医エディ・長官、副官トムソン等を伴い仮東宮御所に参候す」。文の構造上および文意から仮東宮御所に同伴者を率いて参候したのはタフトであり、ブリス以下は同伴者。しかし、原文では長官のつぎに「読点」があり、文意を混乱させている。また、同伴者名列挙で最後に「長官」とあるのも不自然。文意に副い「長官、副官」の読点をとり「長官副官」と改めた。

（2）高輪南町御用邸は、故後藤象二郎の邸宅地三万六九六二坪を買収し、明治三一年一月皇宮地附属地に編入して成立した。建築は平屋建ての和風建築とベランダのある洋館から成っていた（前掲『明治天皇紀』第九　三七四頁）。

（3）塩原御用邸は、皇太子の避暑のための御用邸として、明治三七年子爵三島弥太郎外一名の所有地を宮内省が買い上げ御料地に組み入れ誕生した。敷地面積約一万五五〇〇坪。明治三八年に造営された主殿は、和風木造平屋建の入母屋造りで、敷地内には温泉の源泉があった。昭和二一年八月宮内省より厚生省に移管され、国立塩原光明寮、ついで国立塩原視力障害センターとなった。なお、御用邸内の旧御座所の棟は、現在塩原温泉天皇の間記念公園に移築公開さている。

（4）皇孫御養育掛の設置と丸尾錦作の掛長就任は、川村純義死後に皇孫御養育を務めた東宮侍従長木戸孝正の予てからの意見であった。その木戸が日比谷焼打事件の翌日に突然進退伺を出したことで、結果的に傅育掛設置が急展開する。前掲「木戸孝正の皇孫御養育―迪宮・淳宮と過ごした三三五日間―」一〇頁。

（5）原文は「軽過」。意味上から「経過」に改めた。なお前掲『明治天皇紀』第十一（三六一頁）に引用された同復命も「経過」である。

（6）東郷聯合艦隊司令長官への勅語（前掲『明治天皇紀』第十一　三六二頁）。

卿カ統督スル聯合艦隊ノ能ク万難ヲ排シテ空前ノ偉功ヲ奏シタルハ中外ノ斉シク瞻望スル所ナリ朕今卿ヨリ親シク其戦況ヲ聴キ将卒ノ忠烈ヲ懐フコト更ニ深シ卿等其レ自重セヨ

（7）オコンネル教皇庁使節の来日は、日露戦地における日本のカトリック教徒の保護に関し明治天皇へ謝意の親書を伝達することと、日本に於けるカトリック教会の現状視察を目的としていた。

（8）橘周太は元東宮武官。明治三七年九月遼陽で戦死（明治三七年九月二一日条参照）。

（9）大山満洲軍総司令官への勅語（前掲『明治天皇紀』第十一　四二三頁）。

卿昨年以来満洲軍ヲ指麾シ大小数十回ノ交戦悉ク偉功ヲ奏シ以テ出師ノ目的ヲ達シ洵ニ朕カ望ニ副ヘリ朕今親シク作戦全局ノ情況ヲ聴キ更ニ卿ノ勲績ト将卒ノ忠勇トヲ嘉尚ス

（10）英国特命全権公使サー・クロード・マックスウェル・マクドナルドの特命全権大使陞任は一九〇五年一一月（外務省編『日本外交年表並主要文書』下　昭和四八年　原書房　巻末付表「Ⅱ在本邦各国外交官歴任表」六一頁および外務省外交史料館日本外交史辞典編纂委員会編『新編日本外交史辞典』山川出版社　一九九二年　巻末一四五頁）であるが、明治天皇への特命全権大使信任状捧呈は明治三八年一二月三〇日（前掲『明治天皇紀』第十一　四四三〜四四四頁および『官報』明治三九年一月四日）。一二月一二日は信任状捧呈以前であるが、原文表記を生かして「特命全権大使」のままとした。

巻三十三

（1）原文の「英吉利国特命全権大使サー・クロード・マックスウェル・マクドナルド今般大使に陞任せる為め」で大使を重複して記しているのは、全権公使であったマクドナルドが昨年暮れに大使へ陞任し、昨年一二月三〇日遅れていた天皇への信任状捧呈を了したためで、これにより皇太子の引見が行われた。ただし本実録中では、新任状捧呈前から大使として記されている。巻三十二註（10）参照。

（2）本事項は原文では一一月二〇日に挙行として記載されているが、付箋により一二月二〇日条に変更するよう校閲者指示があり、また『明治天皇紀』第十一の一二月二〇日条（六五二頁）に「海軍砲術練習所、将校学生及び砲術教員教程練習生卒業証書授与式を行ふ」とあるので一一月二〇日から一二月二〇日に変更した。

（3）中山愛子の死去につき、皇太子は次の御歌を詠じている（前掲『大正天皇御製歌集』上収録）。

愛子かうせけるをかなしみて

中山の老木の松ハ千代かけて立ちさかえむと思ひしものを

（4）神奈川県三崎町（現・三浦市）に、明治一九年創設された日本最初の臨海実験所。

（5）堀内半三郎は静岡県吉原町出身。明治一六年より県会議員、明治四四年から貴族院多額納税者議員を務めたほか、吉原銀行取締役、興業銀行頭取等を歴任した（「貴族院参議院議員名鑑」〈衆議院・参議院『議会制度百年史』平成二年　二二〇頁〉）。

（6）この厳島御訪問について、皇太子は次の御製詩を賦している（前掲『大正天皇御製詩集』上）。

厳島

古祠臨海曲廊浮　煙水茫茫山色幽　昔日征韓籌策処　英雄遺跡足千秋

古祠と表現された厳島神社の廻廊が海に浮かんでいるように見え、その背景をなす弥山は霞で見える。昔、豊臣秀吉が朝鮮攻めに際し謀をめぐらした千畳閣は英雄の遺跡として後の世まで伝えるに足る、といった内容。

（7）原文は「韓国皇帝拓」とあるが、韓国皇帝は明治四〇年七月一九日までは「高宗熙」。「純宗（坧）」の譲位式は明治四〇年七月二〇日、即位式は明治四〇年八月二七日に行われた。なお、原文の「拓」は「坧」の誤り。

巻三十四

（1）原文は「元帥公爵山県有朋」であるが、山県の公爵への陞爵は明治四〇年九月二一日（『官報』明治四〇年九月二三日）。「公爵」は「侯爵」の誤り。

（2）原文は「陞し賜へり」であるが、文意から「賜」は「給」の誤り。

（3）栃木県白仁知事の在任期間は明治三七年一月二五日より同三九年八月一〇日。新任の久保田知事の任期は明治三九年八月一〇日より同一二月七日。

（4）日光行啓中の静かな日常は、次の御製詩からも窺える（前掲『大正天皇御製詩集』上）。

初秋偶成

新涼気方動　初秋意較寛　遠山雲漠々　池碧水漫漫

間談徐移榻　微吟静凭欄　古人好詩在　転覚次韻難

初秋の涼しさがみえ始めた庭からの景色を眺めて、好きな古詩を口ずさんでいた。その詩の韻に合わせて漢詩を詠もうとしたが、なかなかうまくいかず難しいという意味であるが、ゆったりとした時間の流れの情景が伝わる。

（5）日本軍の砲撃により、軍艦ポベータはパルラーダ、ペレスヴェートなどと共に旅順港内で大破し、のち鹵獲された。戦後、日本海軍により改修されポベータは「周防」、パルラーダは「津軽」、ペレスヴェートは「相模」と命名された。

（6）海上にて使用する探照灯。

（7）原文は「伊東博文」。「伊藤博文」に訂正した。

巻三十五

（1）すでに巻二十五（明治三五年）の註（2）で記したように、原本の本表には校訂者注があり、三月九日・同一九日・同二五日・四月三〇日（二記事）・五月八日・同一九日の七記事が「明治三五年の鼠入」と指摘している。このうち、

三月九日「参謀本部参謀演習旅行　東宮武官　伯爵　清水谷実英」

三月二五日「常備艦隊　東宮武官　中村静嘉」

五月八日「軍艦暁　東宮武官　中村静嘉」

同十九日「軍間三笠　東宮武官　平賀徳太郎」

の四記事は明治三五年一月二三日条の一覧表中に該当記事（四五頁および四六頁）があるので「鼠入」と考えられるが、次の三記事は明治三五年の一覧表中には掲載されていない。

三月一九日「常備艦隊　東宮武官　平賀徳太郎」

四月三〇日「陸軍軍医学校終業式　東宮武官　尾藤知勝」

同日「海軍懸賞射撃　同　平賀徳太郎」

このうち、陸軍軍医学校は明治四〇年四月三〇日に終業式が実施されており（前掲『明治天皇紀』第十一　七二四頁）、また尾藤の東宮武官在任期間（明治三七年三月二四日〜同四〇年一二月二日）から考えて本表に残すこととした。しかし、平賀については既に述べた様に在任期間から判断して本表から削除し、巻二五の註（2）に記すに止めた。

（2）大磯駅北側にあった峯岸峰太郎経営の旅館。明治二〇年横浜・国府津間に東海道線が開通し大磯駅が開業すると、同二四年に茶屋町から坂田山（旧八郎山）の麓に移転し、保養施設として政財界の要人に利用された。伊藤博文は小田原御幸ヶ浜の別荘に赴く途中で同旅館を利用したことが、後年大磯に移転する契機となったという。

（3）原文は「贈贈録」。「贈賜録」に改めた。
（4）舞鶴軍港は明治二二年旧舞鶴港の東部に設置が決定され、同二六年海軍施設として石炭貯蔵庫が完成したが、全体としては呉・佐世保の建設が優先された。日清戦後、同二九年には臨時海軍建築部支部が設置され、「日清媾和条約」による清国からの賠償金により対露戦略上から建設は急速化した。同三二年末には懸案であった土地の造成をほぼ終え、同三四年舞鶴鎮守府が設置されて初代司令長官に東郷平八郎が補任された。さらに同三六年舞鶴海軍工廠が開設され、諸施設が整えられていった。
（5）原文は「隈元政治」。「隈元政次」の誤り。
（6）皇太子は「天橋」と題した御製詩に、刻々と移りゆく天の橋立の印象を賦している（前掲『大正天皇御製詩集』上）。

天橋

風光明媚説天橋　一帯青松映碧潮　海上雨過帆影淡　夕陽堆裏望迢迢

天橋立の砂州に生えた青松が海面に映え、通り雨の過ぎったあとには帆影が淡く揺らめいて見える。そして今は、真っ赤に燃えた夕陽が遥かかなた弧を描きながら静かに海の中に沈んでいく、といった意味。前掲『大正天皇御製詩謹解』掲載の御製詩では「迢迢」が「超超」となって推敲された跡が見える。
（7）鳥取仮停車場の意。同仮停車場は、境港から米子を経た山陰西線の終着駅として、明治四〇年四月二八日皇太子の行啓に合わせて千代田川の左岸（気高郡海徳村古海）に開業された。同四一年四月鳥取駅（千代田川右岸）の開業により廃止。
（8）安徳天皇の御陵伝説とは、現・鳥取市国府町にある石塔「岡益の石堂」を御陵とする説。現在、宮内庁は同所を「宇倍野陵墓参考地」に治定している。なお、宮内庁は山口県下関市阿弥陀寺町の阿弥陀寺陵を同天皇の御陵と治定している。
（9）旅館となった松平武修の別邸は「御便殿」と称され、明治四〇年春、旧浜田城の下に新築された木造瓦葺平屋建の日本建築。前館・後館・角屋で構成され、後館は便殿として利用された。建物面積五四五・六五㎡。庭園整備も含めた総経費は三万円という。現存。

巻三十六

（1）黒木は、明治四〇年四月万国陸海軍祝典（ジェームズタウン博覧会）参列を命じられ渡米、六月帰国。同二九日帰朝報告のため天皇皇后に拝謁、前日の一日にも皇后には内謁見所にて拝謁している。二日の皇太子への拝謁も帰朝挨拶と思われる。

（2）死亡は明治四〇年九月一一日（前掲『華族家系大成』下　四九二頁）。なお「大正天皇実録」原本巻二の明治一八年三月二一日条に「十二月二十七日青山御所祇候子爵細川興実を明宮祇候と為し」（『大正天皇実録　補訂版』第一　四七頁六行目）とあるが、「興実」は「興貫」の誤り。

（3）原文は「広島県知事宗像政以等の奉迎」だが、広島県知事は「宗像政」。「以等」は「以下」または「等」の誤り。従前の表記にならい「以下」に改めた。

（4）原文は「新睦」であるが文意から「親睦」に改めた。

（5）原文は「菊花頸飾章」であるが、本文直後に「大勲位菊花章頸飾」とあるように「菊花章頸飾」の誤り。

（6）原文は「小田寺実」。第一三師団歩兵第二六旅団長の「小野寺実」の誤り。「小野寺」に訂正した（『官報』明治四〇年二月五日）。

（7）原文は「伊瀬地好成」であるが「伊瀬知好成」の誤り。以下同じ誤りは「伊瀬知」と訂正した。

（8）「侍踊」は「士（武士）踊」のこと。

（9）宮崎県下行啓関係地は『宮崎県写真帖』（宮崎県編　明治四〇年一〇月三一日刊）に写真が掲載されている。刊行時期から、この行啓に合わせて編集されたと考えられる（国立国会図書館デジタルコレクション　原本請求番号407‐11）。

（10）「子爵伊東弘夏」は確認できず。詳細不明。

（11）原文は「村田稔彦」だが、県立宮崎高校校長は「村田稔亮」のため改めた。

（12）本文三四九頁では「油津港」。このため「油津湾」の「湾」に「〈ママ〉」を入れた。

（13）原文は「皇太子殿下大県行啓日誌」であるが、前後の関係から「大県」を「大分県」に改めた。

（14）原文は「坂井重季」だが、前掲『華族家系大成』上により「阪井重季」に改めた。以下同じ誤りは「阪井」と改めた。

（15）「武士踊」「花鳥踊」は両者民俗芸能。前者は本来「黒岩村流踊」と称されていたが、この行啓を前に谷干城より勧奨され「武士踊」と改称したという。

（16）原文は「厳桂益」だが、「厳柱益」の誤り。養正義塾の創設者。

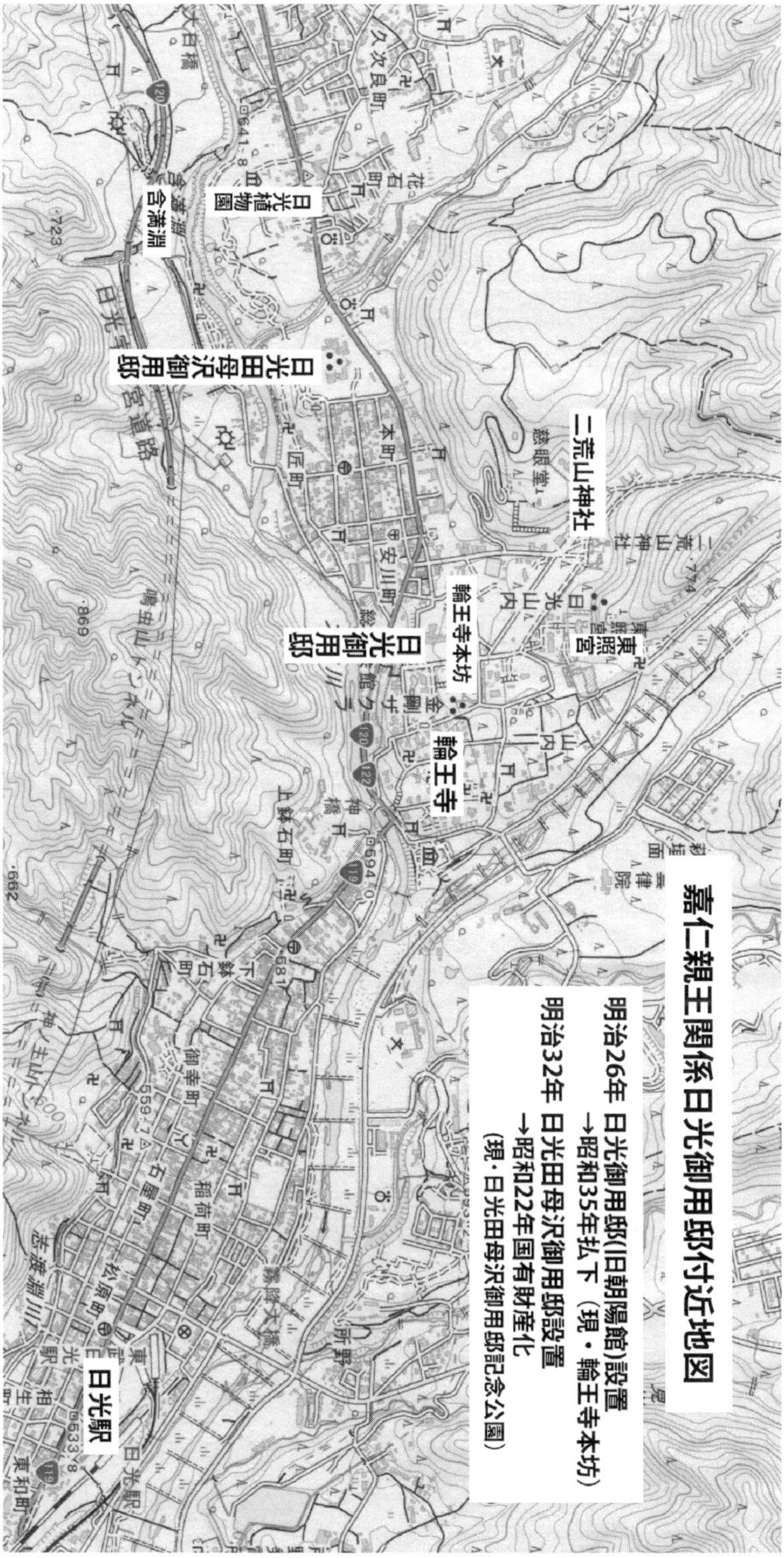
嘉仁親王関係日光御用邸付近地図
明治26年 日光御用邸(旧朝陽館)設置
→昭和35年払下（現・輪王寺本坊）
明治32年 日光田母沢御用邸設置
→昭和22年国有財産化
（現・日光田母沢御用邸記念公園）
日光駅
日光御用邸
日光田母沢御用邸
輪王寺
輪王寺本坊
二荒山神社
東照宮
日光植物園
含満淵

嘉仁親王関係沼津御用邸付近地図

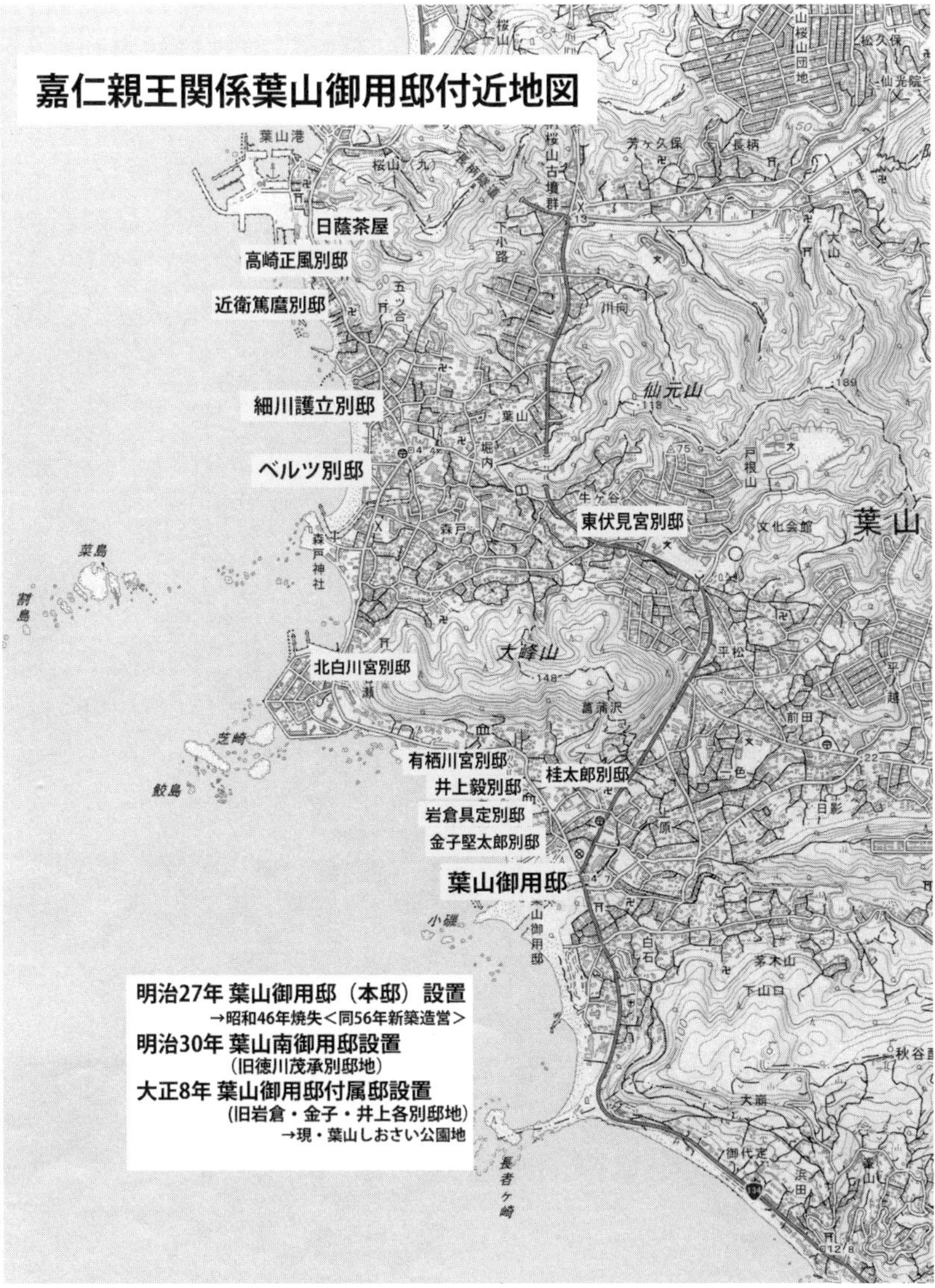
嘉仁親王関係葉山御用邸付近地図
日蔭茶屋
高崎正風別邸
近衛篤麿別邸
細川護立別邸
ベルツ別邸
東伏見宮別邸
北白川宮別邸
有栖川宮別邸
井上毅別邸
桂太郎別邸
岩倉具定別邸
金子堅太郎別邸
葉山御用邸
葉山
仙元山
大峰山
葉山港
菜島
鮫島
長者ケ崎
明治27年 葉山御用邸（本邸）設置
→昭和46年焼失＜同56年新築造営＞
明治30年 葉山南御用邸設置
（旧徳川茂承別邸地）
大正8年 葉山御用邸付属邸設置
（旧岩倉・金子・井上各別邸地）
→現・葉山しおさい公園地

嘉仁親王関係鎌倉御用邸付近地図

大正天皇実録　補訂版　第二

平成二十九年十一月七日　初版第一刷　発行

編　修　宮内省図書寮《くないしょうとしょりょう》

補　訂　岩壁義光《いわかべよしみつ》

発行者　荒井秀夫

発行所　株式会社ゆまに書房

〒一〇一―〇〇四七

東京都千代田区内神田二―七―六

電話〇三―五二九六―〇四九一

印刷・製本　藤原印刷株式会社

落丁本・乱丁本はお取替えいたします。

定価：本体8,800円＋税

ISBN978-4-8433-5040-9 C3321